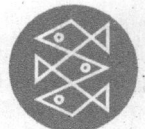

Emily Dickinson (1830–1886) gehört zu den größten englischsprachigen Dichtern. Ihre unerschrockene Erforschung des eigenen Herzens und des menschlichen Umgangs, der zauberspruchhafte Ton ihrer Verse, ihre charakteristische Mischung von Ekstase und Ironie, Pathos und Nüchternheit, Innigkeit und Witz machen sie einzigartig. Ihre Gedichte gelten, obwohl schon 150 Jahre alt, zu Recht als Höhepunkt der modernen Lyrik.
Inzwischen ist der amerikanischen Forschung die chronologische Ordnung des Werkes fast vollständig gelungen. Auf dieser neuen Basis ist Gunhild Küblers Übersetzung entstanden, die erstmalig in einer deutschen Ausgabe die frappierende Entwicklung der Dichterin sichtbar macht – von den kindlich klingenden frühen Versen über die leidenschaftlichen und verzweifelten Gedichte ihrer Krisenzeit bis hin zum spannungsvollen Gleichgewicht der Lyrik ihrer späteren Jahre.
In ihrem Nachwort zeichnet Gunhild Kübler anhand der neuesten biografischen Forschungen ein Bild vom Leben Emily Dickinsons und gibt zahlreiche Hinweise zum Verständnis dieser bisweilen rätselhaft anmutenden Dichterin.

Emily Dickinsons Gedichte klingen so, als begänne mit ihnen erst das Dichten. Sie sprechen von alltäglichen Dingen, aber so, wie sie vorher noch niemand gezeigt und zur Sprache gebracht hat. (...) Emily Dickinson (...) ist bei deutschen Lesern fast unbekannt. Das könnte sich nun ändern.« *Heinz Schlaffer, Süddeutsche Zeitung*

»Über 600 Gedichte bietet diese zweisprachige, von Gunhild Kübler trefflich und mit feinem Gespür für die formalen und inhaltlichen Tiefenstrukturen übersetzte Ausgabe – und damit die bislang umfangreichste Übertragung. ... Küblers Übersetzung (lädt) zu einer langen Reise durchs poetische Wunderland der Emily Dickinson ein, das einen nie wieder freigeben wird.« *Ulrich Baron, Tages-Anzeiger Zürich*

»Die von Gunhild Kübler bestechend einfühlsam übertragenen Gedichte sind ein Monument, das in Bann schlägt. Es ist eine rhythmisch straffe und elegante, eindringlich beschwörende und musikalische Übertragung.« *Ralph Dutli, Literaturen*

Weitere Informationen finden Sie auf www.fischerverlage.de

Emily Dickinson
Gedichte
englisch und deutsch

Herausgegeben, übersetzt
und mit einem Nachwort
von Gunhild Kübler

FISCHER Taschenbuch

4. Auflage: Mai 2022

Erschienen bei FISCHER Taschenbuch
Frankfurt am Main, Mai 2011

Die Originalausgabe erschien 1989 herausgegeben von R. W. Franklin
unter dem Titel ›The Poems of Emily Dickinson‹
bei The Belknap of Havard University Press,
© The President and Fellows of Harvard College, 1998 u. 1999
Copyright © 1951, 1955, 1979, 1983 by The President and
Fellows of Havard College
Copyright © 1994, 1918, 1919, 1924, 1929, 1930, 1932, 1935,
1937, 1942 by Martha Dickinson Bianchi
Copyright © 1952, 1957, 1958, 1963, 1965 by Martha L. Hampson
Die deutsche Ausgabe erschien erstmals beim
Carl Hanser Verlag, München Wien 2006
Diese Ausgabe basiert auf: Emily Dickinson. Gedichte. Englisch – Deutsch.
Herausgegeben, übersetzt und mit einem Nachwort von Gunhild Kübler.
Hanser Verlag, München 2006.

Druck und Bindung: GGP Media GmbH, Pößneck
Printed in Germany
ISBN 978-3-596-18261-9

Inhalt

Emily Dickinson
Gedichte 1853–1885
6

Nachwort
515

Verzeichnis
der Gedichte
547

1853

On this wondrous sea - sailing silently -
Ho! Pilot! Ho!
Knowest thou the shore
Where no breakers roar -
Where the storm is o'er?

In the silent West
Many - the sails at rest -
The anchors fast.
Thither I pilot thee -
Land! Ho! Eternity!
Ashore at last!

Wundersam dies Meer - still ziehn Segel her -
Auf! Lotse! Auf!
Kennst du das Ufer nicht
Wo keine Welle bricht -
Wo Sturm beschwichtigt ist?

Stillem Westen zu
Finden Segel Ruh -
Anker sitzen fest.
Dahin leit ich dich -
Ewigkeit in Sicht!
An Land zuletzt!

1858

If recollecting were forgetting,   9
Then I remember not,
And if forgetting, recollecting,
How near I had forgot,
And if to miss, were merry,
And to mourn, were gay,
How very blithe the fingers
That gathered this, today!

Nobody knows this little Rose -   11
It might a pilgrim be
Did I not take it from the ways
And lift it up to thee.
Only a Bee will miss it -
Only a Butterfly,
Hastening from far journey -
On it's breast to lie -
Only a Bird will wonder -
Only a Breeze will sigh -
Ah Little Rose - how easy
For such as thee to die!

Morns like these - we parted -   18
Noons like these - she rose -
Fluttering first - then firmer
To her fair repose.

Never did she lisp it -
It was not for me -

Wenn Andenken Vergessen wär,
Dann weiß ich es nicht mehr,
Und wär Vergessen Sich-Erinnern,
Ganz knapp entfiel es mir,
Und wenn Entbehren fröhlich machte,
Und Trauern machte heiter,
Wie hoch vergnügt die Finger wären
Die dies hier pflückten, heute!

Die namenlose kleine Rose -
Sie wallte hin vielleicht
Hätt ich sie nicht gefunden
Am Weg, und dir gereicht.
Nur einer Biene fehlt sie -
Nur einem Schmetterling,
Der hergeeilt von Weitem -
An ihrer Brust gern hing -
Ein Luftzug nur wird seufzen -
Ein Vogel wundert sich -
Du Röslein, ach - wie einfach
Das Sterben ist für dich!

An solchen Morgen - trennten wir uns -
Sie erhob sich - in Mittagsstunden -
Hat flatternd erst - dann fester
Ihre schöne Ruhe gefunden.

Nie ein Sterbenswörtchen -
Nichts bekam ich ab -

She - was mute from transport -
I - from agony -

Till - the evening nearing
One the curtains drew -
Quick! A sharper rustling!
And this linnet flew!

So has a Daisy vanished
From the fields today -
So tiptoed many a slipper
To Paradise away -
Oozed so, in crimson bubbles
Day's departing tide -
Blooming - tripping - flowing -
Are ye then with God?

A sepal - petal - and a thorn
Opon a common summer's morn -
A flask of Dew - A Bee or two -
A Breeze - a'caper in the trees -
And I'm a Rose!

The morns are meeker than they were -
The nuts are getting brown -
The berry's cheek is plumper -
The Rose is out of town.

The maple wears a gayer scarf -
The field a scarlet gown -
Lest I sh'd be old fashioned
I'll put a trinket on.

1858

Stumm war ihr Entzücken -
Meine - Todesangst -

Bis - im Abenddämmern
Einer Vorhänge zog -
Rasch! ein jähes Rascheln!
Und der Hänfling flog!

So wie da ein Maßliebchen
Heut vom Acker ging -
So trippelten Pantoffel
Ins Paradies dahin -
In Scharlachschaum versickert
Der Rest der Tagesflut -
Blühend - trippelnd - fließend -
Seid ihr dann bei Gott?

Ein Blütenblättchen - und ein Dorn
Am Sommermorgen zu besorgen -
Ein Fläschchen Tau - und ein, zwei Bienen -
Im Baum - hüpft eine Brise -
Und ich bin eine Rose!

Die Morgen sind nun milder -
Die Nüsse werden braun -
Die Beerenbacken praller -
Die Rose zog davon.

Froh trägt der Ahorn einen Schal -
Das Feld ein rot Gewand
Da will ich auch nicht gestrig sein
Und schmücke mich mit Tand.

If I should die - 36
And you should live -
And time sh'd gurgle on -
And morn sh'd beam -
And noon should burn -
As it has usual done -
If Birds should build as early
And Bees as bustling go -
One might depart at option
From enterprise below!
'Tis sweet to know that stocks will stand
When we with Daisies lie -
That Commerce will continue -
And Trades as briskly fly -
It makes the parting tranquil
And keeps the soul serene -
That gentlemen so sprightly
Conduct the pleasing scene!

I never lost as much but twice - 39
And that was in the sod.
Twice have I stood a beggar
Before the door of God!

Angels - twice descending
Reimbursed my store -
Burglar! Banker - Father!
I am poor once more!

1858

Wenn je ich sterbe -
Und du lebst -
Und Zeit lief gluckernd ab
Und Morgen strahlt -
Und Mittag brennt -
Wie's das schon immer gab -
Wenn Vögel früh am Nisten sind
Geschäftig Bienen surren -
Verzichtet man auf Unternehmen
Hier unten ohne Murren!
Es tröstet, daß die Kurse stehn
Wenn wir in Blumen liegen -
Und daß der Handel weitergeht -
Geschäfte munter fliegen -
Es macht den Abschied friedlich
Und hält die Seele heiter -
Daß hohe Herrn so lebhaft
Die hübsche Bühne leiten!

Schon zweimal nahm das Grab mir
So viel wie nie zuvor.
Schon zweimal stand ich bettelnd
Vor Gottes Himmelstor!

Schon zweimal haben Engel
Mich wieder ausstaffiert -
Ein Räuber! Banker - Vater!
Bin wieder ruiniert!

1859

I've got an arrow here. 56
Loving the hand that sent it
I the dart revere.

Fell, they will say, in »skirmish«!
Vanquished, my soul will know
By but a simple arrow
Sped by an archer's bow.

Heart! We will forget him! *64
You and I - tonight!
You may forget the warmth he gave -
I will forget the light!

When you have done, pray tell me
That I my thoughts may dim!
Haste! lest while you're lagging
I remember him!

Some things that fly there be - 68
Birds - Hours - the Bumblebee -
Of these no Elegy.

Some things that stay there be -
Grief - Hills - Eternity -
Nor this behooveth me.

There are that resting, rise.
Can I expound the skies?
How still the Riddle lies!

Ich hab hier ein Geschoß.
Geliebte Hand hat es gesandt
Ich ehr's im Übermaß.

Fiel, heißt's dann, im »Scharmützel«!
Doch weiß mein Herz, besiegt
Durch einen simplen Pfeil des Schützen
Vom Bogen abgeschickt.

Herz! Vergessen wir ihn!
Du und ich - heut nacht!
Du vergißt wie warm er war -
Und ich vergess das Licht!

Und bist du fertig, sag's mir
Dann dunkle ich mich ein!
Rasch! Denn solang du zögerst
Gedenk ich wieder sein!

Manche die da fliegen -
Vögel - Stunden - Bienen -
Nichts für Elegien.

Manche die da bleiben -
Leid - Hügel - Ewigkeiten -
Auch nicht mir obliegen.

Doch was da ruht, steigt hoch.
Erklär die Himmel ich?
Das Rätsel regt sich nicht!

So bashful when I spied her!
So pretty - so ashamed!
So hidden in her leaflets
Lest anybody find -

So breathless till I passed her -
So helpless when I turned
And bore her struggling, blushing,
Her simple haunts beyond!

For whom I robbed the Dingle -
For whom betrayed the Dell -
Many, will doubtless ask me -
But I shall never tell!

My friend must be a Bird -
Because it flies!
Mortal, my friend must be -
Because it dies!
Barbs has it, like a Bee!
Ah, curious friend!
Thou puzzlest me!

My nosegays are for Captives -
Dim - long expectant eyes -
Fingers denied the plucking,
Patient till Paradise -

To such, if they sh'd whisper
Of morning and the moor -
They bear no other errand,
And I, no other prayer.

So scheu, als ich sie ansah!
So schön - und so voll Scham!
Im Blütenblatt verborgen
Damit nicht einer kam -

So stumm bis ich vorbei war -
So hilflos als ich keck
Sie zappelnd, schamrot, forttrug
Aus ihrem Waldversteck!

Für wen ich die Schlucht bestahl -
Für wen das Tal verriet -
Das fragen mich wohl viele -
Doch ich erzähl es nie!

Mein Lieb ist wohl ein Vogel -
Weil es fliegt!
Und sterblich ist es wohl -
Weil es erliegt!
Wie Bienen sticht es! Ach,
Du seltsam Lieb!
Verwirrest mich!

Mein Strauß gilt Eingesperrten -
Dem Aug - schon trüb vor Durst -
Der Hand, die mit dem Pflücken
Aufs Jenseits warten muß -

Wenn er zu solchen leise
Von Moor und Morgen spricht -
So ist nur dies sein Auftrag,
Und dies nur mein Gebet.

The rainbow never tells me   76
That gust and storm are by -
Yet is she more convincing
Than Philosophy.

My flowers turn from Forums -
Yet eloquent declare
What Cato could'nt prove me
Except the *birds* were here!

As by the dead we love to sit -   78
Become so wondrous dear -
As for the lost we grapple
Tho' all the rest are here -

In broken mathematics
We estimate our prize
Vast - in it's fading ratio
To our penurious eyes!

I hide myself - within my flower,   80
That fading from your Vase -
You - unsuspecting - feel for me -
Almost - a loneliness -

Heart not so heavy as mine   88
Wending late home -
As it passed my window
Whistled itself a tune -

A careless snatch - a ballad -
A Ditty of the street -

1859

Das End von Bö und Sturm
Verschweigt der Regenbogen -
Doch überzeugt er mehr
Als alle Philosophen.

Platzscheu sind meine Blumen -
Doch sie erklären mir
Was Cato nicht bewiese
Gäb es nicht *Vögel* hier!

Wir sitzen gerne bei den Toten -
So werden sie uns lieb -
Wir packen die Verlorenen
Obschon der Rest uns blieb -

Die Rechenkunst zerbarst
Nun schätzen wir den Wert
Enorm - je mehr er schwindet
Aus unserm armen Aug!

Ich berge mich - in meiner Blume,
Die in der Vase bleicht -
Und dich - nichts ahnend - spüren läßt -
Beinahe - Einsamkeit -

Ein Herz, etwas leichter als meins
Kehrte heim spät -
Unter meinem Fenster
Pfiff es sich ein Lied -

Ein Fundstück - Moritat -
Ein Gassenhauer nur -

Yet to my irritated ear
An anodyne so sweet -

It was as if a Bobolink
Sauntering this way
Carolled and mused, and carolled -
Then bubbled slow away -

It was as if a chirping brook
Opon a toilsome way
Set bleeding feet to minuets
Without the knowing why -

Tomorrow - night will come again -
Perhaps - tired and sore -
Oh Bugle, by the window
I pray you stroll once more!

An altered look about the hills -
A Tyrian light the village fills -
A wider sunrise in the morn -
A deeper twilight on the lawn -
A print of a vermillion foot -
A purple finger on the slope -
A flippant fly opon the pane -
A spider at his trade again -
An added strut in Chanticleer -
A flower expected everywhere -
An axe shrill singing in the woods -
Fern odors on untravelled roads -
All this and more I cannot tell -
A furtive look you know as well -
And Nicodemus' Mystery
Receives it's annual reply!

1859

Und doch ein süßes Palliativ
Für mein gereiztes Ohr -

Als hätte da ein Stärling
Verweilend noch am Ort
Geträumt, gejubelt, und geträumt -
Und brabbelt sachte fort -

Als hätte über hartem Weg
Ein Bach gezwitschert - und
Erschöpfte Füße tanzen lassen
Ohne rechten Grund -

Nacht wird's auch wieder - morgen -
Wie bitter sie auch sei -
Oh bitte, Horn, komm nochmal
Am Fenster hier vorbei!

Die Miene wechseln Berg und Feld -
Karminrot schon das Dorf erhellt -
Und höher steigt die Sonne jetzt -
Ein tiefres Zwielicht auf dem Gras -
Ein Fußabdruck - rot wie Zinnober -
Und dort am Hang ein Purpurfinger-
Die Fliege taumelnd hinterm Glas -
Die Spinne nimmt schon wieder Maß -
Noch mehr Großtuerei beim Hahn -
Bald kommen Blumen überall -
Die Axt im Wald singt schrill ein Lied -
Und Farngeruch auf leerem Pfad -
Dies alles, und noch mehr davon -
Verstohlner Blick, den kennst du schon -
Und Nikodemus hat schon wieder
Des Jahres Auskunft über Wunder!

Water, is taught by thirst. 93
Land - by the Oceans passed.
Transport - by throe -
Peace, by it's battles told -
Love, by memorial mold -
Birds, by the snow.

South winds jostle them - 98
Bumblebees come -
Hover - hesitate -
Drink, and are gone -

Butterflies pause
On their passage Cashmere -
I - softly plucking,
Present them here!

What Inn is this 100
Where for the night
Peculiar Traveller comes?
Who is the Landlord?
Where the maids?
Behold, what curious rooms!
No ruddy fires on the hearth -
No brimming tankards flow.
Necromancer! Landlord!
Who are these below?

My friend attacks my friend! 103
Oh Battle picturesque!
Then I turn Soldier too,
And he turns Satirist!

1859

Wasser, erfährt man durch Durst.
Land - wer Meere bereist.
Wonne - durch Weh -
Frieden, durch Reden vom Krieg -
Liebe, durchs Bild, das blieb -
Vögel, durch Schnee.

Vom Südwind gedrängt -
Sind Hummeln gekommen -
Sie schweben - und zögern
Ein Schluck, schon davon -

Es halten die Falter
Beim Flug von Kaschmir -
Ich - sammle sie sacht,
Verschenke sie hier!

In welches Gasthaus
Kehren nachts
Seltsame Gäste ein?
Wer ist der Wirt?
Wo ist die Magd?
Die Zimmer schau dir an!
Kein rotes Feuer auf dem Herd -
Kein heiteres Gelag.
Geisterseher! Gastwirt!
Wer liegt drunten, sag?

Mein Freund greift meinen Freund an!
O pittoreske Schlacht!
Die mich selbst militärisch,
Und ihn satirisch macht!

How martial is this place!
Had I a mighty gun
I think I'd shoot the human race
And then to glory run!

A something in a summer's Day   104
As slow her flambeaux burn away
Which solemnizes me.

A something in a summer's noon -
A depth - an Azure - a perfume -
Transcending extasy.

And still within a summer's night
A something so transporting bright
I clap my hands to see -

Then vail my too inspecting face
Lest such a subtle - shimmering grace
Flutter too far for me -

The wizard fingers never rest -
The purple brook within the breast
Still chafes it's narrow bed -

Still rears the East her amber Flag -
Guides still the sun along the Crag
His Caravan of Red -

So looking on - the night - the morn
Conclude the wonder gay -
And I meet, coming thro' the dews
Another summer's Day!

Welch kriegerischer Ort!
Besäße ich Kanonen
Ich schösse auf die Menschheit
Soll mir der Ruhm das lohnen!

Etwas an einem Sommertag
Der sacht brennt seine Fackeln ab
Durchdringt mich feierlich.

Etwas am Sommermittag auch -
Ein Duft - die Tiefe - und ein Blau -
Ist mehr als Rausch für mich.

Und noch in einer Sommernacht
Ist etwas das sie strahlend macht
Ekstatisch klatsche ich -

Verhüll mein forschendes Gesicht
Daß Anmut so zart schimmernd nicht
Zu weit von mir sich flücht -

Die Zauberfinger stehn nie still -
Der Purpurbach im Herzen will
Heraus aus seinem Bett -

Noch hebt der Ost die Bernsteinfahne -
Noch führt am Fels entlang die Sonne
Der Karawane Rot -

Im Hinschaun - schließen Nacht und Morgen
Das Wunder heiter ab -
Und ich treff, unterwegs im Tau
Des andern Sommers Tag!

In lands I never saw - they say   108
Immortal Alps look down -
Whose Bonnets touch the firmament -
Whose sandals touch the town;

Meek at whose everlasting feet
A myriad Daisy play -
Which, Sir, are you, and which am *I* -
Opon an August day?

For each extatic instant   109
We must an anguish pay
In keen and quivering ratio
To the extasy -

For each beloved hour
Sharp pittances of Years -
Bitter contested farthings -
And Coffers heaped with tears!

Success is counted sweetest   112
By those who ne'er succeed.
To comprehend a nectar
Requires sorest need.

Not one of all the purple Host
Who took the Flag today
Can tell the definition
So clear of Victory

As he defeated - dying -
On whose forbidden ear
The distant strains of triumph
Burst agonized and clear!

1859

In Ländern die ich nie geschaut -
Sehn Alpen stets herab -
Berühren mit dem Hut den Himmel -
Mit ihrem Schuh die Stadt;

Es spielt Maßliebchen ihnen scheu
In Mengen um den Fuß -
Wer sind da Sie, und wer bin *ich* -
Sir, manchmal im August?

Für jede Sekunde Ekstase
Bezahlen wir mit Angst
Heiß bebend in dem Masse
Unsres Überschwangs -

Für jede Stunde Geliebtsein
Herbe Happen Jahre -
Heftig umkämpfte Heller -
Und Truhen voller Tränen!

Erfolg schätzt der am meisten
Der niemals ihn errang.
Nur heftigstes Verlangen
Schafft solchen Göttertrank.

Nicht einer aus der Purpurschar
Die heut die Flagge nahm
Kann klarer definieren
Wie es zum Siege kam

Als der Besiegte - der noch -
In Todesqual vernimmt -
Die fernen Klänge des Triumphs
Nicht für sein Ohr bestimmt!

Our share of night to bear -
Our share of morning -
Our blank in bliss to fill,
Our blank in scorning -

Here a star, and there a star,
Some lose their way!
Here a mist - and there a mist -
Afterwards - Day!

These are the days when Birds come back -
A very few - a Bird or two,
To take a final look -

These are the days when skies resume
The old - old sophistries of June -
A blue and gold mistake.

Oh fraud that cannot cheat the Bee,
Almost thy plausibility
Induces my belief,

Till ranks of seeds their witness bear,
And swiftly thro' the altered air
Hurries a timid leaf -

Oh Sacrament of summer days!
Oh last Communion in the Haze -
Permit a child to join -

Thy sacred emblems to partake -
Thy consecrated bread to take -
And thine immortal wine -

Unsern Teil von Nacht zu tragen -
Unsern Teil von Morgen -
Unser Blatt mit Glück zu füllen,
Unser Blatt mit Argem -

Hier ein Stern, und da ein Stern,
Mancher irrt ab!
Hier ein Dunst - und da ein Dunst -
Und danach - Tag!

In diesen Tagen kehren wieder
Die Vögel - einer oder zwei -
Für einen letzten Blick -

In diesen Tagen treiben wieder
Die Himmel - Junitag-Sophisterei -
Blaugoldenes Bubenstück.

O Trug, der keine Biene narrt.
So überzeugend, daß es mich
Fast sommergläubig macht,

Bis Samenkapseln Zeugen sind,
Und sacht in einem andern Wind
Davoneilt scheu ein Blatt -

O Sakrament des Sommertags!
O letztes Abendmahl im Glast -
Sei auch das Kind noch klein -

Laß es die heiligen Embleme -
Und die geweihten Brote nehmen -
Und deinen ewgen Wein -

Safe in their Alabaster Chambers -   *124
Untouched by morning
And untouched by noon -
Sleep the meek members of the Resurrection -
Rafter of satin,
And Roof of stone.

Light laughs the breeze
In her Castle above them,
Babbles the Bee in a stolid Ear,
Pipe the sweet Birds in ignorant cadence -
Ah, what sagacity perished here!

Grand go the Years,
In the Crescent above them -
Worlds scoop their Arcs -
And Firmaments - row -
Diadems - drop -
And Doges - surrender -
Soundless as Dots,
On a Disc of Snow.

Our lives are Swiss -   129
So still - so Cool -
Till some odd afternoon
The Alps neglect their Curtains
And we look farther on!

Italy stands the other side!
While like a guard between -
The solemn Alps -
The siren Alps
Forever intervene!

Verwahrt in ihren Alabasterkammern -
Kein Morgen - und kein Mittag
Rührt sie an -
Ruht die lammfromme Ostergesellschaft -
Balken aus Satin,
Und Dach aus Stein.

Hell lacht die Brise
Hoch oben im Schloß,
Surren die Bienen ins stumpfe Ohr,
Pfeifen die Vögel kunstlose Weisen -
Ach, wieviel Findigkeit hier sich verlor!

2. Fassung der 2. Strophe

Groß ziehn die Jahre,
Im Bogen darüber -
Wo Welten sich wölben -
Die Himmel - vergehn -
Kronen fallen -
Sich Dogen - fügen -
Lautlos wie Punkte,
Auf Scheiben von Schnee -

Wir leben Schweizerisch -
So still - so Kühl -
Bis eines Nachmittags
Die Alpen ihren Vorhang lüften
Und wir hinübersehn!

Italien auf der andern Seite!
Als Wache stehn jedoch -
Die Alpen ernst -
Die Alpen lockend
In Ewigkeiten noch!

1860

A little Bread - A crust - a crumb -
A little trust - a demijohn -
Can keep the soul alive -
Not portly, mind! but breathing - warm -
Conscious - as old Napoleon,
The night before the crown!

A modest lot - A fame petite -
A brief Campaign of sting and sweet
Is plenty! Is enough!
A *Sailor's* business is *the shore!*
A *soldier's* - *balls!* Who asketh more,
Must seek the neighboring life!

Bring me the sunset in a cup -
Reckon the morning's flagons up
And say how many Dew -
Tell me how far the morning leaps -
Tell me what time the weaver sleeps
Who spun the breadths of blue!

Write me how many notes there be
In the new Robin's extasy
Among astonished boughs -
How many trips the Tortoise makes -
How many cups the Bee partakes,
The Debauchee of Dews!

Also, Who laid the Rainbow's piers,
Also, Who leads the docile spheres
By withes of supple blue?

Ein bißchen Brot - 'ne Kruste - Krümel -
Ein bißchen Zutraun - eine Flasche -
Das hält die Seel am Leben -
Nun ja, nicht stattlich! atmend - warm -
Hellwach - wie einst Napoleon,
Am Abend vor der Krönung!

Bescheidnes Los - ein knapper Ruhm -
Und schnelle Stachel-Honig Aktion
Ist viel! Ist schon genug!
Wer *segelt* - achte aufs *Gestade!*
Wer *schießt* - *auf Kugeln!* Mehr zu haben,
Das braucht das Leben daneben!

Bring mir im Kelch das Abendrot -
Addier des Morgens Angebot
Und zähle mir den Tau -
Sag an wie weit der Morgen geht -
Und wann der schläft der hier gewebt
So breite Bahnen Blau!

Schreib auf wie vieler Noten Klang
Steckt in der Drossel Überschwang
Im staunenden Gezweig -
Wie oft die Schildkröte verreist -
Und wieviel Tau die Biene speist,
Bei ihrer Schwelgerei!

Wer legt den Pier für Regenbogen
Wer führt an biegsam-blauen Ruten
Den zahmen Himmelsraum?

Whose fingers string the stalactite -
Who counts the wampum of the night
To see that none is due?

Who built this little Alban House
And shut the windows down so close
My spirit cannot see?
Who'll let me out some gala day
With implements to fly away,
Passing Pomposity?

Exultation is the going 143
Of an inland soul to sea -
Past the Houses -
Past the Headlands -
Into deep Eternity -

Bred as we, among the mountains,
Can the sailor understand
The divine intoxication
Of the first league out from Land?

I never hear the word »Escape« 144
Without a quicker blood,
A sudden expectation -
A flying attitude!

I never hear of prisons broad
By soldiers battered down,
But I tug childish at my bars
Only to fail again!

Wer hat den Tropfstein aufgespannt -
Das Muschelgeld der Nacht gezahlt
Am Fälligkeitstermin?

Wer schuf dies Bleiche Haus so klein
Und sperrt mich hinter Läden ein
Daß blind mir wird der Geist?
Wer läßt mich frei am Feiertag
Und rüstet mich mit Fluggerät,
Jenseits von Prahlerei?

Jubel faßt die Inlandseele
Wenn in Richtung Meer sie reist -
Haus und Kap -
Verschwinden hinten -
Vorwärts in die Ewigkeit -

Ob der Seemann, berggeboren
Wie wir selber, je verstand
Diese göttliche Vergiftung
Eine Meile weg vom Land?

Ich höre kaum das Wort »Entrinnen«
Da wallt mir schon das Blut,
Sogleich fühl ich Erwartung -
Nehm Haltung an zum Flug!

Ich höre nie, die Truppe schoß
Gefängnismauern nieder,
Da schlag ich kindisch an mein Schloß
Und schon versag ich wieder!

A little East of Jordan, 145
Evangelists record,
A Gymnast and an Angel
Did wrestle long and hard -

Till morning touching mountain -
And Jacob, waxing strong,
The Angel begged permission
To Breakfast - to return!

Not so, said cunning Jacob!
»I will not let thee go
Except thou bless me« - Stranger!
The which acceded to -

Light swung the silver fleeces
»Peniel« Hills beyond,
And the bewildered Gymnast
Found he had worsted God!

Surgeons must be very careful 156
When they take the knife!
Underneath their fine incisions
Stirs the Culprit - *Life!*

I have a King, who does not speak - 157
So - wondering - thro' the hours meek
I trudge the day away -
Half glad when it is night - and sleep -
If, haply, thro' a dream, to peep
In parlors, shut by day.

Am Ostufer des Jordans,
Da rangen lang und hart,
Ein Turner und ein Engel
Wie uns die Bibel sagt -

Schon lag im Licht die Höhe -
Als Jakob stärker ward,
Der Engel ihn um Urlaub
Bis nach dem Frühstück bat!

Das nicht, sprach listig Jakob!
»Ich lasse dich nicht gehn
Du segnest mich denn« - Fremder!
Da willigte der ein -

Das Licht in Silberflocken
Um »Pniels Hügel« stiebt,
Und der konfuse Turner
Merkt, Gott hat er besiegt!

Ärzte sollen sehr behutsam
Ihr Besteck bewegen!
Unter ihren feinen Schnitten
Bebt der Schurke - *Leben!*

Mein König hat kein Wort für mich -
So - grüble ich - und schleppe mich
Kleinmütig durch den Tag -
Halbfroh wenn ich bei Nacht durch Traum
In tagsüber versperrten Raum
Hineinzuspähn vermag.

And if I do - when morning comes -
It is as if a hundred drums
Did round my pillow roll,
And shouts fill all my childish sky,
And Bells keep saying ›Victory‹
From steeples in my soul!

And if I dont - the little Bird
Within the Orchard, is not heard,
And I omit to pray
›Father, thy will be done‹ today
For my will goes the other way,
And it were perjury!

The Daisy follows soft the Sun -   161
And when his golden walk is done -
Sits shily at his feet -
He - waking - finds the flower there -
Wherefore - Marauder - art thou here?
Because, Sir, love is sweet!

We are the Flower - Thou the Sun!
Forgive us, if as days decline -
We nearer steal to Thee!
Enamored of the parting West -
The peace - the flight - the amethyst -
Night's possibility!

By a flower - By a letter   163
By a nimble love -
If I weld the Rivet faster -
Final fast - above -

Wenn das - dem Morgen zu - geschieht -
Dann wirbelt hundertfach ums Bett
Ein froher Trommelsturm,
Den Kinderhimmel füllt Geschrei,
Und Siegesbimmeln tobt dabei
Vom Seelenglockenturm!

Wenn nicht - hör ich das Vöglein nicht
Das da im Garten zu mir spricht,
Und bete heut nicht mehr
»Dein Wille, Vater, soll geschehn«,
Mein Wille wird dagegenstehn,
Sodaß es Meineid wär!

Maßliebchen folgt der Sonne sacht -
Hat Er die goldne Bahn gemacht -
Sitzt sie zu Seinen Füßen -
Erwachend - findet Er sie vor -
Wozu - Ganovin - bist du hier?
Sir, weil die Liebe süß ist!

Wir sind die Blume - Du die Sonne!
Vergib, wenn wir leis näher kommen -
Kaum daß der Tag sich neigt!
Fort zieht der Westen, den wir lieben -
Der Amethyst - das Fliegen - Frieden -
Die Möglichkeit der Nacht!

Wenn durch Blume - wenn durch Brief
Wenn durch flinke Liebe -
Ich die Fuge oben fester -
Endgültig - verniete -

Never mind my breathless Anvil!
Never mind Repose!
Never mind the sooty faces
Tugging at the Forge!

Ah, Necromancy Sweet! 168
Ah, Wizard erudite!
Teach me the skill,

That I instill the pain
Surgeons assuage in vain,
Nor Herb of all the plain
Can heal!

At last - to be identified - 172
At last - the Lamps opon your side -
The rest of life - to see -

Past Midnight - past the Morning Star -
Past Sunrise - Ah, What Leagues there were -
Between Our Feet - and Day!

In Ebon Box, when years have flown 180
To reverently peer -
Wiping away the velvet dust
Summers have sprinkled there!

To hold a letter to the light -
Grown Tawny - now - with time -
To con the faded syllables
That quickened us like Wine!

Soll mein Amboß davon keuchen!
Ruhe sei vergessen!
Sollen rußige Gesichter
Rackern an der Esse!

Ach, Schwarze Kunst, du Süße!
Ach, aller Magier klügster!
Weist mich an,

Wie man den Schmerz einflößt
Von dem kein Arzt erlöst,
Den kein Kraut keiner Wiese
Heilen kann!

Zuletzt - erkannt zu sein -
Zuletzt - bei dir im Lampenschein -
Den Rest des Lebens - sehn -

Nach Mitternacht - nach Morgenstern -
Nach Morgenrot - Ach, Welche Strecke lag -
Vor Unsern Füßen - bis zum Tag!

Nach Jahren in ein Kästchen
Von Ebenholz zu spähen -
Und abzuwischen samtnen Staub
Den Sommer darauf säen!

Ans Licht zu halten einen Brief -
Vergilbt nun - von der Zeit -
Verblaßte Silben zu studieren
Belebend einst wie Wein!

Perhaps a Flower's shrivelled cheek
Among it's stores to find -
Plucked far away, some morning -
By gallant - mouldering hand!

A curl, perhaps, from foreheads
Our constancy forgot -
Perhaps, an antique trinket -
In vanished fashions set!

And then to lay them quiet back -
And go about it's care -
As if the little Ebon Box
Were none of our affair!

A *wounded* Deer - leaps highest -
I've heard the Hunter tell -
'Tis but the extasy of *death* -
And then the Brake is still!

The *smitten* Rock that gushes!
The *trampled* Steel that springs!
A Cheek is always redder
Just where the Hectic stings!

Mirth is the mail of Anguish -
In which it cautious Arm,
Lest Anybody spy the blood
And »you're hurt« exclaim!

Vielleicht der Blume welke Wange
Im Vorrat hier zu bergen -
Von einer Moderhand gepflückt
Galant - am fernen Morgen!

Vielleicht von Stirnen eine Locke
Die unsre Treu vergaß -
Vielleicht, bejahrter Tand - in
Verschollner Mode Maß!

Und sie dann still zurückzulegen -
Sorgsam, doch unbefangen -
Als sei das dunkle Kästchen uns
Nie etwas angegangen!

Den höchsten Sprung - tut *wundes* Wild -
Wie mir der Jäger sagt -
Das ist der Rausch des *Todes* -
Danach ist's still im Kraut!

Getroffner Fels ergießt sich!
Es springt *getretner* Stahl!
Der Stich des Fiebers in die Wange
Bewirkt ein rotes Mal!

Angst panzert sich mit Freude -
Sorgliches Waffenkleid,
Damit nicht jemand Blut erspäht
Und »bist verwundet« schreit!

1861

A Wife - at Daybreak - I shall be -   185
Sunrise - Hast Thou a Flag for me?
At Midnight - I am yet a Maid -
How short it takes to make it Bride -
Then - Midnight - I have passed from Thee -
Unto the East - and Victory.

Midnight - Good night - I hear them Call -
The Angels bustle in the Hall -
Softly - my Future climbs the Stair -
I fumble at my Childhood's Prayer -
So soon to be a Child - no more -
Eternity - I'm coming - Sir -
Master - I've seen the Face - before -

Title divine, is mine.   194
The Wife without the Sign -
Acute Degree conferred on me -
Empress of Calvary -
Royal, all but the Crown -
Betrothed, without the Swoon
God gives us Women -
When You hold Garnet to Garnet -
Gold - to Gold -
Born - Bridalled - Shrouded -
In a Day -
Tri Victory -
»My Husband« - Women say
Stroking the Melody -
Is this the way -

Gattin - werd ich sein - am Morgen -
Kannst - Frührot - mir die Fahne borgen?
Bin Mädchen noch - um Mitternacht -
Wie schnell wird es zur Braut gemacht -
Dann - Mitternacht - vorbei im Nu -
Nach Osten geht's - dem Siege zu.

Zwölf Uhr - Gutnacht - ich hör sie Rufen -
Die Engel durch die Halle streifen -
Sacht - steigt herauf mein künftig Leben -
Ich stottere was Kinder beten -
So bald - bin ich ein Kind gewesen -
Für immer - hier, Sir - Meister, ja -
Ich kannte dich - als ich dich sah -

Der göttliche Titel, ist mein.
Heimlich Gattin sein -
Schmerzhafter Rang mit angetan -
Fürstin von Golgatha -
Königlich, bis auf die Krone -
Angetraut, aber ohne
Die Ohnmacht - Gottes Geschenk an uns Frauen -
Hält man Granat an Granat -
Gold - an Gold -
Gewindelt - Verschleiert - im Totenhemd -
An einem Tag -
Dreifacher Sieg -
Die Frauen sagen - »Mein Mann« -
Streicheln den Klang -
Geht's da entlang -

»Faith« is a fine invention 202
For Gentlemen who *see!*
But Microscopes are prudent
In an Emergency!

The thought beneath so slight a film - 203
Is more distinctly seen -
As laces just reveal the surge -
Or Mists - the Appenine -

Come slowly - Eden! 205
Lips unused to Thee -
Bashful - sip thy Jessamines -
As the fainting Bee -

Reaching late his flower,
Round her chamber hums -
Counts his nectars -
Enters - and is lost in Balms.

I taste a liquor never brewed - *207
From Tankards scooped in Pearl -
Not all the Vats opon the Rhine
Yield such an Alcohol!

Inebriate of air - am I -
And Debauchee of Dew -
Reeling - thro' endless summer days -
From inns of molten Blue -

Der »Glaube« ward erfunden
Für Den der *sehen* kann!
Im Notfall setzt die Vorsicht
Mikroskope ein!

Gedanken unter feiner Haut -
Sind deutlicher zu sehn -
Wie Schaum die Brandung offenbart -
Und Dunst - den Apennin -

Komm sachte - Eden!
Ungewohnte Lippen -
Schamhaft - wie die matte Biene -
Deinen Jasmin nippen -

Spät kommt sie zur Blüte,
Summt um ihr Gemach -
Zählt den Nektar -
Drinnen - geht sie auf in Duft.

Ich koste nie gebrauten Trank -
Aus Perlen mein Pokal -
Kein Faß am ganzen Rhein erbringt
Solch einen Alkohol!

Tieftrunken bin ich - von der Luft -
Und taumle schwer von Tau -
Endlose Sommertage lang -
Als Gast durch Flüssigblau -

When »Landlords« turn the drunken Bee
Out of the Foxglove's door -
When Butterflies - renounce their »drams« -
I shall but drink the more!

Till Seraphs swing their snowy Hats -
And Saints - to windows run -
To see the little Tippler
Leaning against the - Sun!

If I should'nt be alive 210
When the Robins come,
Give the one in Red Cravat,
A Memorial crumb -

If I could'nt thank you,
Being fast asleep,
You will know I'm trying
With my Granite lip!

I've heard an Organ talk, sometimes - 211
In a Cathedral Aisle,
And understood no word it said -
Yet held my breath, the while -

And risen up - and gone away,
A more Bernardine Girl -
Yet - knew not what was done to me
In that old Chapel Aisle.

My River runs to Thee - 219
Blue Sea - Wilt welcome me?

Wirft man betrunkne Bienen raus
Im »Fingerhut«-Lokal -
Schwörn Falter ihrem »Schlückchen« ab -
Ich leer das Glas nochmal!

Bis Engel weiße Mützen schwenken -
Und aus den Fenstern hängt -
Das Himmelsvolk - mich *blau* zu sehn -
Ans Sonnenlicht - gelehnt!

Sollt ich nicht am Leben sein
Wenn die Drosseln kommen,
Gib der mit dem Roten Schlips,
Den Gedächtniskrümel -

Sag ich dir nicht Dank, weil
Tief im Schlaf ich lieg,
Weißt du, ich versuch's mit
Lippen aus Granit!

Die Orgel sprach mich an, manchmal -
Im Kathedralengang,
Und ich verstand kein Wort davon -
Hielt nur den Atem an -

Und wie ich mich erhob - und ging,
Mehr Nönnchen als vordem -
Wußt ich doch nicht wie mir geschah
Im jenem Gang vom Dom.

Mein Strom zieht hin zu Dir -
Bin ich willkommen - Meer?

My River waits reply.
Oh Sea - look graciously!

I'll fetch thee Brooks
From spotted nooks -

Say Sea - take me?

I'm »wife« - I've finished that -   225
That other state -
I'm Czar - I'm »Woman« now -
It's safer so -

How odd the Girl's life looks
Behind this soft Eclipse -
I think that Earth feels so
To folks in Heaven - now -

This being comfort - then
That other kind - was pain -
But Why compare?
I'm »Wife«! Stop there!

Two swimmers wrestled on the spar -   227
Until the morning sun -
When One - turned smiling to the land -
Oh God! the Other One!

The stray ships - passing -
Spied a face -
Opon the waters borne -
With eyes in death - still begging raised -
And hands - beseeching - thrown!

Mein Strom will Antwort hörn.
O Meer - schau gütig her!

Manch wilden Wasserlauf
Führ ich zu deinem Blau -

Sag Meer - nimmst du mich auf?

Bin »Gattin« - bin zu End -
Mit jenem andern Stand -
Bin Zar - jetzt bin ich »Frau« -
Zur Sicherheit -

Wie seltsam wirkt die Mädchenzeit
Nach diesem weichen Schwinden -
So mag der Himmelsschar
Die Erde hier erscheinen -

Wenn dies ein Trost ist - dann
War jenes andre - Pein -
Warum vergleichen? Ich
Bin »Gattin«! Hier halt ein!

Zwei Schwimmer kämpften auf der Spiere
Sich durch zum Morgenrot -
Da kehrt sich Einer froh zum Land -
Der Andere! Oh, Gott!

Verirrten Schiffen - fiel es auf -
Im Wasser -
Ein Gesicht -
Die Augen - betteln noch im Tod -
Die Hand - blieb ausgestreckt!

Some keep the Sabbath going to Church - 236
I keep it, staying at Home -
With a Bobolink for a Chorister -
And an Orchard, for a Dome -

Some keep the Sabbath in Surplice -
I, just wear my Wings -
And instead of tolling the Bell, for Church,
Our little Sexton - sings.

God preaches, a noted Clergyman -
And the sermon is never long,
So instead of getting to Heaven, at last -
I'm going, all along.

Make me a picture of the sun - 239
So I can hang it in my room.
And make believe I'm getting warm
When others call it »Day«!

Draw me a Robin - on a stem -
So I am hearing him, I'll dream,
And when the Orchards stop their tune -
Put my pretense - away -

Say if it's really - warm at noon -
Whether it's Buttercups - that »skim« -
Or Butterflies - that »bloom«?
Then - skip - the frost - opon the lea -
And skip the Russet - on the tree -
Let's play those - never come!

Den Sabbat feiert man mit Kirchgang -
Ich feiere ihn, daheim -
Ein Stärling dient als Sängerknabe -
Ein Garten ist der Dom -

Ein Chorhemd tragen manche sonntags -
Ich, nichts als meine Schwingen -
Und statt des Glockenläutens kann
Der Küsterkäfer - singen.

Gott predigt, Geistlicher von Rang -
Sein Sermon ist nie lang,
Und ich, statt zuletzt in den Himmel zu kommen -
Bin unterwegs dahin.

Mach mir ein Bildnis von der Sonne -
Damit ich's in mein Zimmer hänge.
Und tu als ob es mich erwärmt
Wenn jemand sagt »es tagt«!

Am Zweig - die Drossel - zeichne die -
Damit mir ist, als hört ich sie,
Und wenn das Gartenlied verstummt -
Aufhör - mit dem Als ob -

Und sag - wird's wirklich mittags warm -
Und Butterblumen »flattern hin« -
Und Falter - »blühen« die?
Dann - schwänzen wir - im Gras - den Frost -
Und übergehn den Blätterrost -
Wir spielen - das käm nie!

What is - »Paradise« -   241
Who live there -
Are they »Farmers« -
Do they »hoe« -
Do they know that this is »Amherst« -
And that I - am coming - too -

Do they wear »new shoes« - in »Eden« -
Is it always pleasant - there -
Wont they scold us - when we're hungry -
Or tell God - how cross we are -

You are sure there's such a person
As »a Father« - in the sky -
So if I get lost - there - ever -
Or do what the Nurse calls »die« -

I shant walk the »Jasper« - barefoot -
Ransomed folks - wont laugh at me -
Maybe - »Eden« a'nt so lonesome
As New England used to be!

It is easy to work when the soul is at play -   242
But when the soul is in pain -
The hearing him put his playthings up
Makes work difficult - then -

It is simple, to ache in the Bone, or the Rind -
But Gimblets - among the nerve -
Mangle daintier - terribler -
Like a Panther in the Glove -

Was ist - »Paradies« -
Wer lebt dort -
Sind sie »Bauern« -
»Hacken« die -
Wissen sie, das hier ist »Amherst« -
Und daß ich - auch - dahin geh -

Trägt man »neue Schuh« - in »Eden« -
Geht's dort stets vergnüglich her -
Schimpfen sie uns - wenn wir hungern -
Und verpetzen uns - beim Herrn -

Bist du sicher, daß im Himmel
Jemand wie »ein Vater« wohnt -
Daß falls ich mich dort - verlaufe -
Und man hier mich hält für »tot« -

Nicht geh barfuß auf dem »Jaspis« -
Spottbild für die Heilge Schar -
»Eden« ist wohl nicht so einsam
Wie es einst Neuengland war!

Die Arbeit läuft leicht wenn die Seele spielt -
Doch wenn die Seele sich grämt -
Fällt Arbeit schwer, erst recht wenn man sie
Im Spielzeug rumoren hört -

Ein Schmerz, an Bein, oder Schale, tut nichts -
Im Nerveninnern - ein Bohrer -
Wirkt wie ein Panther im Handschuh -
Ein zarterer - schlimmer - Versehrer -

I've nothing Else - to bring, You know -   253
So I keep bringing These -
Just as the Night keeps fetching Stars
To our familiar eyes -

Maybe, we should'nt mind them -
Unless they did'nt come -
Then - maybe, it would puzzle us
To find our way Home -

The Robin's my Criterion for Tune -   256
Because I grow - where Robins do -
But, were I Cuckoo born -
I'd swear by him -
The ode familiar - rules the Noon -
The Buttercup's, my whim for Bloom -
Because, we're Orchard sprung -
But, were I Britain born,
I'd Daisies spurn -

None but the Nut - October fit -
Because - through dropping it,
The Seasons flit - I'm taught -
Without the Snow's Tableau
Winter, were lie - to me -
Because I see - New Englandly -
The Queen, discerns like me -
Provincially -

I've known a Heaven, like a Tent -   257
To wrap it's shining Yards -
Pluck up it's stakes, and disappear -
Without the sound of Boards
Or Rip of Nail - Or Carpenter -

Du weißt, ich kann - nichts Andres bringen -
Drum bring ich immer Diese -
Wie Nacht uns ständig Sterne holt
Wohlbekannterweise -

Das sollte uns nicht kümmern -
Doch blieben sie einst aus -
Dann - wüßten wir wohl nicht wohin
Auf unserm Weg nach Haus -

Die Drossel ist mein Maß für Melodie -
Denn ich komm vor - am selben Ort -
Käm ich vom Kuckuck her -
Mein Schimpfwort wäre der -
Vertrautes Lied - skandiert den Tag -
Der Hahnenfuß ist mein Geschmack -
Weil wir aus Gärten stammen -
Doch wär ich aus Britannien,
Maßliebchen lehnt ich ab -

Und nichts als Nuß - gehört zum Herbst -
Weil - Jahreszeit sie fallen läßt,
Und - dadurch - weiterhuscht -
Fehlt das Tableau von Schnee
Ist Winter für mich Lüge -
Neuenglisch sieht mein Auge -
Die Queen, urteilt wie ich -
Provinzlerisch -

Ein Himmel war mir, wie ein Zelt -
Der rollte sein Schimmern zusammen -
Zog seine Pflöcke und verschwand -
Da war kein Bretterschrammen
Kein Nagelreißen - Zimmermann -

But just the miles of Stare -
That signalize a Show's Retreat -
In North America -

No Trace - no Figment - of the Thing
That dazzled, Yesterday,
No Ring - no Marvel -
Men, and Feats -
Dissolved as utterly -
As Bird's far Navigation
Discloses just a Hue -
A plash of Oars, a Gaiety -
Then swallowed up, of View.

A Clock stopped -
Not the Mantel's -
Geneva's farthest skill
Cant put the puppet bowing -
That just now dangled still -

An awe came on the Trinket!
The Figures hunched - with pain -
Then quivered out of Decimals -
Into Degreeless noon -

It will not stir for Doctor's -
This Pendulum of snow -
The Shopman importunes it -
While cool - concernless No -

Nods from the Gilded pointers -
Nods from the Seconds slim -
Decades of Arrogance between
The Dial life -
And Him -

Nichts als ein weites Starren -
Verrät in Nordamerika -
Daß da Spektakel waren -

Nicht Spur - nicht Schemen - von dem Ding
Das uns geblendet, Gestern,
Kein Rund - kein Kunststück -
Menschen - Wunder -
Die schwanden gänzlich hin -
Wie fern im Kurs des Vogels
Nur noch ein Farbton zuckt -
Ein Ruderspritzer, Fröhlichkeit -
Und dann ist er verschluckt.

Die Uhr blieb stehn -
Nicht die vom Sims -
Die fernste Kunst aus Genf
Läßt nicht die Puppe nicken -
Die da herunterhängt -

Ein Schauer auf dem Prachtstück!
Die Ziffern - schmerzgekrümmt -
Verließen zitternd ihr System -
Bis nichts als Mittag stimmt -

Nicht für Doktoren regt sich
Dies Pendulum aus Schnee -
Bestürmt wird es vom Händler -
Doch kühl - und unbewegt -

Nickt Nein von Goldnen Zeigern -
Nickt von Sekunden dünn -
Jahrzehnte Hochmut zwischen
Dem Zifferblattleben -
Und Ihm -

I'm Nobody! Who are you? 260
Are you - Nobody - too?
Then there's a pair of us!
Dont tell! they'd advertise - you know!

How dreary - to be - Somebody!
How public - like a Frog -
To tell one's name - the livelong June -
To an admiring Bog!

Forever at His side to walk - 264
The smaller of the two!
Brain of His Brain -
Blood of His Blood -
Two lives - One Being - now -

Forever of His fate to taste -
If grief - the largest part -
If joy - to put my piece away
For that beloved Heart -

All life - to know each other
Whom we can never learn -
And bye and bye - a Change -
Called Heaven -
Rapt neighborhoods of men -
Just finding out - what puzzled us -
Without the lexicon!

Rearrange a »Wife's« Affection! 267
When they dislocate my Brain!
Amputate my freckled Bosom!
Make me bearded like a man!

Niemand bin ich! Und du?
Ein Niemand - noch dazu?
Dann sind wir zwei im Land!
Still! Gleich wird man bekannt!

Wie öde - Jemand sein!
Sein Lebtag - Fröschen gleich -
Den eignen Namen auszuquaken -
Für den Applaus im Teich!

Für immer Ihm zur Seit zu gehn -
Die Kleinere von zwein!
Hirn Seines Hirns -
Blut Seines Bluts -
Zwei Leben - jetzt - Ein Sein -

Für immer sein Los mitzuschmecken -
Das größte Stück - vom Schmerz -
Von Freude - mein Stück wegzulegen -
Für jenes liebe Herz -

Einander - lebenslang - zu kennen
Und niemals auszulernen -
Allmählich - Wandel -
Namens Himmel -
Entrückter Kreis der Nächsten -
Jetzt lösen - ohne Lexikon -
Alle unsre Rätsel!

Einer Gattin Lieb justieren!
Wenn sie mir das Hirn ausrenken!
Mir den Busen amputieren!
Einen Männerbart umhängen!

Blush, my spirit, in thy Fastness -
Blush, my unacknowledged clay -
Seven years of troth have taught thee
More than Wifehood ever may!

Love that never leaped it's socket -
Trust intrenched in narrow pain -
Constancy thro' fire - awarded -
Anguish - bare of anodyne!

Burden - borne so far triumphant -
None suspect me of the crown,
For I wear the »Thorns« till *Sunset* -
Then - my Diadem put on.

Big my Secret but it's *bandaged* -
It will never get away
Till the Day it's Weary Keeper
Leads it through the Grave to thee.

Why - do they shut me out of Heaven? 268
Did I sing - too loud?
But - I can say a little »minor«
Timid as a Bird!

Would'nt the Angels try me -
Just - once - more -
Just - see - if I troubled them -
But dont - shut the door!

Oh, if I - were the Gentleman
In the »White Robe« -
And they - were the little Hand - that knocked -
Could - I - forbid?

Brenn, mein Geist, in deiner Festung -
Brenn, mein Lehmleib, nie erkannt -
Sieben Jahre Treue lehrten
Mehr als jeder Ehestand!

Liebe fest in ihrer Fassung -
Glaube eng in Schmerz verschanzt
Standhaftsein - erprobt im Feuer -
Eine nie betäubte - Angst!

Last - ich trug sie bisher siegreich -
Keiner ahnt die Krone je,
Bis zum *Abend* trag ich »Dornen« -
Dann - trag ich mein Diadem -

Mein Geheimnis - groß - *vermummt* -
Nie entkommt es mir
Bis es einst sein Müder Hüter
Übers Grab führt hin zu dir.

Warum - sperrt man mich aus vom Himmel?
Sang ich denn - zu laut?
Doch - sprech ich auch »gedämpfter«
Als scheue Vogelart!

Wollen Engel mich nicht prüfen -
Noch - einmal - nur -
Sehn - ob ich es war die störte -
Schließt doch nicht die Tür!

Oh, wäre ich - der Hohe Herr
In dem »Weißen Rock« -
Und sie - die kleine Hand - die klopfte -
Wehrte - ich - sie ab?

Wild nights - Wild nights! 269
Were I with thee
Wild nights should be
Our luxury!

Futile - the winds -
To a Heart in port -
Done with the Compass -
Done with the Chart!

Rowing in Eden -
Ah - the Sea!
Might I but moor - tonight -
In thee!

Sturmnächte - Sturmnächte!
Wär ich bei dir
In solchen Sturmnächten
Schwelgten wir!

Wozu - noch Winde -
Das Herz ist im Port -
Fort mit dem Kompaß -
Die Karte fort!

Ein Boot in Eden -
Ach - das Meer!
Verankert sein - heut nacht -
In dir!

1862

Again - his voice is at the door -
I feel the old *Degree* -
I hear him ask the servant
For such an one - as me -

I take a *flower* - as I go -
My face to *justify* -
He never *saw* me - in *this life* -
I might *surprise* his eye!

I cross the Hall with *mingled* steps -
I - silent - pass the door -
I look on all this world *contains* -
Just his face - nothing more!

We talk in *careless* - and in *toss* -
A kind of *plummet* strain -
Each - sounding - shily -
Just - how - deep -
The *other's* one - had been -

We *walk* - I leave my Dog - at home -
A *tender* - *thoughtful* Moon
Goes with us - just a little way -
And - then - we are *alone* -

Alone - if *Angels* are »alone« -
First time they *try* the *sky!*
Alone - if those »vailed faces« - be -
We cannot *count* -
On High!
I'd give - to live that hour - *again* -
The *purple* - *in my Vein* -

Am Tor - noch einmal - seine Stimme -
Ich spür den alten *Grad* -
Hör ich, wie er den Diener
Nach meinesgleichen fragt -

Die *Blume* - schon im Gehn gepflückt -
Soll mein Gesicht *erklären* -
Er *sieht* mich heut - zum *ersten Mal* -
Sein Aug könnt *stutzig* werden!

Ich gehe *stockend* durch die Halle -
Tret - schweigend - aus der Tür -
Seh alles was die Welt *enthält* -
Ist sein *Gesicht* - nicht mehr!

Wir reden *unbekümmert* - *sprunghaft* -
Als würfen wir ein *Blei* -
Sondierten - scheu -
Wie tief gesunken
Das Lot - des *andern* sei -

Wir *gehn* - ich laß den Hund - daheim -
Ein *milder* Mondenschein
Geht *nachdenklich* - ein Stückchen mit -
Und - dann - sind wir *allein* -

Allein - wenn *Engel* »einsam« sind -
Beim Flug das *erste Mal!*
Allein - wie die, die »sich verhüllen« -
Hoch oben -
Ohne Zahl!
Käm diese Stunde - *wieder* - gäb ich -
Den *Purpur* - meiner Venen -

But *He* must *count the drops - himself -*
My price for *every stain!*

A word is dead, when it is said   278
Some say -
I say it just begins to live
That day

Of all the Souls that stand create -   279
I have Elected - One -
When Sense from Spirit - files away -
And Subterfuge - is done -
When that which is - and that which was -
Apart - intrinsic - stand -
And this brief Drama in the flesh -
Is shifted - like a Sand -
When Figures show their royal Front -
And Mists - are carved away,
Behold the Atom - I preferred -
To all the lists of Clay!

Me, change! Me, alter!   281
Then I will, when on the Everlasting Hill
A Smaller Purple grows -
At Sunset, or a lesser glow
Flickers opon Cordillera -
At Day's superior close!

We play at Paste -   282
Till qualified for Pearl -

Doch *zahlt Er* mir für *jeden Fleck* -
Er selbst - muß *Tropfen zählen!*

Ein Wort ist tot, wenn man es sagt
Sagt man -
Ich sag es fängt zu leben an
Just dann

Von allen Seelen die erschaffen -
Hab - Eine - ich Erwählt -
Wenn Sinn und Geist - sich trennen -
Und keine Ausflucht - zählt -
Wenn was da ist - und was da war -
Im Innern - sich zerlegt -
Des Fleisches kurzes Drama -
Wie Sand - wird weggefegt -
Wenn Stirnen königlich sich zeigen -
Und alle Nebel schwanden,
Sieh das Atom - ich zog es vor -
Dem was aus Lehm entstanden!

Mich, ändern! Wandeln!
Will ich dann, wenn auf Ewigem Hügelkamm
Der Purpur knapper wird -
Am Abend, oder schwächer Flammen
Auf den Kordilleren schimmern -
Am höhern End des Tags!

Man spielt mit Ton -
Eh man für Perlen taugt -

Then, drop the Paste -
And deem Ourself a fool -
The Shapes, tho', were similar,
And our new Hands
Learned Gem Tactics
Practising Sands -

The Zeros taught Us - Phosphorus -   284
We learned to like the Fire
By handling Glaciers - when a Boy -
And Tinder - guessed - by power

Of Opposite - to equal Ought -
Eclipses - Suns - imply -
Paralysis - our Primer dumb
Unto Vitality -

The Love a Life can show Below   285
Is but a filament, I know,
Of that diviner thing
That faints opon the face of Noon -
And smites the Tinder in the Sun -
And hinders Gabriel's Wing -

'Tis this - in Music - hints and sways -
And far abroad on Summer days -
Distills uncertain pain -
'Tis this enamors in the East -
And tints the Transit in the West
With harrowing Iodine -

'Tis this - invites - appalls - endows -
Flits - glimmers - proves - dissolves -

Dann, läßt man ihn -
Und schätzt als Narr sich ein -
Die Form war freilich gleich,
Die neue Hand -
Hat einst Juwelentaktik
Ausprobiert im Sand -

Nullpunkte lehrten uns - den Phosphor -
Wir lernten Feuer lieben
An Gletschern - schon zur Knabenzeit -
Und Zunder - den wir rieten

Durch Gegenkraft - als Gleichgewicht -
Eklipsen - fassen Sonnen -
Und Lähmung - lehrt als stumme Fibel
Uns Lebenskraft erkennen -

Die Liebe, die wir hier im Leben haben
Das weiß ich wohl, ist nur ein Feuerfaden
Von jenem höhern Ding
Das im Gesicht des Mittags schwindet -
Und Pulver in der Sonne zündet -
Den Engelflug bezwingt -

Dies ist's - was aus Musik uns winkt -
Und fernem Sommertag entwringt
Ein ungewisses Weh -
Dies weckt im Osten ein Verlangen -
Und hat nach Westen hin den Gang
Beißend mit Jod getönt -

Dies ist's - was einlädt - schreckt - begabt -
Huscht - glimmt - beweist - zerfließt -

Returns - suggests - convicts - enchants
Then - flings in Paradise -

I got so I could take his name -
Without - Tremendous gain -
That Stop-sensation - on my Soul -
And Thunder - in the Room -

I got so I could walk across
That Angle in the floor,
Where he turned so, and I turned - how -
And all our Sinew tore -

I got so I could stir the Box -
In which his letters grew
Without that forcing, in my breath -
As Staples - driven through -

Could dimly recollect a Grace -
I think, they called it »God« -
Renowned to ease Extremity -
When Formula, had failed -

And shape my Hands -
Petition's way,
Tho' ignorant of a word
That Ordination - utters -

My Business - with the Cloud,
If any Power behind it, be,
Not subject to Despair -
It care - in some remoter way,
For so minute affair
As Misery -
Itself, too vast, for interrupting - more -

Zurückkehrt - anregt - überzeugt - entzückt
Dann - wirft ins Paradies -

Schon hört ich seinen Namen - Ohne -
Gewaltiger Gewinn -
Daß mir das Herz gleich stehenblieb -
Ein Knall - im Zimmer hing -

Schon ging am Winkel ich vorbei
Von dem wir beide wissen,
Dort drehte er sich so, ich - wie -
Und alle Sehnen rissen -

Schon nahm ich mir die Schachtel vor -
Drin seine Briefe liegen
Und ausblieb, daß ich keuchte wie
Von Hämmern angetrieben -

Gedachte schwach der Gnade -
Ich glaub, man nennt sie »Gott« -
Die Härtefälle lindert -
Wo das Rezept versagt -

Und hielt die Hand -
Nach Beter-Art,
Doch unbelehrt
Vom heiligen Wort -

Ich hab zu tun - mit Wolken,
Wenn eine Macht dort wohnt,
Die nicht Verzweiflung kennt -
Sie soll - aus ihrer Ferne - mit
Lappalien sich befassen
Wie Elend -
Selbst, zu groß, sich tiefer einzulassen -

Father - I bring thee - not myself - 295
That were the little load -
I bring thee the imperial Heart
I had not strength to hold -

The Heart I cherished in my own
Till mine - too heavy grew -
Yet - strangest - heavier - since it went -
Is it too large for you?

Did we disobey Him? 299
Just one time!
Charged us to forget Him -
But we could'nt learn!

Were Himself - such a Dunce -
What would we - do?
Love the dull lad - best -
Oh, would'nt you?

One Year ago - jots what? 301
God - spell the word! I - cant -
Was't Grace? Not that -
Was't Glory? That - will do -
Spell slower - Glory -

Such anniversary shall be -
Sometimes - not often - in Eternity -
When farther Parted, than the common Wo -
Look - feed opon each other's faces - so -
In doubtful meal, if it be possible
Their Banquet's True -

Vater - ich bring dir - nicht mich selbst -
Das wär die kleine Last -
Ich bring was ich nicht halten kann
Das herrscherliche Herz -

Das Herz, das ich in meinem barg
Bis meins - davon zu schwer -
Und doch - noch schwerer - seit es ging -
Ist es zu groß - auch dir?

Wir - nicht brav gewesen?
Nur ein Mal!
Sollten Ihn vergessen -
Was uns nicht gelang!

Wär Er - so ein Esel -
Was täten - wir?
Den Trottel lieben - umso mehr -
Oh, und ihr?

Ein Jahr her - Und? Notate?
Gott - schreib das Wort! Ich - kann nicht -
War's Gnade? Nein -
War's Glorie? Schon eher -
Schreib langsam - Glorie -

Ein solcher Jahrtag muß gefeiert sein -
Nicht oft - bisweilen - in der Ewigkeit -
Wenn die durch mehr als Alltagsleid Getrennten -
Schaun - eins verschlingt des anderen Gesicht -
Ein zweifelhaftes Mahl, ist's möglich
Und es ist real -

I tasted - careless - then -
I did not know the Wine
Came once a World - Did you?
Oh, had you told me so -
This Thirst would blister - easier - now -
You said it hurt you - most -
Mine - was an Acorn's Breast -
And could not know how fondness grew
In Shaggier Vest -
Perhaps - I could'nt -
But, had you looked in -
A Giant - eye to eye with you, had been -
No Acorn - then -

So - Twelve months ago -
We breathed -
Then dropped the Air -
Which bore it best?
Was this - the patientest -
Because it was a Child, you know -
And could not value - Air?

If to be »Elder« - mean most pain -
I'm old enough, today, I'm certain - then -
As old as thee - how soon?
One - Birthday more - or Ten?
Let me - choose!
Ah, Sir, None!

It's like the Light - 302
A fashionless Delight -
It's like the Bee -
A dateless - Melody -

It's like the Woods -
Private - Like the Breeze -

Damals - probiert ich - sorglos -
Wußte nicht, daß Wein von dieser Art
Nur einmal in die Welt kam - wußtest du's?
Ach, hättest du's gesagt -
Dies Dürsten kochte - heute - weniger -
Es quäle dich, sprachst du, am meisten -
Daß eine Eichel wäre meine Brust -
Nicht mitbekam wie die Vernarrtheit wuchs -
In Struppigerer West -
Mag sein - ich konnt es nicht -
Jedoch, ein Blick in mich hinein -
Und Aug in Aug mit dir - säh dich ein Riese an -
Und Eichel? - nein -

Zwölf Monate ist's her -
Wir holten Atem -
Und dann Schluß mit Luft -
Wer das vertrug?
War's - das Geduldigste -
Weil es ein Kind war -
Dem an Luft - nichts lag?

Wenn »Älter« sein - am meisten leiden heißt -
Bin ich, heut, alt genug - ich weiß -
So alt wie du - wie bald?
In zehn Jahren - in Einem?
Laß es mich - wählen!
Ach, in Keinem!

'S ist wie das Licht -
Voll Lust und altert nicht -
'S ist wie die Bienen -
Zeitlos - Melodien -

'S ist wie der Wald -
Vertraulich - wie der Hauch -

Phraseless - yet it stirs
The proudest Trees -

It's like the morning -
Best - when it's done -
And the Everlasting Clocks -
Chime - Noon!

What if I say I shall not wait! 305
What if I burst the fleshly Gate -
And pass Escaped - to thee!

What if I file this mortal - off -
See where it hurt me - That's enough -
And wade in Liberty!

They cannot take me - any more!
Dungeons can call - and Guns implore -
Unmeaning - now - to me -

As laughter - was - an hour ago -
Or Laces - or a Travelling Show -
Or who died - yesterday!

I breathed enough to take the Trick - 308
And now, removed from Air -
I simulate the Breath, so well -
That One, to be quite sure -

The Lungs are stirless - must descend
Among the cunning cells -
And touch the Pantomime - Himself,
How numb, the Bellows feels!

Regt - ohne Wort
Die höchsten Bäume auf -

'S ist wie der Morgen -
Wenn vorbei - vollkommen -
Und die Ewigen Glocken -
Mittag - donnern!

Was wenn ich sag ich wart nicht länger!
Wenn ich das Tor des Leibs aufsprenge
Entkomme - zu dir hin!

Wenn ich den Körper abgehn heiß -
Genug - schau her, ich bin verletzt -
Will in die Freiheit ziehn!

Nun fangen sie mich nicht mehr ein!
Kanonen bitten - Kerker schrein -
Mich - läßt es kalt - hinfort -

Wie Lachen - von vor einer Stunde -
Wie Wellenschaum - und Wanderbühne -
Wie der - der gestern - starb!

Den Atem-Trick kann ich schon lang -
Und nun, der Luft beraubt -
Ahm ich das Atmen nach, so gut -
Daß einer, der nicht glaubt -

Daß Lungen still stehn - runter muß
Die List der Zellen prüfen -
Und selbst - die Pantomime tasten,
Die tauben Bälge fühlen!

»Heaven« - is what I cannot reach!
The Apple on the Tree -
Provided it do hopeless - hang -
That - »Heaven« is - to Me!

The Color, on the cruising cloud -
The interdicted Land -
Behind the Hill - the House behind -
There - Paradise - is found!

Her teazing Purples - Afternoons -
The credulous - decoy -
Enamored - of the Conjuror -
That spurned us - Yesterday!

You see I cannot see - your lifetime -
I must guess -
How many times it ache for me - today - Confess -
How many times for my far sake
The brave eyes film -
But I guess guessing hurts -
Mine - get so dim!

Too vague - the face -
My own - so patient - covets -
Too far - the strength -
My timidness enfolds -
Haunting the Heart -
Like her translated faces -
Teazing the want -
It - only - can suffice!

»Himmel« - ist was ich nicht erreiche!
Der Apfel an dem Zweig -
Falls hoffnungslos er oben - hängt -
Kommt mir - dem »Himmel« gleich!

Die Farbe, auf der Wolke dort -
Verbotenes Gebiet -
Am Hügel hinten - hinterm Haus -
Dort - ist das Paradies!

Sein Purpur reizend - gegen Abend -
Die Leichtgläubigen - lockt -
Wie lieben jenen Magier - der
Uns Gestern - fortgeschickt!

Du siehst ich seh nicht - in dein Leben -
Raten muß ich -
Gesteh - wie groß das Weh heut war - um mich -
Wie oft weil ich so fern
Die tapfren Augen sich beziehn -
Doch rat ich Raten schmerzt -
Meine - sind trüb!

Zu vage - das Gesicht -
Nach dem das meine - so geduldig - lechzt -
Zu fern - die Kraft -
Die meine Scheu umarmt -
Und das Herz hetzt -
Wie ihre verklärten Mienen -
Ein Wünschen necken -
Dem - Es - einzig kann genügen!

»Hope« is the thing with feathers - 314
That perches in the soul -
And sings the tune without the words -
And never stops - at all -

And sweetest - in the Gale - is heard -
And sore must be the storm -
That could abash the little Bird
That kept so many warm -

I've heard it in the chillest land -
And on the strangest Sea -
Yet - never - in Extremity,
It asked a crumb - of me.

To die - takes just a little while - 315
They say it does'nt hurt -
It's only fainter - by degrees -
And then - it's out of sight -

A darker Ribbon - for a Day -
A Crape opon the Hat -
And then the pretty sunshine comes -
And helps us to forget -

The absent - mystic - creature -
That but for love of us -
Had gone to sleep - that soundest time -
Without the weariness -

If I'm lost - now - 316
That I was found -
Shall still my transport be -

Die »Hoffnung« ist ein Federding -
Das in der Seele hockt -
Und Lieder ohne Worte singt -
Sich niemals unterbricht -

Im Sturm - klingt es am schönsten -
Und der muß heftig toben -
Den kleinen Vogel zu beschämen
Der vielen warm gegeben -

Ich hörte ihm im Eisland zu -
Und auf dem fernsten Meer -
Doch wollt er selbst im Notfall, nie
Ein Krümelchen - von mir.

Zu Sterben - dauert nur ein Weilchen -
Es heißt, es tut nicht weh -
Es wird nur schwächer - Grad um Grad -
Und - ist nicht mehr zu sehn -

Ein dunkles Band - für einen Tag -
Am Hut ein Flor aus Krepp -
Und hilfreich nimmt der Sonnenschein -
Uns die Erinnerung weg -

An den - der fort ist - Rätselwesen -
Das, liebten wir uns nicht -
Zur besten Zeit - und ohne Müdsein -
Schon wäre eingenickt -

Verloren jetzt -
Doch daß man mich
Je fand - bleibt meine Wonne -

That once - on me - those Jasper Gates
Blazed open - suddenly -

That in my awkward - gazing - face -
The Angels - softly peered -
And touched me with their fleeces,
Almost as if they cared -

I'm banished - now - you know it -
How foreign that can be -
You'll know - Sir - when the Savior's face
Turns so - away from you -

Of Bronze - and Blaze - *319
The North - tonight -
So adequate - it forms -
So preconcerted with itself -
So distant - to alarms -
An Unconcern so sovreign
To Universe, or me -
Infects my simple spirit
With Taints of Majesty -
Till I take vaster attitudes -
And strut opon my stem -
Disdaining Men, and Oxygen,
For Arrogance of them -

My Splendors, are Menagerie -
But their Competeless Show
Will entertain the Centuries
When I, am long ago,
An Island in dishonored Grass -
Whom none but Beetles - know -

Daß einst - vor mir - die Jaspistore
Aufbarsten - hell in Flammen -

Daß meinem scheuen - Staunen -
Der Engel - sanfter Blick begegnet ist -
Daß mit den Vliesen sie mich angerührt -
Als wär ich ihnen wichtig -

Bin jetzt verbannt - du weißt es -
Wie Fremde spür ich's hier -
Du lernst es - wenn einst Christi Blick -
Sich abkehrt - Sir - von dir -

Aus Bronze - und Glanz -
Das Nordlicht heut -
So perfekt - geformt -
So befaßt mit sich -
So fern - jedem Lärm -
Souveräne Distanz
Gegen mich, und die Welt -
Daß mich das Gift
Der Hoheit befällt -
Und großspurig werd ich -
Am Stiel vor Stolz -
Verschmäh Luft, und Menschen,
Vor Arroganz -

Mein Glanz hier, ist ein Wanderzirkus -
Doch dessen Aufführungen
Vergnügen noch Jahrhunderte
Wenn ich, und schon seit langem,
Bin Insel im verlassnen Friedhof -
Die bloß noch Käfer kennen -

There's a certain Slant of light, 320
Winter Afternoons -
That oppresses, like the Heft
Of Cathedral Tunes -

Heavenly Hurt, it gives us -
We can find no scar,
But internal difference -
Where the Meanings, are -

None may teach it - Any -
'Tis the Seal Despair -
An imperial affliction
Sent us of the Air -

When it comes, the Landscape listens -
Shadows - hold their breath -
When it goes, 'tis like the Distance
On the look of Death -

Blazing in Gold and quenching in Purple 321
Leaping like Leopards to the Sky
Then at the feet of the old Horizon
Laying her Spotted Face to die
Stooping as low as the Otter's Window
Touching the Roof and tinting the Barn
Kissing her Bonnet to the Meadow
And the Juggler of Day is gone

Put up my lute! 324
What of - my Music!
Since the sole ear I cared to charm -
Passive - as Granite - laps my music -
Sobbing - will suit - as well as psalm!

1862

Ein gewisses Schräges Licht,
Winternachmittags -
Lastet auf uns mit dem Druck
Eines Domchorals -

Himmelswunde, fügt es zu -
Narben sieht man nicht,
Doch Verschiebung innen -
Wo Bedeutung, liegt -

Keiner lehrt es - Jeder -
Das Verzweiflungssiegel -
Aus der Luft geschickt
Herrscherliches Leiden -

Kommt es, lauscht die Landschaft -
Schatten - starr im Schreck -
Geht es, gleicht's der Ferne
In des Todes Blick -

Goldenes Lodern und Purpur-Erlöschen
Leopard auf dem Himmelssprung
Legt er das fleckige Haupt zu Füßen
Des Horizonts zum Sterben hin
Beugt sich hinab zum Otterfenster
Rührt an das Dach, färbt Schuppen rot
Grüßt noch mit seiner Mütze die Wiese
Und der Gaukler Tag ist fort

An den Nagel die Laute?
Und - meine Musik!
Wenn das einzige Ohr an dem mir liegt -
Starr - wie Granit - meine Töne verpaßt -
Ist Seufzen - ebenso gut - wie ein Lied!

Would but the »Memnon« of the Desert -
Teach me the strain
That vanquished Him -
When He - surrendered to the Sunrise -
Maybe - that - would awaken - them!

There came a Day - at Summer's full - 325
Entirely for me -
I thought that such - were for the Saints -
Where Resurrections - be -

The Sun - as common - went abroad -
The Flowers - accustomed - blew -
As if no Soul the Solstice passed -
That maketh all things new.

The time was scarce profaned - by speech -
The symbol of a word
Was needless - as at Sacrament -
The Wardrobe - of Our Lord -

Each was to each - the sealed church -
Permitted to commune - this time -
Lest we too awkward - show -
At »Supper of the Lamb.«

The hours slid fast - as hours will -
Clutched tight - by greedy hands -
So - faces on two Decks - look back -
Bound to opposing Lands -

And so - when all the time had failed -
Without external sound -
Each - bound the other's Crucifix -
We gave no other bond -

Ach lehrte mich »Memnon« in der Wüste -
Die Melodie
Die Ihn unterwarf -
Als Er sich dem Sonnenaufgang ergab -
Mag sein - das - weckte sie wieder auf!

Es kam ein Tag - im hohen Sommer -
Ganz für mich allein -
Die sind für Heilge - dachte ich -
Dort wo sie auferstehn -

Die Sonne - ging - wie immer - aus -
Wie üblich - Blütenpracht -
Als käme keine Seel zur Wende -
Die alles neu erschafft.

Die Zeit war kaum entweiht - durch Reden -
Unnötig das Symbol
Von Worten - wie die Garderobe -
Des Herrn - beim Abendmahl -

Versiegelt warn wir uns - Kapellen -
Mit Kommunion - diesmal -
Damit wir nicht so linkisch tun -
Beim »Abendmahl des Lamms.«

Die Stunden glitten weg - wie stets -
Wenn gierig man sie packt -
So sehn zwei - die getrennt verreisen -
Vom Deck des Schiffs zurück -

Die Zeit schwand hin - und ohne
Daß Laut gegeben ward -
Nahm eins des andern Kreuz auf sich -
Es gab kein andres Pfand -

Sufficient troth - that we shall rise -
Deposed - at length - the Grave -
To *that* New Marriage -
Justified - through Calvaries of Love!

He put the Belt around my life - 330
I heard the Buckle snap -
And turned away, imperial,
My Lifetime folding up -
Deliberate, as a Duke would do
A Kingdom's Title Deed -
Henceforth - a Dedicated sort -
A Member of the Cloud -

Yet not too far to come at call -
And do the little Toils
That make the Circuit of the Rest -
And deal occasional smiles
To lives that stoop to notice mine -
And kindly ask it in -
Whose invitation, know you not
For Whom I must decline?

Doubt Me! My Dim Companion! 332
Why, God, would be content
With but a fraction of the Life -
Poured thee, without a stint -
The whole of me - forever -
What more the Woman can,
Say quick, that I may dower thee
With last Delight I own!

It cannot be my spirit -
For that was thine, before -

Genug Gelöbnis - unser Ostern -
Ersetzt - zuletzt - das Grab -
Und Recht wird *jener* Neuen Hochzeit -
Durch Liebesgolgatha!

Er zog den Riemen um mein Leben -
Die Schnalle hört ich schnappen -
Und wandte sich, gebieterisch,
Mein Leben einzufalten -
Berechnend, wie ein Herzog
Die Karte eines Reichs -
Nun - bin ich vom Geweihten Volke
Ein Mitglied seiner Wolke -

Doch nicht zu weit auf Ruf zu folgen -
Für kleine Mühen, die
Den Kreisparcours der Andern bilden -
Und Lächeln zu verteilen
An jeden der sich zu mir beugt -
Mich laden will zu sich -
Ablehnen muß ich - Wem zulieb -
Sag bloß, das weißt du nicht?

Mir Zweifel! Trüber Geselle!
Wo Gott zufrieden wär
Mit einem Teil des Lebens nur -
Das reich ich einschenk - dir -
Mein ganzes Ich - für immer -
Was kann sie mehr, die Frau,
Los sag, damit ich noch das letzte
Stück Lust dir anvertrau!

Mein Geist kann es nicht sein -
Dein war er immer doch -

I ceded all of Dust I knew -
What Opulence the more
Had I - a freckled Maiden,
Whose farthest of Degree,
Was - that she might -
Some distant Heaven,
Dwell timidly - with thee!

Sift her, from Brow to Barefoot!
Strain till your last Surmise -
Drop, like a Tapestry, away,
Before the Fire's Eyes -
Winnow her finest fondness -
But hallow just the snow
Intact, in Everlasting flake -
Oh, Caviler, for you!

Many a phrase has the English language -
I have heard but one -
Low as the laughter of the Cricket,
Loud, as the Thunder's Tongue -

Murmuring, like old Caspian Choirs,
When the Tide's a'lull -
Saying itself in new inflection -
Like a Whippowil -

Breaking in bright Orthography
On my simple sleep -
Thundering it's Prospective -
Till I stir, and weep -

Not for the Sorrow, done me -
But the push of Joy -
Say it again, Saxon!
Hush - Only to me!

Auch allen Staub - trat ich schon ab -
Und was besaß ich noch
Ich - Kind mit Sommersprossen,
Des Stolz darin bestand,
Daß es - vielleicht -
Im fernen Himmel,
Einst schüchtern - bei dir wohnt!

Erforsch sie, Stirn bis Fußzeh!
Und sichte, bis Verdacht -
Herabfällt, wie ein Gobelin,
Wenn ihn das Feuer packt -
Die feinste Liebe prüf hervor -
Doch heilige den Schnee
Er gilt intakt, in Ewger Flocke -
Du, Besserwisser, dir!

An Wendungen reich ist die englische Sprache -
Ich hab nur eine gehört -
Leis wie das Lachen einer Grille,
Laut, wie ein Donnerwort -

Murmelnd wie alte Kaspische Chöre,
Wenn die Gezeiten ruhn -
Spricht von sich stets neu verwandelt -
Wie ein Vogelton -

Blendend hingeschrieben drängt es
Sich in meinen Schlaf -
Donnert seine Zukunftsaussicht -
Bis ich wein, und wach -

Nicht mir angetaner Kummer -
Freudenstoß war's nur -
Sag's noch einmal, Sächsin!
Pst - Bloß mir!

Before I got my eye put out - 336
I liked as well to see
As other creatures, that have eyes -
And know no other way -

But were it told to me, Today,
That I might have the Sky
For mine, I tell you that my Heart
Would split, for size of me -

The Meadows - mine -
The Mountains - mine -
All Forests - Stintless stars -
As much of noon, as I could take -
Between my finite eyes -

The Motions of the Dipping Birds -
The Morning's Amber Road -
For mine - to look at when I liked,
The news would strike me dead -

So safer - guess - with just my soul
Opon the window pane
Where other creatures put their eyes -
Incautious - of the Sun -

Tie the strings to my Life, My Lord, 338
Then, I am ready to go!
Just a look at the Horses -
Rapid! That will do!

Put me in on the firmest side -
So I shall never fall -
For we must ride to the Judgment -
And it's partly, down Hill -

1862

Bevor man mir das Auge nahm -
Hab ich so gern gesehen
Wie andre Augenwesen auch -
Die gar nichts andres kennen -

Doch sagte man mir, Heut,
Der Himmel wär für mich
Ich sage dir, mein Herz es bräch
Entzwei, so groß wär ich -

Die Wiesen - mein -
Die Berge - mein -
Die Wälder - Reichlich Sterne -
Vom Mittag, was ich fassen könnt -
In meiner Augen Grenzen -

Der Flug der Tauchervögel -
Des Morgens Bernsteinweg -
Für mich - zum Anschaun ganz nach Lust,
Die Nachricht mich erschlägt -

Sich vorstellen - ist sicherer -
Die Seel ans Fenster legen
Wo andre - achtlos um die Sonne -
Hinschauen mit den Augen -

Spann die Sehnen an mein Leben,
Herr, ich bin bereit!
Nur ein Blick noch auf die Pferde -
Rasch! und das genügt!

Setz mich auf den sichern Platz -
So komm ich nicht zu Fall -
Denn unser Ziel ist das Gericht -
Da geht's bergab, manchmal -

But never I mind the steepest -
And never I mind the Sea -
Held fast in Everlasting Race -
By my own Choice, and Thee -

Good bye to the Life I used to live -
And the World I used to know -
And kiss the Hills, for me, just once -
Then - I am ready to go!

I like a look of Agony, 339
Because I know it's true -
Men do not sham Convulsion,
Nor simulate, a Throe -

The eyes glaze once - and that is Death -
Impossible to feign
The Beads opon the Forehead
By homely Anguish strung.

I felt a Funeral, in my Brain, 340
And Mourners to and fro
Kept treading - treading - till it seemed
That Sense was breaking through -

And when they all were seated,
A Service, like a Drum -
Kept beating - beating - till I thought
My mind was going numb -

And then I heard them lift a Box
And creak across my Soul
With those same Boots of Lead, again,
Then Space - began to toll,

Was kümmert mich der Abhang -
Das Meer, was kümmert's mich -
Beim Ewgen Rennen festgehalten -
Durch eigne Wahl, und Dich -

Adieu an mein gewohntes Leben -
Der Welt die ich gesehn -
Küß mir die Hügel, einmal noch -
Bin dann bereit zu gehn!

Ich mag den Blick der Agonie,
Denn der ist sicher wahr -
Kein Mensch spielt Konvulsionen vor,
Noch simuliert man, Weh -

Das Aug wird Glas - das ist der Tod -
Das gibt es nicht zum Schein
Nur schlicht die Qual hat aufgereiht
Die Perlen auf der Stirn.

Durchs Hirn schritt mir ein Leichenzug,
Gefolge, her und hin
Ein Trampeln - Trampeln - bis es schien
Es zeigt sich Sinn darin -

Und als man saß, Getrommel,
Das war der Gottesdienst -
Und Schlag - und Schlag - schon spürte ich
Ertauben mein Gemüt -

Mir schien, sie hoben eine Kiste
Mit Bleigaloschen querten
Sie knarrend meine Seele, wieder,
Der Raum - begann zu läuten,

As all the Heavens were a Bell,
And Being, but an Ear,
And I, and Silence, some strange Race
Wrecked, solitary, here -

And then a Plank in Reason, broke,
And I dropped down, and down -
And hit a World, at every plunge,
And Finished knowing - then -

How noteless Men, and Pleiads, stand, 342
Until a sudden sky
Reveals the fact that One is rapt
Forever from the eye -

Members of the Invisible,
Existing, while we stare,
In Leagueless Opportunity,
O'ertakeless, as the Air -

Why did'nt we detain Them?
The Heavens with a smile,
Sweep by our disappointed Heads,
Without a syllable -

I would not paint - a picture - 348
I'd rather be the One
It's bright impossibility
To dwell - delicious - on -
And wonder how the fingers feel
Whose rare - celestial - stir -
Evokes so sweet a torment -
Such sumptuous - Despair -

Als wären alle Himmel Glocke,
Und Sein, nichts als ein Ohr,
Und Ich, und Stille, fremde Wesen
Als Strandgut, einsam, hier -

Dann brach ein Balken im Verstand,
Ich fiel hinab, und stieß
An immer neue Welten an,
Da war mit Wissen Schluß -

Wie unbemerkt stehn Mensch, und Stern
Da offenbart der Himmel
Per Handstreich, daß uns Einer fehlt
Dem Aug geraubt für immer -

Die Mitglieder des Unsichtbaren,
Sind, wie wir starren, da
In Meilenloser Möglichkeit
Wie Luft, nicht einholbar -

Wir hielten sie nicht auf - warum?
Die Himmel lächeln milde,
Wehn uns um die enttäuschten Köpfe,
Ohne eine Silbe -

Ich möcht kein Bildnis malen -
Wär eher noch bereit
Mich zu verweilen - köstlich -
Bei seiner Unmöglichkeit -
Und frag mich - was wohl Finger fühlen
Die himmlisch - sich bewegen -
So süße Qual - so prächtige
Verzweiflungen - erregen -

I would not talk, like Cornets -
I'd rather be the One
Raised softly to the Ceilings -
And out, and easy on -
Through Villages of Ether -
Myself endued Balloon
By but a lip of Metal -
The pier to my Pontoon -

Nor would I be a Poet -
It's finer - Own the Ear -
Enamored - impotent - content -
The License to revere,
A privilege so awful
What would the Dower be,
Had I the Art to stun myself
With Bolts - of Melody!

I'm ceded - I've stopped being Their's -   353
The name They dropped opon my face
With water, in the country church
Is finished using, now,
And They can put it with my Dolls,
My childhood, and the string of spools,
I've finished threading - too -

Baptized, before, without the choice,
But this time, consciously, Of Grace -
Unto supremest name -
Called to my Full - The Crescent dropped -
Existence's whole Arc, filled up,
With one - small Diadem -

My second Rank - too small the first -
Crowned - Crowing - on my Father's breast -

Wollt nicht, wie Hörner, rufen -
Viel lieber höbe ich
Mich sachte ins Gewölbe -
Hinaus und weiter - leicht -
Durch blaue Himmelsdörfer -
Zög ich wie ein Ballon
Fort von den Lippen aus Metall -
Dem Pier für meinen Kahn -

Wär auch nicht gern ein Dichter -
Schöner - man hat die Ohren -
Bezaubert - kraftlos - satt -
Erlaubnis zu verehren,
Ein so erhabnes Privileg
Wär das ein Mitgiftsegen,
Könnt ich mit Melodien-Blitzen -
Mich selber niederstrecken!

Bin überschrieben - nicht mehr Ihre -
Der auf die Stirn getropfte Name
Mit Wasser, ländlich kirchlich
Ist nicht mehr in Gebrauch,
Man lege ihn zu meinen Puppen,
Zu Kindertagen, Spulenketten,
Die zieh ich nicht mehr auf -

Getauft ward ich einst ohne Wahl,
Bewußt und gnadenreich dies Mal -
Auf allerhöchsten Namen -
Gerufen Ganz - Der Halbmond blich -
Des Daseins Bogen füllte sich,
Mit einem Diadem -

Mein zweiter Rang - zu klein zuerst -
Krähend - Gekrönt - an Vaters Brust -

A half unconscious Queen -
But this time - Adequate - Erect,
With Will to choose,
Or to reject,
And I choose, just a Crown -

It was not Death, for I stood up,   355
And all the Dead, lie down -
It was not Night, for all the Bells
Put out their Tongues, for Noon.

It was not Frost, for on my Flesh
I felt Siroccos - crawl -
Nor Fire - for just my marble feet
Could keep a Chancel, cool -

And yet, it tasted, like them all,
The Figures I have seen
Set orderly, for Burial,
Reminded me, of mine -

As if my life were shaven,
And fitted to a frame,
And could not breathe without a key,
And 'twas like Midnight, some -

When everything that ticked - has stopped -
And space stares - all around -
Or Grisly frosts - first Autumn morns,
Repeal the Beating Ground -

But, most, like Chaos - Stopless - cool -
Without a Chance, or spar -
Or even a Report of Land -
To justify - Despair.

Halb unbewußt Regierend -
Doch diesmal - Richtig- und im Stehn -
Und frei, zu wählen,
Abzulehnen,
Konnt ich die Krone küren -

Es war nicht Tod, denn ich stand auf,
Und alle Toten liegen -
Es war nicht Nacht, weil alle Glocken
Vielzüngig Mittag riefen.

Es war nicht Frost, mich kribbelte
Ein Wind im Fleisch - so heiß -
Noch Feuer - Kanzeln kühlten aus
Von meinem Marmorfuß -

Doch schmeckte es nach alledem,
Gestalten sah ich dann
Zurechtgemacht, für die Bestattung
Die zeigten meine an -

Als wär mein Leben abrasiert,
Gerahmt und eingepaßt,
Vom Atmen abgeschlossen ganz,
Wie Mitternacht war's fast -

Wenn alles Ticken plötzlich stockt -
Der Raum rings gähnt und starrt -
Wenn Schauerlich im Herbst der Frost
Den Puls des Bodens sperrt -

Dem Chaos glich es - dauerhaft -
Kalt, ohne Glück und Halt -
Und nirgends Land in Sicht - damit
Verzweiflung - Recht behält.

If you were coming in the Fall,
I'd brush the Summer by
With half a smile, and half a spurn,
As Housewives do, a Fly.

If I could see you in a year,
I'd wind the months in balls -
And put them each in separate Drawers,
For fear the numbers fuse -

If only Centuries, delayed,
I'd count them on my Hand,
Subtracting, till my fingers dropped
Into Van Dieman's Land.

If certain, when this life was out -
That your's and mine, should be -
I'd toss it yonder, like a Rind,
And take Eternity -

But, now, uncertain of the length
Of this, that is between,
It goads me, like the Goblin Bee -
That will not state - it's sting.

The Soul has Bandaged moments -
When too appalled to stir -
She feels some ghastly Fright come up
And stop to look at her -

Salute her, with long fingers -
Caress her freezing hair -
Sip, Goblin, from the very lips
The Lover - hovered - o'er -
Unworthy, that a thought so mean
Accost a Theme - so - fair -

Wenn du im Herbst erst kämest,
Den Sommer wischt ich fort
Wie eine Hausfrau Fliegen
Halb lächelnd, halb mit Spott.

Könnt ich dich sehn in einem Jahr,
Ich rollte mir wie Bälle
Die Monate in Schubfächer,
Damit ich richtig zähle.

Kämst du Jahrhunderte zu spät,
Zählt ich sie an der Hand
Beim Abziehn, bis die Finger fielen
Ins Antipodenland.

Wüßt ich, wann unser Leben endet -
Und wüßt ich, meines bleibt -
Wie Schalen, würfe ich es weg,
Und wählte Ewigkeit -

Doch jetzt, da unklar ist, wie lang
Die Wartezeit mir wird,
Plagt's wie der Bienenkobold mich -
Der seinen Stachel - birgt.

Die Seele hat Mumienmomente -
Wenn sie erstarrt vor Angst -
Ein Grauen näherkommen fühlt
Das hält und schaut sie an -

Grüßt sie - liebkost langfingrig
Ihr Haar, das schon vereist -
Der Alb nippt von den Lippen
Die Liebe - lang umkreist -
Daß so gemeine Absicht
So schönen - Stoff erreicht -

The soul has moments of escape -
When bursting all the doors -
She dances like a Bomb, abroad,
And swings opon the Hours,

As do the Bee - delirious borne -
Long Dungeoned from his Rose -
Touch Liberty - then know no more -
But Noon, and Paradise -

The Soul's retaken moments -
When, Felon led along,
With shackles on the plumed feet,
And staples, in the song,

The Horror welcomes her, again,
These, are not brayed of Tongue -

It's thoughts - and just One Heart -
And Old Sunshine - about -
Make frugal - Ones - Content -
And two or three - for Company -
Opon a Holiday -
Crowded - as Sacrament -

Books - when the Unit -
Spare the Tenant - long eno' -
A Picture - if it Care -
Itself - a Gallery too rare -
For needing more -

Flowers - to keep the eyes - from going awkward -
When it snows -
A Bird - if they - prefer -
Though winter fire - sing clear as Plover -
To our - ear -

Sie Seele hat Fluchtmomente -
Wenn sie die Türen sprengt -
Herumtanzt einer Bombe gleich,
Sich auf die Stunden schwingt,

Wie eine Biene - fiebrig-
Verbannt lang von der Rose -
Spürt sie nun Freiheit - weiß nichts mehr -
Als Mittag, Paradiese -

Die Seele hat Haftmomente -
Wenn, Ketten im Gefieder,
Man sie als Schurken abführt,
Mit Nägeln, in den Liedern,

Heißt ein Entsetzen sie willkommen,
Das gibt kein Schreien wieder.

Gedanken sind es - und Ein Herz -
Der alte Sonnenschein - ringsum -
Was Mäßige - beglückt -
Und noch zwei, drei - Gefährten mit dabei -
An einem Feiertag -
Dicht - wie ein Sakrament -

Und Bücher - wenn das Haus -
Der Pächter - längst verließ -
Ein Bild - falls ihm dran liegt -
Es selbst - ist Galerie -
Zu fein - für mehr -

Und Blumen - um die Augen - vor Trübung zu bewahren -
Bei Schneefall -
Ein Vogel - wenn sie wollen -
Der unserm Ohr, trotz Winterfeuer - wie der Regenpfeifer -
Klar sänge vor -

A Landscape - not so great
To suffocate the eye -
A Hill - perhaps -
Perhaps - the profile of a Mill
Turned by the wind -
Tho' *such* - are *luxuries* -

It's thoughts - and just two Heart -
And Heaven - about -
At least - a Counterfeit -
We would not have Correct -
And Immortality - can be almost -
Not quite - Content -

I know that He exists. 365
Somewhere - in silence -
He has hid his rare life
From our gross eyes.

'Tis an instant's play -
'Tis a fond Ambush -
Just to make Bliss
Earn her own surprise!

But - should the play
Prove piercing earnest -
Should the glee - glaze -
In Death's - stiff - stare -

Would not the fun
Look too expensive!
Would not the jest -
Have crawled too far!

Und Landschaft - nicht so groß
Das Auge zu ersticken -
Wie vielleicht Hügel -
Oder Mühlenflügel -
Vom Wind gedreht -
Obwohl *dies* - *Luxus* wär -

Es sind Gedanken - und zwei Herz -
Und Himmel - ringsherum -
Wenigstens - als gefälschtes Stück -
Wir bräuchten's nicht Korrekt -
Auch nicht Unsterblichkeit - das wär -
Schon beinah - was wie Glück -

Ich weiß es gibt Ihn.
Irgendwo - im Schweigen -
Kostbar sein Leben
Unserm rohen Blick verborgen.

Spiel eines Augenblicks -
Zärtliche Falle -
So soll sich Seligkeit
Selbst überraschen!

Doch - wenn aus dem Spiel
Stechender Ernst wird -
Das Lachen - glasig -
In des Todes - steifem -Starren -

Hätt dann Vergnügen
Nicht zu hohen Preis!
Wär nicht der Spaß -
Zu weit gekrochen!

I envy Seas, whereon He rides -   368
I envy Spokes of Wheels
Of Chariots, that Him convey -
I envy Crooked Hills

That gaze opon His journey -
How easy all can see
What is forbidden utterly
As Heaven - unto me!

I envy Nests of Sparrows -
That dot His distant Eaves;
The wealthy Fly, opon His Pane -
The happy - happy Leaves -

That just abroad His Window
Have Summer's leave to play -
The Ear Rings of Pizarro
Could not obtain for me -

I envy Light - that wakes Him -
And Bells - that boldly ring
To tell Him it is Noon, abroad -
Myself - be Noon to Him -

Yet interdict - my Blossom -
And abrogate - my Bee -
Lest Noon in everlasting night -
Drop Gabriel - and me -

Those fair - fictitious People -   369
The Women - plucked away
From our familiar Lifetime -
The Men of Ivory -

1862

Ich neid dem Meer, daß es Ihn trägt -
Beneid des Rades Speichen
An Wagen, die Ihn fahren -
Beneid die Hügelreiche

Landschaft die Seine Reise sieht -
Wie leicht fällt jeder Blick
Auf das was ganz verboten ist -
Für mich - wie Himmelsglück!

Beneide Spatzennester -
Die Seine Traufe flecken;
Die Fliege fett an Seiner Scheibe -
Die frohen - frohen Blätter -

Die grad an Seinem Fenster
Der Sommer spielen läßt -
Ein für Pizarros Ohrring
Mir nicht vergönntes Fest -

Beneid das Licht - das weckend -
Früh bei Ihm tritt ein -
Und laute Mittagsglocken, dort -
Könnt ich - Ihm Mittag sein -

Verboten - meine Blüte -
Und meine Biene - wich -
Daß Mittag nicht in Ewge Nacht -
Stürzt Gabriel - und mich -

Dort jene Leute - fein erfunden -
Die Frauen - fortgetan -
Aus dem vertrauten Leben -
Die Herrn aus Elfenbein -

Those Boys and Girls, in Canvas -
Who stay opon the Wall
In everlasting Keepsake -
Can anybody tell?

We trust - in places perfecter -
Inheriting Delight
Beyond our faint Conjecture -
Our dizzy Estimate -

Remembering ourselves, we trust -
Yet Blesseder - than we -
Through Knowing - where we only hope -
Receiving - where we - pray -

Of Expectation - also -
Anticipating us
With transport, that would be a pain
Except for Holiness -

Esteeming us - as Exile -
Themself - admitted Home -
Through easy Miracle of Death -
The Way ourself, must come -

Within my Garden, rides a Bird   370
Opon a single Wheel -
Whose spokes a dizzy music make
As 'twere a travelling Mill -

He never stops, but slackens
Above the Ripest Rose -
Partakes without alighting
And praises as he goes,

Auf Leinwand - Bub und Mädchen -
Die an den Wänden wohnen
Als Andenken für immer -
Nun sag, was ist mit ihnen?

Wir glauben - sie an beßrem Ort -
Da wartet Lust - erlesen -
Jenseits von unserm blassen Meinen -
Und wirren Hypothesen -

Sie denken an uns, glauben wir -
Doch Seliger - als hienieden -
Indem sie wissen - wo wir hoffen -
Und haben - wo wir bitten -

Auch sind sie voll Erwartung
Schon uns vorausgeeilt -
Und ihr Entzücken schmerzte sie
Wär nicht die Heiligkeit -

Für sie - sind wir - Verbannte -
Sie selbst - sind schon zu Haus -
So sanfte Wunder wirkt der Tod -
Den Gang tun wir dann auch -

In meinem Garten, schwirrt ein Vogel
Auf einem einzgen Rad -
Betörend tönen seine Speichen
Ein Mühlenwerk in Fahrt -

Nie hält er, schwebt nur matter
Zur Vollsten Rose hin -
Bedient sich ohne Halten
Und dankt im Weiterziehn,

Till every spice is tasted -
And then his Fairy Gig
Reels in remoter atmospheres -
And I rejoin my Dog,

And He and I, perplex us
If positive, 'twere we -
Or bore the Garden in the Brain
This Curiosity -

But He, the best Logician,
Refers my clumsy eye -
To just vibrating Blossoms!
An exquisite Reply!

After great pain, a formal feeling comes -
The Nerves sit ceremonious, like Tombs -
The stiff Heart questions ›was it He, that bore,‹
And ›Yesterday, or Centuries before‹?

The Feet, mechanical, go round -
A Wooden way
Of Ground, or Air, or Ought -
Regardless grown,
A Quartz contentment, like a stone -

This is the Hour of Lead -
Remembered, if outlived,
As Freezing persons, recollect the Snow -
First - Chill - then Stupor - then the letting go -

Bis jeder Duft geprüft ist -
Dann taumelt sein Gespann
Fort in entfernte Lüfte -
Ich geh zu meinem Hund,

Verdutzt sind Er und ich,
Ob wirklich wir das warn -
Hat nicht der Garten im Gehirn
Hervorgebracht das Ding?

Doch er, der klarste Denker
Lenkt meinen trägen Blick -
Zu Blüten die noch zittern!
Als Antwort - exquisit!

Nach großem Schmerz wird förmlich das Gefühl -
Gleich Gräbern thronen rings die Nerven still -
Das steife Herz fragt ›litt Es selbst so sehr‹
›War's gestern, ist es hundert Jahre her‹?

Die Füße laufen wie von selbst herum -
Hölzerner Gang
Auf Grund, auf Luft, auf Irgendwas -
Stellt nebenher sich ein,
Gleichmut aus Quarz, wie Stein -

Die Stunde ist aus Blei -
Wer überlebt, denkt dran,
Wie die Erfrierenden den Schnee noch sehn -
Erst - Frost - dann Starre - und dann läßt man's gehn -

This World is not conclusion. 373
A Species stands beyond -
Invisible, as Music -
But positive, as Sound -
It beckons, and it baffles -
Philosophy, dont know -
And through a Riddle, at the last -
Sagacity, must go -
To guess it, puzzles scholars -
To gain it, Men have borne
Contempt of Generations
And Crucifixion, shown -
Faith slips - and laughs, and rallies -
Blushes, if any see -
Plucks at a twig of Evidence -
And asks a Vane, the way -
Much Gesture, from the Pulpit -
Strong Hallelujahs roll -
Narcotics cannot still the Tooth
That nibbles at the soul -

It will be Summer - eventually. 374
Ladies - with parasols -
Sauntering Gentlemen - with Canes -
And little Girls - with Dolls -

Will tint the pallid landscape -
As 'twere a bright Boquet -
Tho' drifted deep, in Parian -
The Village lies - today -

The Lilacs - bending many a year -
Will sway with purple load -
The Bees - will not despise the tune -
Their Forefathers - have hummed -

Die Welt ist nicht der Schluß.
Weil drüben Etwas wohnt
Unsichtbar, wie Musik -
So wirklich, wie ein Ton -
Das winkt und nasführt uns -
Philosophie, weiß nichts -
Und durch ein Rätsel muß hindurch
Am Ende - auch der Witz -
Es raten, macht Gelehrte wirr -
Es zu ergreifen, trug
So mancher der Geschlechter Hohn
Das Mal der Kreuzigung -
Der Glaube rutscht - lacht, sammelt sich -
Wird rot, wenns einer sah -
Zupft an dem Zweig der Evidenz -
Geht nach der Wetterfahn -
Gefuchtel, von der Kanzel -
Macht Hallelujas stark -
Kein Opium bringt den Zahn zur Ruh
Der an der Seele nagt -

Und es wird doch noch - Sommer.
Damen - mit Sonnenschirmchen -
Und Herren - mit Spazierstock -
Mit Puppen - kleine Mädchen -

Bald tüpfeln sie das bleiche Land -
Als wär es ein Bukett -
Obgleich das Dorf noch - heute -
Im Schnee, weißmarmorn, liegt -

Der Flieder - tief gebeugt schon lang -
Wird schwer von Purpur schwanken -
Und Bienen - summen ihren Sang -
Den schon die Ahnen - kannten -

The Wild Rose - redden in the Bog -
The Aster - on the Hill
Her everlasting fashion - set -
And Covenant Gentians - frill -

Till Summer folds her miracle -
As Women - do - their Gown -
Or Priests - adjust the Symbols -
When Sacrament - is done -

The Grass so little has to do,
A Sphere of simple Green -
With only Butterflies, to brood,
And Bees, to entertain -

And stir all day to pretty tunes
The Breezes fetch along,
And hold the Sunshine, in it's lap
And bow to everything,

And thread the Dews, all night, like Pearl,
And make itself so fine
A Duchess, were too common
For such a noticing,

And even when it die, to pass
In odors so divine -
As lowly spices, laid to sleep -
Or Spikenards perishing -

And then to dwell in Sovreign Barns,
And dream the Days away,
The Grass so little has to do,
I wish I were a Hay -

Im Moor die Rose - wird erglühn -
Die Aster - auf dem Hügel
Führt ihre stete Mode vor -
Der Enzian - seine Rüschen -

Bis Sommer sein Mirakel faltet -
Wie Frauen - ihr Gewand -
Wie Priester - Heiliges Gerät -
Gleich nach dem Sakrament -

So wenig hat das Gras zu tun,
Die Welt aus schlichtem Grün -
Es brütet Schmetterlinge aus,
Und lädt die Bienen ein -

Regt sich nach hübschen Melodien
Die mit sich nimmt der Wind,
Hält Sonnenschein, in seinem Schoß
Verbeugt sich ringsherum,

Schmückt sich mit Perlenketten Tau
In jeder Nacht so fein -
Für einen solchen Auftritt wär
Hochadel zu gemein,

Und geht beim Sterben über
In Schwaden so erhaben -
Wie Würzkraut, das man schlafen legt -
Wie Nardenuntergang -

Daheim in Höchsten Scheunen,
Verdämmert es die Zeit,
Wo wenig hat das Gras zu tun,
Ich wollt ich wär ein Heu -

All the letters I can write
Are not fair as this -
Syllables of Velvet -
Sentences of Plush,
Depths of Ruby, undrained,
Hid, Lip, for Thee -
Play it were a Humming Bird -
And just sipped - me -

I cannot dance opon my Toes -
No Man instructed me -
But oftentimes, among my mind,
A Glee possesseth me,

That had I Ballet Knowledge -
Would put itself abroad
In Pirouette to blanch a Troupe -
Or lay a Prima, mad,

And though I had no Gown of Gauze -
No Ringlet, to my Hair,
Nor hopped for Audiences - like Birds -
One Claw opon the air -

Nor tossed my shape in Eider Balls,
Nor rolled on wheels of snow
Till I was out of sight, in sound,
The House encore me so -

Nor any know I know the Art
I mention - easy - Here -
Nor any Placard boast me -
It's full as Opera -

All meine Briefe je an dich
Sind nicht so schön wie dies -
Silben sanft wie Samt -
Sätze ganz aus Plüsch,
Rubintiefen, nie entleert,
Mund, versteckt für Dich -
Spiel, da wär ein Kolibri -
Und der nippte - mich -

Den Spitzentanz beherrsch ich nicht -
Kein Mensch hat's mir gezeigt -
Doch oft ergreifet mein Gemüt
So froh ein Spielmannslied,

Daß wüßt ich wie - ich wirbelte
Zum bleichen Neid der Truppe -
Im Wahnsinn tobt die Primadonna -
Gehörte ich zur Gruppe -

Und hatt ich auch kein Schleierkleid -
Trug Kringel nicht im Haar,
Sprang mit erhobner Kralle nicht
Vor Leuten hin und her -

Warf mich nicht hoch in Daunen, kreiste
Nicht auf schneeweißen Rollen
Bis ich davongeh, mit Musik,
Da capo - rufen alle -

Weiß es auch keiner, daß ich kann
Was ich hier - leichthin - lobe -
Wenn mich auch kein Plakat je preist -
Voll ist's wie in der Oper -

Good Morning - Midnight -
I'm coming Home -
Day - got tired of Me -
How could I - of Him?

Sunshine was a sweet place -
I liked to stay -
But Morn - did'nt want me - now -
So - Good night - Day!

I can look - cant I -
When the East is Red?
The Hills - have a way - then -
That puts the Heart - abroad -

You - are not so fair - Midnight -
I chose - Day -
But - please take a little Girl -
He turned away!

I like to see it lap the Miles -
And lick the Valleys up -
And stop to feed itself at Tanks -
And then - prodigious step

Around a Pile of Mountains -
And supercilious peer
In Shanties - by the sides of Roads -
And then a Quarry pare

To fit it's sides
And crawl between
Complaining all the while
In horrid - hooting stanza -
Then chase itself down Hill -

Guten Morgen - Mitternacht -
Ich komme heim -
Müd ist der Tag von mir -
Wie könnt ich - von Ihm?

Süß war der Sonnenschein -
Gern blieb ich da -
Mich - will der Morgen nicht -
Tag - gute Nacht!

Darf doch die Röte -
Im Osten - noch sehn?
Die Hügel - dann einem
Das Herz - herausziehn -

Bist nicht so schön Mitternacht -
Ich wählte - Tag -
Nimm du das Mädchen an -
Das er verjagt!

Ich seh gern wie es Meilen schleckt -
Es leckt die Täler auf -
Hält an, aus Tanks zu trinken -
Und dann - im Wunderlauf

Kommt's um getürmte Berge -
Wo es hochmütig späht
In Hütten - längs den Straßen -
Dann einen Steinbruch schält

Als Flankenschutz
Es kriecht dazwischen
Derweil es heulend klagt
Mit einer Schreckensstrophe -
Und hügelabwärts jagt -

And neigh like Boanerges -
Then - prompter than a Star
Stop - docile and omnipotent
At it's own stable door -

The Moon is distant from the Sea -   387
And yet, with Amber Hands -
She leads Him - docile as a Boy -
Along appointed Sands -

He never misses a Degree -
Obedient to Her eye -
He comes just so far - toward the Town -
Just so far - goes away -

Oh, Signor, Thine, the Amber Hand -
And mine - the distant Sea -
Obedient to the least command
Thine eye impose on me -

We talked as Girls do -   392
Fond, and late -
We speculated fair, on every subject, but the Grave -
Of our's, none affair -

We handled Destinies, as cool -
As we - Disposers - be -
And God, a Quiet Party
To our authority -

But fondest, dwelt opon Ourself
As we eventual - be -
When Girls, to Women, softly raised
We - occupy - Degree -

Wie Boanerges wiehert -
Und prompter als ein Stern
Hält es - so zahm wie mächtig
Vor seiner Stalltür an -

Die Mondin lebt weitab vom Meer -
Und doch, mit Bernsteinhand -
Führt sie den fügsam frommen Bub -
Am zugewiesnen Strand -

Er weicht nicht ab um einen Grad -
Gehorsam ihrem Aug -
Wagt sich nur so weit - hin zur Stadt -
Und rückt nur - so weit ab -

Oh Herr, Dein ist die Bernsteinhand -
Und mein - das ferne Meer -
Gehorsam dem geringsten Wink
Laß ruhn Dein Aug auf mir -

Wir schwatzten herzlich,
Lang - wie Mädchen -
Und spekulierten fein, über alles, bloß das Grab -
Das ging uns nichts an -

Behandelten Geschicke kühl -
Als wärn wir - Disponenten -
Und Gott, ein Stiller Funktionär
Von unserm Unternehmen -

Am liebsten, sprachen wir von Uns
Wie wir womöglich - wären -
Vom Mädchen sanft gereift zur Frau
Und dann - in Rang und Ehren -

We parted with a contract
To cherish, and to write
But Heaven made both, impossible
Before another night.

Empty my Heart, of Thee -　　　　　　　　393
It's single Artery -
Begin, and leave Thee out -
Simply Extinction's Date -

Much Billow hath the Sea -
One Baltic - They -
Subtract Thyself, in play,
And not enough of me
Is left - to put away -
»Myself« meant Thee -

Erase the Root - no Tree -
Thee - then - no me -
The Heavens stripped -
Eternity's vast pocket, picked.

I took one Draught of Life -　　　　　　　396
I'll tell you what I paid -
Precisely an existence -
The market price, they said.

They weighed me, Dust by Dust -
They balanced Film with Film,
Then handed me my Being's worth -
A single Dram of Heaven!

Wir schieden mit dem Schwur
Zu lieben, und zu schreiben
Der Himmel strich uns beides durch
Noch vor dem Abendläuten.

Leere mein Herz, von Dir -
Der einzigen Ader -
Fang an, laß Dich ab -
Am Untergangstag -

Viel Wellen hat das Meer -
Sind alle - Eins -
Ziehst Du Dich ab, im Spiel -
Dann von mir fortzutun -
Bleibt nicht mehr viel -
»Ich« meinte Dich -

Kein Wurzelwerk - kein Busch -
Kein Du - dann auch kein Ich -
Der Himmel nackt -
Beraubt - der Ewigkeiten Sack -

Ich trank vom Leben einen Zug -
Nun hört, was ich bezahlt -
Präzis mein ganzes Dasein -
Der Marktpreis, wie man sagt.

Ward Staub um Staub gewogen -
Verglichen Schicht um Schicht,
Bekam als Gegenwert - vom Himmel
Ein Schlückchen und mehr nicht!

Dare you see a Soul at the »White Heat«? 401
Then crouch within the door -
Red - is the Fire's common tint -
But when the vivid Ore

Has vanquished Flame's conditions -
It quivers from the Forge
Without a color, but the Light
Of unannointed Blaze -

Least Village, boasts it's Blacksmith -
Whose Anvil's even ring
Stands symbol for the finer Forge
That soundless tugs - within -

Refining these impatient Ores
With Hammer, and with Blaze
Until the designated Light
Repudiate the Forge -

To hear an Oriole sing 402
May be a common thing -
Or only a divine.

It is not of the Bird
Who sings the same, unheard,
As unto Crowd -

The Fashion of the Ear
Attireth that it hear
In Dun, or fair -

So whether it be Rune -
Or whether it be none
Is of within.

Wagst du eine Seele in »Weißglut« zu sehn?
Dann duck dich bei der Schwelle -
Rot - ist des Feuers Färbung -
Doch lebendes Metall

Nach seiner Flammenprüfung -
Das zittert aus der Esse
Farblos, bis auf das Gleißen
Von ungeweihter Hitze -

Das kleinste Dorf rühmt sich des Schmieds -
Das Gleichmaß seines Hämmerns
Steht für die zarte Schmiedekunst
Die lautlos pocht - im Innern -

Sie adelt unzufriednes Erz
Mit Hämmern, und mit Glosen
Bis einst das vorbestimmte Licht
Die Esse wird verstoßen -

Der Goldamsel Gesang
Mag fader Alltag sein -
Oder ein Himmelsding.

Vom Vogel kommt es nicht
Der singt allein für sich,
Wie für die Welt -

Die Mode macht das Ohr
Stellt Ton in Kleidern vor
Dunkel und hell -

Mag es als Zauberzeichen -
Mag es uns nicht erreichen
Von Innen kommt's.

The »Tune is in the Tree -«
The Skeptic - showeth me -
»No Sir! In Thee!«

I reason, Earth is short -
And Anguish - absolute -
And many hurt,
But, what of that?

I reason, we could die -
The best Vitality
Cannot excel Decay,
But, what of that?

I reason, that in Heaven -
Somehow, it will be even -
Some new Equation, given -
But, what of that?

One need not be a Chamber - to be Haunted -
One need not be a House -
The Brain has Corridors - surpassing
Material Place -

Far safer, of a midnight meeting
External Ghost
Than it's interior confronting -
That cooler Host -

Far safer, through an Abbey gallop,
The Stones a'chase -
Than unarmed, one's a'self encounter -
In lonesome Place -

Wo ist das Lied? - »Im Baum«
Beweist der Zweifler mir -
»Nein Freund! In Dir!«

Ich denk, die Welt ist kurz -
Verzweiflung - absolut -
Viele verletzt,
Ja, und?

Ich denk, wir könnten sterben -
Es ist das vollste Leben
Verfall anheimgegeben,
Ja, und?

Ich denk, im Himmel oben -
Wird alles ausgewogen -
Ein Ausgleich neu gegeben -
Ja, und?

Man muß kein Zimmer sein - damit es spukt
Im Innern - auch kein Haus -
Das Hirn hat Gänge - die gehn über
Gebautes weit hinaus -

Harmloser trifft man Geister draußen
Um Mitternacht
Als jenem kühlern Hauswirt zu begegnen -
Der drinnen wacht -

Harmloser hetzt man durch ein Kloster,
Gejagt von Stein -
Als unbewaffnet auf sich selbst zu stoßen -
Allein -

Ourself behind ourself, concealed -
Should startle most -
Assassin hid in our Apartment
Be Horror's least -

The Body - borrows a Revolver -
He bolts the Door -
O'erlooking a superior spectre -
Or More -

Like some Old fashioned Miracle
When Summertime is done -
Seems Summer's Recollection
And the Affairs of June

As infinite Tradition
As Cinderella's Bays -
Or Little John - of Lincoln Green -
Or Blue Beard's Galleries -

Her Bees have a fictitious Hum -
Her Blossoms, like a Dream -
Elate us - till we almost weep -
So plausible - they seem -

Her Memories like Strains - Review -
When Orchestra is dumb -
The Violin in Baize replaced -
And Ear - and Heaven - numb -

The Soul selects her own Society -
Then - shuts the Door -
To her divine Majority -
Present no more -

Wir, hinter Uns, versteckt -
Entsetzen weckt -
Ein Mörder in der eignen Wohnung -
Läßt uns kalt -

Der Leib - schafft sich Revolver an -
Verriegelt Türen -
Und kann das überlegene Gespenst -
Nicht spüren -

Altmodisch wundersam kommt uns
Kaum ist der Sommer fort -
Erinnerung an Sommer vor
Die Junigegenwart

So endlos alter Brauch
Wie Aschenputtels Kammer -
Der Kleine John - aus Lincoln Green -
Und Blaubarts viele Zimmer -

Sein Bienensummen klingt erfunden -
Sein Blühen, wie aus Träumen -
So überzeugend - scheint das -
Erhebt uns - fast zu Tränen -

Andenken - kehrt wie Lieder wieder -
Wenn die Orchester schweigen -
Wenn Ohr - und Himmel - taub sind - und
Auf Samt gelegt die Geigen -

Die Seele wählt sich die Gesellschaft selbst -
Und - schließt das Tor -
Stellt ihrer göttlichen Majorität -
Niemand mehr vor -

Unmoved - she notes the Chariots - pausing -
At her low Gate -
Unmoved - an Emperor be kneeling
Opon her Mat -

I've known her - from an ample nation -
Choose One -
Then - close the Valves of her attention -
Like Stone -

Mine - by the Right of the White Election!   411
Mine - by the Royal Seal!
Mine - by the sign in the Scarlet prison -
Bars - cannot conceal!

Mine - here - in Vision - and in Veto!
Mine - by the Grave's Repeal -
Titled - Confirmed -
Delirious Charter!
Mine - long as Ages steal!

The Months have ends - the Years - a knot -   416
No Power can untie
To stretch a little further
A Skein of Misery -

The Earth lays back these tired lives
In her mysterious Drawers -
Too tenderly, that any doubt
An ultimate Repose -

The manner of the Children -
Who weary of the Day -

Sieht ungerührt - die Equipagen -
Am Gatter stehn -
Sieht ungerührt - auf ihrer Matte -
Den Kaiser knien -

Aus vielem Volk - sah ich sie wählen -
Nur Einen -
Danach - die Wahrnehmungsventile schließen -
Wie Stein -

Mein - durch das Recht der Weißen Wahl!
Mein - durch des Königs Siegel!
Mein - durch das Schild im Scharlachturm -
Das Gittern trotzt - und Riegel!

Mein - hier vor Augen - und Verboten!
Mein - durch des Grabes Nein -
Verbrieft - Besiegelt -
Wahnsinnspakt!
Mein - solang Zeit sackt ein!

Ein End hat jeder Monat - Jahre Knoten -
Die keine Macht entfernt
Damit der Strang der Qualen
Sich etwas weiter dehnt -

Die müden Leben schiebt die Erde
In ihren Laden zu -
Zu sachte, als daß Zweifel kämen
An allerletzter Ruh -

Wie Kinder übermüdet sind
Von ihres Tages Rennen -

Themself - the noisy Plaything
They cannot put away -

Your Riches - taught me - Poverty. 418
Myself - a Millionaire
In little Wealths, as Girls could boast
Till broad as Buenos Ayre -

You drifted your Dominions -
A Different Peru -
And I esteemed all Poverty
For Life's Estate with you -

Of Mines, I little know, myself -
But just the names, of Gems -
The Colors of the Commonest -
And scarce of Diadems -

So much, that did I meet the Queen -
Her Glory I should know -
But this, must be a different Wealth -
To miss it - beggars so -

I'm sure 'tis India - all Day -
To those who look on You -
Without a stint - without a blame,
Might I - but be the Jew -

I'm sure it is Golconda -
Beyond my power to deem -
To have a smile for mine - each Day,
How better, than a Gem!

At least, it solaces to know
That there exists - a Gold -

Und selbst - das laute Spielzeug sind
Das sie nicht wegtun können -

Dein Reichtum - lehrte mich - die Armut.
Ich war - ein Millionär
An stolzen Mädchenschätzen
Bis du als Länderherr -

Mir zeigtest ein Peru
Von andrer Art - daneben -
Erschien mir alles ärmlich - vor
Dem Gut, mit dir zu leben -

Von Minen, weiß ich selber wenig -
Nur Namen, von Juwelen -
Die Farbe der Alltäglichsten -
Kaum was von Diademen -

So viel, daß, käm die Königin -
Ich wüßt von ihrem Ruhm -
Doch dies, muß andrer Reichtum sein -
Wer ihn entbehrt - ist arm -

Ja, das ist Indien - für alle -
Die täglich sehn auf Dich -
Ohne Beschränkung - ohne Vorwurf,
Wär nur der Jude - ich -

Ja, das ist jenseits meines Hoffens -
Golconda muß das sein -
Ein Lächeln tauschen - jeden Tag,
Viel mehr, als Edelstein!

Daß es ein Gold gibt, ist zuletzt
Doch trostreich für das Wissen -

Altho' I prove it, just in time
It's distance - to behold -

It's far - far Treasure to surmise -
And estimate the Pearl -
That slipped my simple fingers through -
While just a Girl at school.

There are two Ripenings -   420
One - of Sight - whose Forces spheric wind
Until the Velvet Product
Drop, spicy, to the Ground -

A Homelier - maturing -
A Process in the Bur -
That Teeth of Frosts, alone disclose -
On far October Air -

The first Day's Night had come -   423
And grateful that a thing
So terrible - had been endured -
I told my Soul to sing -

She said her strings were snapt -
Her Bow - to atoms blown -
And so to mend her - gave me work
Until another Morn -

And then - a Day as huge
As Yesterdays in pairs,
Unrolled it's horror in my face -
Until it blocked my eyes -

Erfahr ich's auch, nur rechtzeitig
Sein Fernsein - zu ermessen -

Den weit entlegnen Schatz zu ahnen -
Die Perlen einzuschätzen -
Die mir als ich ein Schulkind war -
Durch tumbe Finger schlüpften.

Es gibt zwei Arten Reifung -
Die Eine - sichtbar - Kugeln ballt
Bis dann das Plüschige Produkt
Würzig zu Boden fällt -

Und Einfacheres - Reifen -
In stacheliger Kluft -
Das nur der Biß des Frosts, enthüllt -
Einst in Oktoberluft -

Die Nacht des ersten Tags war da -
Und dankbar daß ein Ding
Ertragen war - so schreckensvoll -
Sprach ich zur Seele - sing -

Sie sprach - gekappt sind meine Saiten -
Zerstückelt ist - mein Bogen -
Da hatte ich zu reparieren
Bis zum nächsten Morgen -

Und dann - entrollte sich ein Tag
Mit doppelt so viel Schrecken,
Wie gestern - bis in meinen Augen -
Das Sehen kam ins Stocken -

My Brain - begun to laugh -
I mumbled - like a fool -
And tho' 'tis Years ago - that Day -
My Brain keeps giggling - still.

And Something's odd - within -
That person that I was -
And this One - do not feel the same -
Could it be Madness - this?

I gave Myself to Him -
And took Himself, for Pay -
The solemn contract of a Life
Was ratified, this way -

The Wealth might disappoint -
Myself a poorer prove
Than this great Purchaser suspect,
The Daily Own - of Love

Depreciate the Vision -
But till the Merchant buy -
Still Fable - in the Isles of spice -
The subtle Cargoes - lie -

At least - 'tis Mutual - Risk -
Some - found it - Mutual Gain -
Sweet Debt of Life - Each Night to owe -
Insolvent - every Noon -

Sunset at Night - is natural -
But Sunset on the Dawn
Reverses Nature - Master -
So Midnight's - due - at Noon -

Mein Hirn - begann zu lachen -
Ich brummte - wie ein Narr -
Noch immer - kichert mein Gehirn -
Ist es auch Jahre her -

Bizarr bleibt etwas - Innen -
Was Ich war als Person -
Und Dies jetzt - fühlt sich anders an -
Kann das der Wahnsinn sein?

Ich übergab Mich Ihm -
Nahm Ihn, als Zahlung, an -
Der festliche Vertrag des Lebens
Er trat in Kraft sodann -

Der Reichtum mag enttäuschen -
So bin wohl ärmer ich
Als dieser große Käufer ahnt,
Der tägliche Besitz -

Von Liebe trübt den Weitblick -
Doch bis der Händler kauft -
Liegt sie - auf fernsten Inseln fest-
Als Mär - die feine Fracht -

Das Risiko - ist beidseits -
Für manche - war's Ertrag -
O süße Schuld - bei Nacht gezollt -
Und insolvent - am Tag -

Am Abend Sonnenuntergang -
Ist üblich - früh jedoch -
Läßt mittags - Mitternacht erwarten -
Und die Natur steht Kopf -

Eclipses be - predicted -
And Science bows them in -
But do One face us suddenly -
Jehovah's Watch - is wrong -

A Charm invests a face   430
Imperfectly beheld -
The Lady dare not lift her Vail
For fear it be dispelled -

But peers beyond her mesh -
And wishes - and denies -
Lest Interview - annul a want
That Image - satisfies -

If I may have it, when it's dead,   431
I'll be contented - so -
If just as soon as Breath is out
It shall belong to me -

Until they lock it in the Grave,
'Tis Bliss I cannot weigh -
For tho' they lock Thee in the Grave,
Myself - can own the key -

Think of it Lover! I and Thee
Permitted - face to face to be -
After a Life - a Death - we'll say -
For Death was That -
And This - is Thee -

I'll tell Thee All - how Bald it grew -
How Midnight felt, at first - to me -

Eklipsen sind - vorhersehbar -
Hereinkomplimentiert
Von Wissenschaft - Passiern sie uns -
Ist Gottes Uhr - kaputt -

Reiz kleidet ein Gesicht
Das man nur unscharf sieht -
Die Lady hebt den Schleier nicht
Aus Angst daß er verfliegt -

Doch späht sie durch das Netz -
Hat Sehnsucht - und wehrt ab -
Damit Gespräch - den Wunsch nicht löscht
Dem Anblick - Nahrung gab -

Hab ich es, wenn es tot ist erst,
Werd ich zufrieden sein -
Wenn nur sobald sein Atem stockt
Es meines werden kann -

Und sperren sie es ein ins Grab,
Ist's Wonne, kaum zu fassen -
Denn bist Du auch dort eingesperrt,
Besitz doch ich - den Schlüssel -

Bedenk Geliebter! Ich und Du
Wir wenden uns - einander zu -
Das Leben - unser Tod - ist aus -
Denn Tod war Jenes -
Du - bist Dies -

Ich sag dir Alles - Kahlheit, Leere -
Wie ich die Mitternacht erst spürte -

How all the Clocks stopped in the World -
And Sunshine pinched me - 'Twas so cold -

Then how the Grief got sleepy - some -
As if my soul were deaf and dumb -
Just making signs - across - to Thee -
That this way - thou could'st notice me -

I'll tell you how I tried to keep
A smile, to show you, when this Deep
All Waded - We look back for Play,
At those Old Times - in Calvary.

Forgive me, if the Grave come slow -
For Coveting to look at Thee -
Forgive me, if to stroke thy frost
Outvisions Paradise!

I read my sentence - steadily - 432
Reviewed it with my eyes,
To see that I made no mistake
In it's extremest clause -
The Date, and manner, of the shame -
And then the Pious Form
That »God have mercy« on the Soul
The Jury voted Him -
I made my soul familiar - with her extremity -
That at the last, it should
              not be a novel Agony -
But she, and Death, acquainted -
Meet tranquilly, as friends -
Salute, and pass, without a Hint -
And there, the Matter Ends -

Stillstand der Uhren in der Welt -
Die Sonne biß - es war so kalt -

Dann wie der Kummer schläfrig wurde -
Als wär die Seel mir taub und stumm -
Gab Zeichen hier - dorthin - für Dich -
Damit du achtsam seist auf mich -

Wie ich mein Lächeln wahren wollte
Für dich, hätt erst die Tiefe ich
Durchquert - dann Spielten wir: Sieh da,
Die Alten Zeiten - Golgatha.

Verzeih, wenn mir vor Gier nach Dir
Das Grab zu langsam naht -
Verzeih, wenn deinen Frost zu streicheln
Mir Eden überstrahlt!

Ich las mein Urteil - standhaft -
Hab's nochmal überflogen,
Um jeden Irrtum auszuschließen -
In der extremsten Klausel -
Termin, und Art, des Fehltritts -
Und dann die Fromme Formel
Daß »Gott erbarm« die arme Seele
Bestimmt durch die Juroren -
Ich führte meine Seele ein - in ihre Havarie -
Daß es ihr nicht zuletzt erschiene
               als neue Agonie -
Daß sie dem Tod, wie einem Freund -
Entspannt verbunden sei -
Ihn grüßt, dahingeht, ohne Wink -
Und da, ist Es Vorbei -

I never felt at Home - Below - 437
And in the Handsome skies
I shall not feel at Home - I know -
I dont like Paradise -

Because it's Sunday - all the time -
And Recess - never comes -
And Eden'll be so lonesome
Bright Wednesday Afternoons -

If God could make a visit -
Or ever took a Nap -
So not to see us - but they say
Himself - a Telescope

Perennial beholds us -
Myself would run away
From Him - and Holy Ghost - and all -
But there's the »Judgment Day«!

You'll find - it when you try to die - 441
The easier to let go -
For recollecting such as went -
You could not spare - you know.

And though their places somewhat filled -
As did their Marble names
With Moss - they never grew so full -
You chose the newer names -

And when this World - sets further back -
As Dying - say it does -
The former love - distincter grows -
And supersedes the fresh -

Hier unten - war ich nie daheim -
Im schönen Himmel oben
Werd ich auch nie zu Hause sein
Ich hab was gegen Eden -

Weil Sonntag ist - die ganze Zeit -
Nie - Ferien geben mag -
Wie einsam wird's im Paradies
Am Mittwochnachmittag -

Ging Gott doch weg, Besuche machen -
Und Legte sich aufs Ohr -
Uns los zu sein - doch sagen sie
Daß Er ein Fernrohr wär -

Auf uns gerichtet - ewig -
Ich wär Ihm schon entwischt -
Dem Heilgen Geist - und all dem -
Käm nicht noch »Das Gericht«!

Du merkst es - wenn's ans Sterben geht -
Ist's leichter loszulassen -
Im Denken an Gegangene -
Die du nicht mochtest missen.

Wenn auch ihr Platz sich etwas füllte -
Wie ihre Marmornamen
Mit Moos - nie wurde er so voll -
Daß Neue näher kamen -

Und wenn die Welt - zurückweicht - wie
Es Sterbende - versichern -
Wird alte Liebe - deutlicher -
Und legt sich auf die frische -

And Thought of them - so fair invites -
It looks too tawdry Grace
To stay behind - with just the Toys
We bought - to ease their place -

I see thee better - in the Dark - 442
I do not need a Light -
The Love of Thee - a Prism be -
Excelling Violet -

I see thee better for the Years
That hunch themselves between -
The Miner's Lamp - sufficient be -
To nullify the Mine -

And in the Grave - I see Thee best -
It's little Panels be
A'glow - All ruddy - with the Light
I held so high, for Thee -

What need of Day -
To Those whose Dark - hath so - surpassing Sun -
It deem it be - Continually -
At the Meridian?

It would have starved a Gnat - 444
To live so small as I -
And yet, I was a living child -
With Food's nescessity

Opon me - like a Claw -
I could no more remove
Than I could coax a Leech away -
Or make a Dragon - move -

An sie zu denken - lockt so sehr -
Daß es an Wert einbüßt
Bei dem gekauftem Tand zu bleiben -
Der ihren Platz - versüßt -

Ich seh dich besser - wo es dunkelt -
Licht brauche ich da nicht -
Dich Lieben - gibt als Prismenglas -
Mehr her als Violett -

Ich seh dich besser mit den Jahren
Die zwischen uns sich schichten -
Des Bergmanns Lampe - sei genug -
Die Mine zu vernichten -

Am besten - seh ich Dich im Grab -
Die kleinen Fächer sollen
Erglühn - vom Licht, das ich für Dich
Rot leuchten ließ, hoch oben -

Was brauchen Tag die -
Deren Nacht - ein Sonnenlicht gewann -
Das wirkt als stünde es - für Immer -
Zuhöchst am Meridian?

Verhungert wär die Mücke -
Die darbte so wie ich -
Und war lebendig doch, ein Kind -
Der Hunger legte sich

Auf mich - wie eine Klaue -
Nichts ließ ihn von mir weichen
So wenig wie man Blutegel -
Verscheuchen kann - und Drachen -

Nor like the Gnat - had I -
The privilege to fly
And seek a Dinner for myself -
How mightier He - than I!

Nor like Himself - the Art
Opon the Window Pane
To gad my little Being out -
And not begin - again -

They shut me up in Prose - 445
As when a little Girl
They put me in the Closet -
Because they liked me »still« -

Still! Could themself have peeped -
And seen my Brain - go round -
They might as wise have lodged a Bird
For Treason - in the Pound -

Himself has but to will
And easy as a Star
Look down opon Captivity -
And laugh - No more have I -

This was a Poet - 446
It is That
Distills amazing sense
From Ordinary Meanings -
And Attar so immense

From the familiar species
That perished by the Door -

Auch fehlte mir - das Privileg
Der Stechmücke - zu fliegen
Mir selbst ein Mahl zu suchen -
Wie sehr war sie - mir über!

Auch war mir ihre Kunst fremd -
An Fensterscheiben - innen -
Mein kleines Dasein auszusurren -
Und nie mehr - neu beginnen -

Sie schließen mich in Prosa -
Wie ehedem als Kind
Als sie mich, daß ich »still« war -
Wegsperrten in den Spind -

Still! Hätten sie gesehn -
Wie da mein Hirn - sich drehte -
Man könnte ebenso 'nen Vogel
Einpferchen als Verräter -

Er muß nur Selber wollen
Und wie Stern so leicht
Schaut er herab auf sein Gefängnis -
Und lacht - das tu auch ich -

Das war ein Dichter -
Jener nur
Preßt wunderbaren Sinn
Aus Landläufigem Inhalt -
Und läßt Essenzen rinnen

Aus den vertrauten Arten
Die welkten vor der Tür -

We wonder it was not Ourselves
Arrested it - before -

Of Pictures, the Discloser -
The Poet - it is He -
Entitles Us - by Contrast -
To ceaseless Poverty -

Of Portion - so unconscious -
The Robbing - could not harm -
Himself - to Him - a Fortune -
Exterior - to Time -

I died for Beauty - but was scarce
Adjusted in the Tomb
When One who died for Truth, was lain
In an adjoining Room -

He questioned softly »Why I failed«?
»For Beauty«, I replied -
»And I - for Truth - Themself are One -
We Bretheren, are«, He said -

And so, as Kinsmen, met a Night -
We talked between the Rooms -
Until the Moss had reached our lips -
And covered up - Our names -

The Outer - from the Inner
Derives it's magnitude -
'Tis Duke, or Dwarf, according
As is the central mood -

Daß man sich fragt, warum nicht Wir -
Sie pflückten dort - zuvor -

Wer offenbart uns Bilder?
Der Dichter - Er verleiht -
Im Gegenzug - dafür an uns -
Endlose Dürftigkeit -

An unbewußter Mitgift -
Man sich gern schadlos hält -
Sie ist - sich Selbst - Vermögen -
Steht außerhalb - von Zeit -

Für Schönheit starb ich - und war kaum
Zurechtgerückt im Grab
Als Einer der für Wahrheit starb
Ins Nebenzimmer kam -

Er fragte sanft »Für was starbst du?«
»Für Schönheit«, sagte ich -
»Und ich - für Wahrheit - wir sind Brüder -
Denn Die sind Eins und gleich« -

So redeten wir, blutsverwandt -
Und Wand an Wand des Nachts -
Bis Moos zu unsren Lippen stieg -
Auf unsern Namen wuchs -

Das Äußere - vom Innern
Seine Größe hat -
Zwerg, Herzog, je nach dem
Zentralen Stimmungsgrad -

The fine - unvarying Axis
That regulates the Wheel -
Though Spokes - spin - more conspicuous
And fling a dust - the while.

The Inner - paints the Outer -
The Brush without the Hand -
It's Picture publishes - precise -
As is the inner Brand -

On fine - Arterial Canvas -
A Cheek - perchance a Brow -
The Star's whole secret - in the Lake -
Eyes were not meant to know.

Love - thou art high -   452
I cannot climb thee -
But, were it Two -
Who knows but we -
Taking turns - at the Chimborazo -
Ducal - at last - stand up by thee -

Love - thou art deep -
I cannot cross thee -
But, were there Two
Instead of One -
Rower, and Yacht - some sovreign Summer -
Who knows - but we'd reach the Sun?

Love - thou art Vailed -
A few - behold thee -
Smile - and alter - and prattle - and die -
Bliss - were an Oddity - without thee -
Nicknamed by God -
Eternity -

1862

Die feine - feste Achse
Sie reguliert das Rad -
Auch wenn die Speiche - klarer - dreht -
Und dabei Staub verstreut.

Das Innen - malt das Außen -
Der Pinsel ohne Hand -
Sein Bild macht öffentlich - präzis -
Was Innen eingebrannt -

Auf feines - Tuch der Adern -
Auf Wangen - auf die Stirn -
Im See - dem Aug entzogen -
Geheimnisvoll - der Stern.

Liebe - du hohe -
Ich kann nicht hinauf -
Doch, gäbe es Zwei -
Abwechselnd - bei der Tschimborasso-Kletterei -
Wer weiß ob nicht wir -
Zuletzt - als Fürsten - stünden bei dir -

Liebe - du tiefe -
Ich kann nicht hindurch -
Doch, gäbe es Zwei
Statt Einen allein -
Ruderer, Segler - im fürstlichen Sommer -
Wer weiß - so kämen wir bis zur Sonne?

Liebe - Verhüllte -
Dich schauen - nicht viele -
Die lächeln - sich wandeln - und plaudern - und sterben -
Ohne dich wäre Eden - ein öder Ort -
Für den Gott den Spitznamen
Ewigkeit hat -

Our journey had advanced -   453
Our feet were almost come
To that odd Fork in Being's Road -
Eternity - by Term -

Our pace took sudden awe -
Our feet - reluctant - led -
Before - were Cities - but Between -
The Forest of the Dead -

Retreat - was out of Hope -
Behind - a Sealed Route -
Eternity's White Flag - Before -
And God - at every Gate -

Nature - sometimes sears a Sapling -   457
Sometimes - scalps a Tree -
Her Green People recollect it
When they do not die -

Fainter Leaves - to Further Seasons -
Dumbly testify -
We - who have the Souls -
Die oftener - Not so vitally -

She dealt her pretty words like Blades -   458
How glittering they shone -
And every One unbared a Nerve
Or wantoned with a Bone -

She never deemed - she hurt -
That - is not Steel's Affair -
A vulgar grimace in the Flesh -
How ill the Creatures bear -

Schon weit voran die Reise -
Fast hielten unsre Füße
Bei jener Gabelung des Seins -
Die Ewigkeit - geheißen -

Da lähmte Scheu den Schritt -
Die Füße - widerstrebten -
Vorn - lagen Städte - doch Dazwischen -
Dehnt sich der Wald der Toten -

Zurückgehn - Hoffnungslos -
Nach hinten - Weg versperrt -
Weiß wehte vorn die Ewigkeit -
An allen Schranken - Gott -

Mal verbrennt Natur den Schößling -
Mal köpft sie den Baum -
Grünes Volk erinnert sich
Geht es nicht dran ein -

Blassre Blätter - Spätern Sommern -
Stummes Zeugnis geben -
Wir - die Seelen haben - zeigen -
Sterbend - weniger Leben -

Sie teilte ihre hübschen Worte
Wie Klingen gleißend aus -
Da legte jedes Nerven bloß
Und trieb mit Knochen Scherz -

Sie dachte nie - daß sie verletzte -
Dem Stahl - ist das egal -
Fleisch grimassiert so pöbelhaft -
Schlecht steht das allen an -

To Ache is human - not polite -
The Film opon the eye
Mortality's old Custom -
Just locking up - to Die -

»Why do I love« You, Sir?   459
Because -
The Wind does not require the Grass
To answer - Wherefore when He pass
She cannot keep Her place.

Because He knows - and
Do not You -
And We know not -
Enough for Us
The Wisdom it be so -

The Lightning - never asked an Eye
Wherefore it shut - when He was by -
Because He knows it cannot speak -
And reasons not contained - Of Talk -
There be - preferred by Daintier Folk -

The Sunrise - Sir - compelleth Me -
Because He's Sunrise - and I see -
Therefore - Then -
I love Thee -

We Cover Thee - Sweet Face -   461
Not that We tire of Thee -
But that Thyself fatigue of Us -
Remember - as Thou go -
We follow Thee until

Weh tun ist menschlich - unfein -
Der Schleier auf dem Aug
Ein alter Brauch der Sterblichkeit -
Im Tode - schließt sie ab -

»Warum ich liebe«, Sie, Sir?
Weil -
Der Wind hineilend übers Gras
Bestürmt es nicht - daß es Ihm sagt
Warum's nicht stehen bleibt.

Weil Er es weiß - und
Sie nicht auch -
Wir wissen nicht -
Für Uns genüge
Die Weisheit - ja, so sei's -

Der Blitz - hat nie ein Aug gefragt -
Warum es zugeht - wenn Er naht -
Er weiß es kann nicht reden -
Und daß es stumme Gründe gibt -
Die Heikle lieber mögen -

Der Morgenglanz - Sir - zwinget Mich -
Das Licht geht auf - nun sehe ich -
Darum - Dann -
Lieb ich Dich -

Wir Decken Dich zu - Liebes Angesicht -
Nicht Wir sind müde von Dir -
Doch Du sollst Unser müde sein -
Beim Fortgehn - denk dran - Wir
Begleiten Dich bis Dir

Thou notice Us - no more -
And then - reluctant - turn away
To Con Thee o'er and o'er -

And blame the scanty love
We were Content to show -
Augmented - Sweet - a Hundred fold -
If Thou would'st take it - now -

I dwell in Possibility - 466
A fairer House than Prose -
More numerous of Windows -
Superior - for Doors -

Of Chambers as the Cedars -
Impregnable of eye -
And for an everlasting Roof
The Gambrels of the Sky -

Of Visitors - the fairest -
For Occupation - This -
The spreading wide my narrow Hands
To gather Paradise -

A Solemn thing within the Soul 467
To feel itself get ripe -
And golden hang - while farther up -
The Maker's Ladders stop -
And in the Orchard far below -
You hear a Being - drop -

A wonderful - to feel the sun
Still toiling at the cheek

Das Bild von Uns - verblich -
Dann wenden wir uns widerstrebend ab
Und denken und denken an Dich -

Verwünschen die karge Neigung
Die wir für Dich festgesetzt -
Hundertmal größer - Mein Liebes -
Wenn Du sie wolltest - jetzt -

Ich wohne in der Möglichkeit -
Und nicht im Prosahaus -
An Fenstern reich und heller -
Mit Türen - ein und aus -

Mit Zimmern hoch wie Zedern -
Von keinem Blick durchschaut -
Als ewges Dach der Himmel
Die Giebel drüber baut -

Besuch - der allerschönste -
Beschäftigung - nur Dies -
Ich spreiz die schmalen Hände weit
Und fass das Paradies -

Wie Feierlich - wenn sich die Seele
Im Innern reifen fühlt -
Und golden hängt - wenn weiter oben -
Des Schöpfers Leiter hält -
Und fern im Garten hört man schon -
Wie da ein Wesen - fällt -

Wie wunderbar - wenn noch die Sonne
Sich an der Wange plagt

You thought was finished -
Cool of eye, and critical of Work -
He shifts the stem - a little -
To give your Core - a look -

But solemnest - to know
Your chance in Harvest moves
A little nearer - Every sun
The single - to some lives.

My Garden - like the Beach -   469
Denotes there be - a Sea -
That's Summer -
Such as These - the Pearls
She fetches - such as Me

That first Day, when you praised Me, Sweet,   470
And said that I was strong -
And could be mighty, if I liked -
That Day - the Days among -

Glows central - like a Jewel
Between Diverging Golds -
The Minor One - that gleamed behind -
And Vaster - of the World's.

'Tis good - the looking back on Grief -   472
To re-endure a Day -
We thought the mighty Funeral -
Of all conceived Joy -

1862

Die man schon für vollendet hielt -
Kritisch, mit kühlem Aug -
Rückt sie am Stiel dir etwas -
Bis sie ins Kernhaus - schaut -

Doch feierlichst ist - wissen
Die Erntezeit für dich
Kommt näher - Jede Sonne
Für manche - einzig ist -

Mein Garten - wie der Strand -
Zeigt an - es gibt ein Meer -
Den Sommer -
Perlen - schafft es sich
Wie Diese - und wie Mich

Der erste Tag, als du Mich lobtest -
Und sagtest, ich sei stark -
Und hätte Macht, wenn ich nur möchte -
Von allen - dieser Tag -

Der glüht zentral - wie ein Juwel
In Gold verschiedner Art -
Der Kleinere - ganz hinten -
Und überstrahlt - die Welt.

Auf Gram zurückzuschaun - tut gut -
Neu aushalten den Tag -
An dem man was je Freude hieß -
Pompös zu Grabe trug -

To recollect how Busy Grass
Did meddle - one by one -
Till all the Grief with Summer - waved
And none could see the stone.

And though the Wo you have Today
Be larger - As the Sea
Exceeds it's unremembered Drop -
They're Water - equally -

I was the slightest in the House - 473
I took the smallest Room -
At night, my little Lamp, and Book -
And one Geranium -

So stationed I could catch the mint
That never ceased to fall -
And just my Basket -
Let me think - I'm sure
That this was all -

I never spoke - unless addressed -
And then, 'twas brief and low -
I could not bear to live - aloud -
The Racket shamed me so -

And if it had not been so far -
And any one I knew
Were going - I had often thought
How noteless - I could die -

Man weiß noch wie geschäftig Gras
Sich mischte - Halm für Halm -
Bis alles Leid im Sommer - wogte
Und man den Stein nicht fand.

Wär auch dein Weh von Heute noch
Beträchtlicher - umfaßte
Vergessne Tropfen wie das Meer -
So sind doch beide - Wasser -

Ich war die Schmächtigste im Haus -
Die mit dem kleinsten Raum -
Bei Nacht, mein Buch, mein Lämpchen -
Und ein Geranium -

So eingerichtet fing ich Münzen
Die regneten endlos -
Und nur mein Korb -
Was noch? Nicht mehr -
Wie ich noch sehr gut weiß -

Ich sprach bloß - wenn mich einer fragte -
Und dann, nur leis und kurz -
Ertrug das laute Leben nicht -
Lärm schaffte mir Verdruß -

Und wär es nicht so weit gewesen -
Und wär jemand gegangen -
Ein Freund - mir war, ich hätte da
Unmerklich - sterben können -

Myself was formed - a Carpenter -   475
An unpretending time
My Plane, and I, together wrought
Before a Builder came -

To measure our attainments -
Had we the Art of Boards
Sufficiently developed - He'd hire us
At Halves -

My Tools took Human - Faces -
The Bench, where we had toiled -
Against the Man, persuaded -
We - Temples build - I said -

He fumbles at your Soul   477
As Players at the Keys -
Before they drop full Music on -
He stuns you by Degrees -

Prepares your brittle nature
For the etherial Blow
By fainter Hammers - further heard -
Then nearer - Then so - slow -

Your Breath - has time to straighten -
Your Brain - to bubble cool -
Deals One - imperial Thunderbolt -
That scalps your naked soul -

When Winds hold Forests in their Paws -
The Universe - is still -

Zum Zimmermann - ward ich gebildet -
Die Zeiten waren schlicht
Mein Hobel, ich - wir schafften
Baumeister gab's noch nicht-

Die kamen später Leistung messen -
Wenn unsere Bretterkunst
Genügte - stellten sie uns ein -
Wenn auch zum halben Preis -

Gerät bekam Gesichter -
Die Hobelbank wagt gar
Den Aufstand - und ich sagte -
An Tempeln - bauen wir -

Er klimpert auf der Seele dir
Wie Spieler auf den Tasten -
Eh die Musik Getöse wird -
Betäubt er nach und nach -

Dein heikles Wesen, präpariert es
Für einen Äther-Schlag
Subtiler hämmernd - fern - dann näher -
Dann sanft - und langsam mag

Dein Atem - sich entspannen -
Dein Hirn - sich sprudelnd kühlt -
Da donnert er den Schlag - der dir
Die nackte Seel skalpiert -

Wenn Windesklaue Wälder packt -
Dann hält das Weltall - still -

Because I could not stop for Death - 479
He kindly stopped for me -
The Carriage held but just Ourselves -
And Immortality.

We slowly drove - He knew no haste
And I had put away
My labor and my leisure too,
For His Civility -

We passed the School, where Children strove
At Recess - in the Ring -
We passed the Fields of Gazing Grain -
We passed the Setting Sun -

Or rather - He passed Us -
The Dews drew quivering and Chill -
For only Gossamer, my Gown -
My Tippet - only Tulle -

We paused before a House that seemed
A Swelling of the Ground -
The Roof was scarcely visible -
The Cornice - in the Ground -

Since then - 'tis Centuries - and yet
Feels shorter than the Day
I first surmised the Horses' Heads
Were toward Eternity -

He fought like those Who've nought to lose - 480
Bestowed Himself to Balls
As One who for a further Life
Had not a further Use -

Weil ich beim Tod nicht halten konnt -
Stand freundlich er bereit -
Die Kutsche trug Uns beide nur -
Und die Unsterblichkeit -

Gemächlich ging's - Ihm eilt es nicht -
Und ich tat ab von mir
Mein Mühen und mein Müßiggehn,
Da Er so höflich war -

Am Schulhof, wo die Kinderschar
In Pausenspielen - rang -
Vorbei - es Starrt das Korn - vorbei -
Am Sonnenuntergang -

Vielmehr - Der ging an Uns vorbei -
Der Tau fiel schaudernd Kühl -
Nur ein Gespinst war mein Gewand -
Mein Umhang - bloß aus Tüll -

Wir machten Halt vor einem Haus
Das wölbte sich im Grund -
Das Dach war kaum zu sehn - Gesims
Lag tief schon unterm Grund -

Jahrhunderte ist's her - und scheint
Doch kürzer als die Zeit
Da ich drauf kam - die Pferdeköpfe
Sehn Richtung Ewigkeit -

Er focht als wär nichts zu verlieren -
Bot sich den Kugeln an -
Wie Einer der ein weitres Leben -
Nicht weiter nutzen will -

Invited Death - with bold attempt -
But Death was Coy of Him
As Other Men, were Coy of Death.
To Him - to live - was Doom -

His Comrades, shifted like the Flakes
When Gusts reverse the Snow -
But He - was left alive Because
Of Greediness to die -

Fame of Myself, to justify,   481
All other Plaudit be
Superfluous - An Incense
Beyond Nescessity -

Fame of Myself to lack - Although
My Name be else supreme -
This were an Honor honorless -
A futile Diadem -

The Whole of it came not at once -   485
'Twas Murder by degrees -
A Thrust - and then for Life a chance -
The Bliss to cauterize -

The Cat reprieves the mouse
She eases from her teeth
Just long enough for Hope to teaze -
Then mashes it to death -

'Tis Life's award - to die -
Contenteder if once -
Than dying half - then rallying
For consciouser Eclipse -

Lud ein den Tod - versuchte Ihn
Beherzt - Der scheut sich bloß
Wie Männer, sich vorm Sterben scheuen.
Zu leben - war Sein Los -

Die Kameraden, stoben fort
Wie Schnee im Wintersturm -
Am Leben blieb am Ende - Er -
Vor lauter Sterbensgier -

Scheint Mir mein Ruhm begründet,
Wird weiterer Applaus
Ein Weihrauch - nutzlos - über
Das, was es braucht, hinaus -

Find ich nicht Ruhm in Mir -
Hätt auch mein Name Glanz -
Wär diese Ehre ehrelos -
Ein unbrauchbarer Kranz -

Das Ganze kam nicht plötzlich -
Auf Raten kam's zum Mord -
Ein Stoß - noch eine Lebenschance -
Das ätzt die Freude fort -

Die Katze bietet Aufschub
Und läßt dann aus den Zähnen
Die Maus - damit vor dem Zermalmen -
Noch Hoffnungen sie quälen -

Des Lebens Lohn - ist Sterben -
Besser, auf einmal Schluß -
Als halbtot - sich erholen
Um zu vergehn - bewußt -

You constituted Time - 488
I deemed Eternity
A Revelation of Yourself -
'Twas therefore Deity

The Absolute - removed
The Relative away -
That I unto Himself adjust
My slow idolatry -

One and One - are One - *497
Two - be finished using -
Well enough for schools -
But for inner Choosing -

Life - just - Or Death -
Or the Everlasting -
Two - would be too vast
For the Soul's Comprising -

I lived on Dread - 498
To Those who know
The stimulus there is
In Danger - Other impetus
Is numb - and vitalless -

As 'twere a Spur - opon the Soul -
A Fear will urge it where
To go without the spectre's aid
Were challenging Despair.

Du hast die Zeit inkraftgesetzt -
Die Ewigkeit kam mir
Als deine Offenbarung vor -
Weshalb sie Gottheit war

Das Absolute - hat
Was Relativ vertrieben -
Und also passe ich Ihm an
Mein träges Zu-viel-lieben -

Eins und Eins - sind Eins -
Mit der Zwei - ist Schluß -
Nur noch gut für Schulen -
Innres Wählen weiß -

Nichts als Leben - oder Tod -
Oder Ewigkeit -
Weil die Zwei die Fassungskraft
Der Seele übersteigt -

Von Furcht hab ich gelebt -
Und wer den Ansporn kennt
Den uns Gefahr verschafft -
Für den ist jeder andre Reiz
Betäubt - und ohne Kraft -

Als wär's ein Stachel - in der Seele -
Wird Furcht sie dahin zwingen
Wohin sie ohne das Gespenst
Nur aus Verzweiflung ginge.

1863

Best Gains - must have the Losses' test -   499
To constitute them - Gains.

The Robin is the One   501
That interrupt the Morn
With hurried - few - express Reports
When March is scarcely on -

The Robin is the One
That overflow the Noon
With her cherubic quantity -
An April but begun -

The Robin is the One
That speechless from her Nest
Submit that Home - and Certainty
And Sanctity, are best

We'll pass without the parting   503
So to spare
Certificate of Absence -
Deeming where

I left Her I could find Her
If I tried -
This way, I keep from missing
Those that died.

Schönste Gewinne - nennt man erst
Verlustgeprüft - Gewinn.

Die Drossel unternimmt
Am Morgen dieses Wagnis
Mit Eilberichten - Einzubrechen
Obwohl der März kaum da ist -

Den Mittag dann die Drossel
Schier überschwemmen will
Mit cherubinischer Fülle -
Zum Auftakt des April -

Und gibt dann zu bedenken
Sprachlos aus ihrem Nest
Heim - Heiligung - und Sicherheit
Sei doch das allerbest

Gehn wir ohne Abschied
So sparen wir
Das Abwesenheitszeugnis -
Im Glauben hier

Wo ich sie ließ - könnt ich sie stets
Auf Wunsch - umarmen -
So hindre ich mich, Jene zu vermissen
Die starben.

The Birds begun at Four o'clock -   504
Their period for Dawn -
A Music numerous as space -
But neighboring as Noon -

I could not count their Force -
Their numbers did expend
As Brook by Brook bestows itself
To multiply the Pond.

The Listener - was not -
Except Occasional Man -
In homely industry arrayed -
To overtake the Morn -

Nor was it for applause -
That I could ascertain -
But independent Extasy
Of Universe, and Men -

By Six, the Flood had done -
No tumult there had been
Of Dressing, or Departure -
Yet all the Band - was gone -

The Sun engrossed the East -
The Day Resumed the World -
The Miracle that introduced
Forgotten, as fulfilled.

A Pit - but Heaven over it -   508
And Heaven beside, and Heaven abroad;
And yet a Pit -
With Heaven over it.

Um Vier Uhr fingen Vögel an -
In ihrer Morgenfrist -
Musik, die wimmelt wie das All -
Doch nah wie Mittag ist -

Die Schar war nicht zu schätzen -
Die Anzahl sich verzehrt
Wie Bach um Bach sich selber schenkt
Damit der Teich sich mehrt.

Zuhörer - gab es keinen -
Nur hie und da ein Mann -
Ging schon mit häuslichem Gewerb
Dem frühen Licht voran -

Sie suchten keinen Beifall -
Das hab ich festgestellt -
Sie suchten Rausch ganz unabhängig
Von Menschen, von der Welt -

Um Sechs Uhr war die Flut vorbei -
Nie gab es da Tumult
Von Anziehn, oder Abschied -
Doch war die Truppe - fort -

Den Osten hat das Licht kassiert -
Tag übernahm die Welt -
Das Wunder seines Anfangs - war
Vergessen, wie erfüllt.

Ein Loch - jedoch vom Himmel überdacht -
Himmel zur Seite, Himmel in der Weite;
Und doch ein Loch -
Vom Himmel überdacht.

To stir would be to slip -
To look would be to drop -
To dream - to sap the Prop
That holds my chances up.
Ah! Pit! With Heaven over it!

The depth is all my thought -
I dare not ask my feet -
'Twould start us where we sit
So straight you'd scarce suspect
It was a Pit - with fathoms under it
It's Circuit just the same
Whose Doom to whom
'Twould start them -
We - could tremble -
But since we got a Bomb -
And held it in our Bosom -
Nay - Hold it - it is calm -

He found my Being - set it up - 511
Adjusted it to place -
Then carved his name - opon it -
And bade it to the East

Be faithful - in his absence -
And he would come again -
With Equipage of Amber -
That time - to take it Home -

Unto my Books - so good to turn - 512
Far ends of tired Days -
It half endears the Abstinence -
And Pain - is missed - in Praise.

Ein Ruck, man kippt -
Ein Blick, man sackt hinab -
Mit dem Gerüst - das mein Glück stützt
Ist es nach einer Träumerei - vorbei.
Ach Loch! Vom Himmel überdacht!

Nichts denk ich als die Tiefe - wage
Mich nach den Füßen nicht zu fragen -
Der Schrecken, wo wir sitzen zu entdecken!
So aufrecht, keiner dächte doch
Da wär ein Loch - und viele Klafter noch
Und ist ein Kreislauf doch
Verdammt ist wer durch wen -
Das schreckte sie -
Wir - könnten zittern -
Doch seit wir eine Bombe
Empfingen - Bargen in der Brust -
Nein - Bergen - ist es still -

Er fand mein Sein - montierte es -
Verankert es am Platze -
Dann schnitt er seinen Namen ein -
Und lud es ein nach Osten

Wär's treu - solang er fortblieb -
Dann stellte er sich ein -
In einer Bernsteinkutsche -
Und nähm es - diesmal - Heim -

Zu meinen Büchern - kehr ich gern -
Am End von matten Tagen -
Halb wird mir das Entsagen lieb -
Und Schmerz - vergeht - im Loben.

As Flavors - cheer Retarded Guests
With Banquettings to be -
So Spices - stimulate the time
Till my small Library -

It may be Wilderness - without -
Far feet of failing Men -
But Holiday - excludes the night -
And it is Bells - within -

I thank these Kinsmen of the Shelf -
Their Countenances Kid
Enamor - in Prospective -
And satisfy - obtained -

The Spider holds a Silver Ball   513
In unperceived Hands -
And dancing softly to Himself
His Yarn of Pearl - unwinds -

He plies from nought to nought -
In unsubstantial Trade -
Supplants our Tapestries with His -
In half the period -

An Hour to rear supreme
His Continents of Light -
Then dangle from the Housewife's Broom -
His Boundaries - forgot -

There is a pain - so utter -   515
It swallows substance up -
Then covers the Abyss with Trance -
So Memory can step

Wie Düfte - späte Gäste grüßen -
Mit künftigem Bankett -
So würzt mir schon zuvor die Zeit
Die schmale Bibliothek -

Mag Wildnis herrschen - draußen -
Verirrte Schritte - weit -
Hier drin schließt Feiertag die Nacht aus -
Und hier herrscht Festgeläut -

Ich danke der Regalverwandschaft -
Die Ziegenledergestalt
Weckt schon im Voraus - Liebe -
Und sättigt - bei Erhalt -

Die Spinne hält den Silberball
In unbemerkten Händen -
Und sachte für sich Selber tanzend
Entrollt sie - Perlenfäden -

Sie webt von nichts zu nichts -
Ein Handel ohne Stoff -
Ihr Gobelin ersetzt den unsern -
In der halben Frist -

In einer Stunde zieht sie hoch
Den Kontinent aus Licht -
Dann baumelt sie am Besenstiel -
Und ihr Gebiet - zunicht -

Ein Schmerz geht so - aufs Ganze -
Daß er Substanz verschlang -
Deckt dann die Kluft mit Trance zu -
So kann Erinnerung

Around - across - opon it -
As One within a Swoon -
Goes safely - where an open eye -
Would drop Him - Bone by Bone -

A still - Volcano - Life -   517
That flickered in the night -
When it was dark enough to do
Without erasing sight -

A quiet - Earthquake style -
Too subtle to suspect
By natures this side Naples -
The North cannot detect

The solemn - Torrid - Symbol -
The lips that never lie -
Whose hissing Corals part - and shut -
And Cities - ooze away -

This is my letter to the World   519
That never wrote to Me -
The simple News that Nature told -
With tender Majesty

Her Message is committed
To Hands I cannot see -
For love of Her - Sweet - countrymen -
Judge tenderly - of Me

Herumgehn - drüber - und darauf -
Wie einer sichern Schritts -
Nachtwandelt - wo ein offnes Aug -
Ihn beinlang stürzen läßt -

Ein Leben - still - Vulkanisch -
Das flackerte bei Nacht -
Wenn tief genug das Dunkel war
Doch nicht erlosch die Sicht -

Erdbebenstil - ganz ruhig -
Zu fein um schon Verdacht
Zu wecken diesseits von Neapel -
Der Norden kennt es nicht

Das festlich - Sengende Symbol -
Die Lippen ohne Trug -
Korallen - fauchen auf und zu -
Und Städte sickern weg -

Dies ist mein Brief an eine Welt
Die niemals schrieb an Mich -
Was schlicht mir die Natur berichtet -
Sanft, würdig, herrscherlich

Ihr Anliegen wird anvertraut
Mir unbekannten Händen -
Um Ihretwillen - Liebe - Landsleut -
Wollt auch von Mir sanft denken -

It always felt to me - a wrong   521
To that Old Moses - done -
To let him see - the Canaan -
Without the entering -

And tho' in soberer moments -
No Moses there can be
I'm satisfied - the Romance
In point of injury -

Surpasses sharper stated -
Of Stephen - or of Paul -
For these - were only put to death -
While God's adroiter will

On Moses - seemed to fasten
With tantalizing Play
As Boy - should deal with lesser Boy -
To prove ability -

The fault - was doubtless Israel's -
Myself - had banned the Tribes -
And ushered Grand Old Moses
In Pentateuchal Robes

Opon the Broad Possession
'Twas little - He should see -
Old Man on Nebo! Late as this -
My justice bleeds - for Thee!

I tie my Hat - I crease my Shawl -   522
Life's little duties do - precisely -
As the very least
Were infinite - to me -

Mir kam es stets als Unrecht vor
An Moses einst - begangen -
Daß man ihn sehn ließ - Kanaan -
Doch nicht hineingelangen -

Wenn auch im nüchternern Momenten -
Es keinen Moses gibt
Mag ich - das Märchen - denn was die
Verletzungen betrifft -

Stellt es die schärfern in den Schatten -
Von Stefan oder Paul -
Die - wurden einzig umgebracht -
Indes der Herr sich schlau

Auf Moses schien zu kaprizieren
In quälerischem Spiel
So geht ein Bub mit Kleinern um -
Der Kräfte zeigen will -

Der Fehler - lag bei Israel -
Ich selbst - hätt es gebannt -
Den Großen Moses herbestellt
Im Pentateuch-Gewand

Aufs Riesige Besitztum -
Er sah fast nichts davon -
Spät blutet da mein Rechtsgefühl -
Für Dich - Du alter Mann!

Ich bind den Hut - ich falt den Schal -
Erfüll die kleine Pflicht -
Genau - als wär noch die geringste
Unabsehbar - für mich -

I put new Blossoms in the Glass -
And throw the Old - away -
I push a petal from my Gown
That anchored there - I weigh
The time 'twill be till six o'clock -
So much I have to do -
And yet - existence - some way back -
Stopped - struck - my ticking - through -

We cannot put Ourself away
As a completed Man
Or Woman - When the errand's done
We came to Flesh - opon -
There may be - Miles on Miles of Nought -
Of Action - sicker far -
To simulate - is stinging work -
To cover what we are
From Science - and from Surgery -
Too Telescopic eyes
To bear on us unshaded -
For their - sake - Not for Our's -

Therefore - we do life's labor -
Though life's Reward - be done -
With scrupulous exactness -
To hold our Senses - on -

It feels a shame to be Alive -
When Men so brave - are dead -
One envies the Distinguished Dust -
Permitted - such a Head -

The Stone - that tells defending Whom
This Spartan put away
What little of Him we - possessed
In Pawn for Liberty -

Ich steck ins Glas die frischen Blüten -
Und werf die Alten - weg -
Zupf mir vom Kleid ein Blütenblatt
Das dort verweilt - erwäg
Die Zeit von jetzt bis sechs Uhr -
So viel hab ich zu schaffen -
Und doch - mein Ticktack - stand jüngst still -
Vom Daseinsschlag getroffen -

Man stellt sich fertig nicht beiseit
Als Frau nicht - nicht als Mann -
Wenn hinter uns liegt das Geschäft
Bei dem man Fleisch - gewann -
Vielleicht folgt - meilenweit nur Nichts -
Nur Tun - noch schlimmer ist -
So Tun als ob - das setzt uns zu -
Verbergen wer du bist
Vor Wissenschaft - vor Medizin -
Dem Aug mit Fernglasblick -
Der ohne Filter auf uns ruht -
Für sich - nicht Unsern Zweck -

Drum - mühn wir uns durchs Leben -
Sei auch sein Lohn - verdampft -
Gewissenhaft genau - damit
Uns durchhält die Vernunft -

Man schämt sich fürs Lebendigsein
So Tapfere - sind tot -
Den noblen Staub beneidet man -
Dem zufällt - solch ein Haupt -

Der Stein - sagt an für Wessen Schutz
Spartanisch dieser Mann
Das Bißchen von sich gab - das unser -
Für Freiheit gab er's dran -

The price is great - Sublimely paid -
Do we deserve - a Thing -
That lives - like Dollars - must be piled
Before we may obtain?

Are we that wait - sufficient worth -
That such Enormous Pearl
As life - dissolved be - for Us -
In Battle's - horrid Bowl?

It may be - a Renown to live -
I think the Men who die -
Those unsustained - Saviors -
Present Divinity -

We learned the Whole of Love -   531
The Alphabet - the Words -
A Chapter - then the mighty Book -
Then - Revelation closed -

But in each Other's eyes
An Ignorance beheld -
Diviner than the Childhood's
And each to each, a Child -

Attempted to expound
What neither - understood -
Alas, that Wisdom is so large -
And Truth - so manifold!

I reckon - When I count at all -   533
First - Poets - Then the Sun -
Then Summer - Then the Heaven of God -
And then - the List is done -

Der Preis ist hoch - Sublim gezahlt
Verdienen wir - daß Leben -
Wie Dollars muß gestapelt werden
Eh wir womöglich siegen?

Sind wir - untätig - wert daß Perlen
Von einer solchen Pracht
Wie Leben - sich für uns zersetzen -
Im Schreckenskrug - der Schlacht?

Mag sein - Lebendigsein bringt Ruhm -
Mir scheint, daß Die die sterben -
Erlöser - ohne Unterstützung -
Das Göttliche verkörpern -

Wir lernten das Ganze der Liebe -
Buchstaben - Wortbildung -
Ein Abschnitt - dann das große Buch -
Und dann - die Offenbarung -

Unwissen sahen wir
Eins in des andern Auge -
Edler als Kinderignoranz
Kind waren wir, einander -

Versuchten zu ergründen
Was keiner - recht verstand -
Ach, Weisheit ist so weitgefaßt -
Und Wahrheit - vielgestalt!

Erst zähl ich Dichter - dann die Sonne -
Wenn es ans Rechnen geht -
Dann Sommer - Danach Gottes Himmel -
Und meine Liste steht -

But, looking back - the First so seems
To Comprehend the Whole -
The Others look a needless Show -
So I write - Poets - All -

Their Summer - lasts a solid Year -
They can afford a Sun
The East - would deem extravagant -
And if the Further Heaven -

Be Beautiful as they prepare
For Those who worship Them -
It is too difficult a Grace -
To justify the Dream -

I could die - to know - 537
'Tis a trifling knowledge -
News-Boys salute the Door -
Carts - joggle by -
Morning's bold face - stares in the window -
Were but mine - the Charter of the least Fly -

Houses hunch the House
With their Brick shoulders -
Coals - from a Rolling Load - rattle - how - near -
To the very Square - His foot is passing -
Possibly, this moment -
While I - dream - Here -

Unit, like Death, for Whom? 543
True, like the Tomb,
Who tells no secret
Told to Him -

Im Rückblick scheint's - das Ganze stecke
Bereits im Ersten drin -
Der Rest sieht überflüssig aus -
Nur Dichter - schreib ich hin -

Ihr Sommer - währt ein strammes Jahr -
Und ihre Sonne kann
Im Orient - noch Neid erwecken -
Und wär der Himmel dann -

So schön wie sie es vorbereiten
Für Den der Ihnen dient -
So lohnt die schwer verdiente Gnade
Nicht - daß man davon träumt -

Fürs Leben gern - wüßt ich -
Ach, viel ist es nicht -
Zeitungsjungen grüßen das Tor -
Ratternd fahren Karren vor -
Ins Fenster starrt - des Morgens freche Miene -
Hätt ich doch nur - das Recht der kleinsten Fliege -

Höckrig das Haus
Zwischen Backsteinschultern -
Kohlen - rasseln - vom Wagen herunter -
Wie - nah - bei dem Platz - den sein Fuß passiert -
Vielleicht, eben jetzt -
Da ich - träume - Hier -

Der Tod, für Wen, gibt's den?
Treu wie das Grab,
Das nicht verrät
Was man Ihm sagt -

The Grave is strict -
Tickets admit
Just two - the Bearer - and the Borne -
And seat - just One -
The Living - tell -
The Dying - but a syllable -
The Coy Dead - None -
No Chatter - here - No Tea -
So Babbler, and Bohea - stay there -
But Gravity - and Expectation - and Fear -
A tremor just, that all's not sure.

I prayed, at first, a little Girl,
Because they told me to -
But stopped, when qualified to guess
How prayer would feel - to me -

If I believed God looked around,
Each time my Childish eye
Fixed full, and steady, on his own
In Childish honesty -

And told him what I'd like, today,
And parts of his far plan
That baffled me -
The mingled side
Of his Divinity -

And often since, in Danger,
I count the force 'twould be
To have a God so strong as that
To hold my life for me

Till I could take the Balance
That tips so frequent, now,

Die Gruft ist streng -
Billetts beschränkt
Auf zwei - Getragenen - und Träger -
Und Platz - nur Einen -
Wer lebt - der redet -
Wer stirbt - nur eine Silbe -
Die Scheuen Toten - Keine -
Hier gibt's kein Plaudern - keinen Tee -
Redselige, Teeselige - bleibt weg -
Nur Ernst - Erwartung - Ängste dauern -
Und weil nichts sicher ist - Erschauern.

Ich betete als kleines Mädchen,
Erst, weil sie mich geheißen -
Doch als ich ahnte, was mir's wäre
Da hab ich es gelassen -

Denn glaubte ich, so kehrte sich
Gott um, sobald mein Auge
In kindlicher Aufrichtigkeit
Nur fest in seines schaute -

Ihm sagte, was ich wollte, heute,
Und was an seinem Plan
Mir rätselhaft schien -
Seines Gottseins -
Durcheinanderseite -

Oft seither, in Gefahr,
Berechne ich die Kraft
Die Gottes starker Beistand wär
Im Leben - dauerhaft -

Bis Gleichgewicht ich fände
Das jetzt stets kippen will,

It takes me all the while to poise -
And then - it does'nt stay -

I measure every Grief I meet   550
With narrow, probing, eyes -
I wonder if It weighs like Mine -
Or has an Easier size -

I wonder if They bore it long -
Or did it just begin -
I could not tell the Date of Mine -
It feels so old a pain -

I wonder if it hurts to live -
And if They have to try -
And whether - could They choose between -
It would not be - to die -

I note that Some - gone patient long -
At length, renew their smile -
An imitation of a Light
That has so little Oil -

I wonder if when Years have piled -
Some Thousands - on the Harm -
That hurt them Early - such a lapse
Could give them any Balm -

Or would They go on aching still
Through Centuries of Nerve -
Enlightened to a larger Pain -
In Contrast with the Love -

The Grieved - are many - I am told -
There is the various Cause -

Sodaß ich immer balanciere -
Und doch bleibt's nicht stabil -

Was mir an Kummer kommt vor Augen
Das pfleg ich abzuschätzen -
Ist er so schwer wie Meiner - ist er
Von angenehmrer Größe -

Ob sie ihn wohl schon lange trugen -
Ob er erst heut begann -
Ich weiß nicht mehr seit wann ich leide -
So alt scheint mir die Pein -

Und ob es sie wohl schmerzt zu leben -
Ob sie sich damit quälten -
Und ob sie - gäb's die Möglichkeit -
Den Tod nicht lieber wählten -

Ich merke, Manche - faßten sich -
Und lächeln nun schon wieder -
Und gleichen dabei einer Lampe
Deren Ölstand nieder -

Ob ihnen aufgetürmte Jahre -
Viel Tausend - überm Leid -
Der frühen Wunde - Balsam bot -
Und der Verlauf der Zeit -

Ob sie nun einfach weiterlitten
Durch Hundert Jahre Sehnen -
Erleuchtet für ein weitres Weh -
Als Gegenstück von Liebe -

Der Gram beugt viele - höre ich -
Verschiedener Natur -

Death - is but one - and comes but once -
And only nails the Eyes -

There's Grief of Want - and Grief of Cold -
A sort they call »Despair« -
There's Banishment from native Eyes -
In sight of Native Air -

And though I may not guess the kind -
Correctly - yet to me
A piercing Comfort it affords
In passing Calvary -

To note the fashions - of the Cross -
And how they're mostly worn -
Still fascinated to presume
That Some - are like my own -

There is a Languor of the Life 552
More imminent than Pain -
'Tis Pain's Successor - When the Soul
Has suffered all it can -

A Drowsiness - diffuses -
A Dimness like a Fog
Envelopes Consciousness -
As Mists - obliterate a Crag.

The Surgeon - does not blanch - at pain -
His Habit - is severe -
But tell him that it ceased to feel -
The Creature lying there -

And he will tell you - Skill is late -
A Mightier than He -

Der Tod - ist eins - kommt nur einmal -
Und nagelt Augen zu -

Gram gibt's aus Mangel - Gram der Kälte -
Was man »Verzweiflung« nennt -
Exilerfahrung in der Heimat -
Vom trauten Aug verbannt -

Wenn ich auch nicht genau genug
Die Art angeben mag -
So schafft es mir doch herben Trost
Auf dem Kalvarienberg -

Des Kreuzes - Moden zu beachten -
Wie sie die meisten kleiden -
Noch immer reizt mich die Vermutung
Daß Manche - sind wie meine -

Es gibt ein Matt-vom-Leben-Sein
Bedrohlicher als Leid -
Es folgt den Qualen - Wenn die Seele
Bis zur Erschöpfung litt -

Ein Schläfrigsein - greift um sich -
Und Trübnisnebel hüllt
Uns das Bewußtsein ein wie Dunst
Um einen Felsen wallt.

Kein Arzt - erschrickt vor Schmerzen -
Sein Habitus - ist hart -
Doch sag ihm, daß das Wesen da
Nun kein Gefühl mehr hat -

Dann sagt er dir - zu spät kommt Kunst -
Ein Mächtiger als Er -

Has ministered before Him -
There's no Vitality

A House opon the Hight -   555
That Wagon never reached -
No Dead, were ever carried down -
No Peddler's Cart - approached -

Whose Chimney never smoked -
Whose Windows - Night and Morn -
Caught Sunrise first - and Sunset - last -
Then - held an Empty Pane -

Whose fate - Conjecture knew -
No other neighbor - did -
And what it was - we never lisped -
Because He - never told -

It's Coming - the postponeless Creature -   556
It gains the Block - and now - it gains the Door -
Chooses it's latch, from all the other fastenings -
Enters - with a »You know me - Sir«?

Simple Salute - and Certain Recognition -
Bold - were it enemy - Brief - were it friend -
Dresses each House in Crape, and Icicle -
And Carries one - out of it - to God -

I send Two Sunsets -   557
Day and I - in competition ran -
I finished Two - and several Stars -
While He - was making One -

Hat seines Amts gewaltet -
Da ist kein Antrieb mehr

Ein Haus auf einer Höhe -
Von Wagen nie erreicht -
Nie trug man Tote dort herab -
Kein Krämerkarrn - in Sicht -

Nie rauchte sein Kamin -
Die Fenster - spät und früh -
Erwischten - erstes - letztes - Licht -
Dann - war die Scheibe trüb -

Nur Ahnung - wußte um sein Los -
Sonst keiner in der Nähe -
Was war's? Kein Flüsterwort von uns -
Weil Es - das nie erzählte -

Es kommt - das unverzögerbare Wesen -
Gewinnt das Viertel - jetzt - gewinnt's die Tür -
Wählt unter allen Schlössern seinen Riegel -
Tritt ein - mit einem »Kennen Sie mich - Sir«?

Ein simpler Gruß - und Sicheres Erkennen -
Kühn - wär's ein Feind - und wenn's ein Freund wär - Kurz -
Bekleidet jedes Haus mit Krepp, mit Eis -
Führt einen aus ihm weg - und hin zu Gott -

Zwei Sonnenuntergänge schick ich -
Gefertigt um die Wette mit dem Tag -
Zwei hab ich - und auch manche Sterne -
Indes Er - Einen nur gebastelt hat -

His own was ampler - but as I
Was saying to a friend -
Mine - is the more convenient
To Carry in the Hand -

A Visitor in Marl - 558
Who influences Flowers -
Till they are orderly as Busts -
And Elegant - as Glass -

Who visits in the Night -
And just before the Sun -
Concludes his glistening interview -
Caresses - and is gone -

But whom his fingers touched -
And where his feet have run -
And whatsoever Mouth he kissed -
Is as it had not been -

The Brain, within it's Groove 563
Runs evenly - and true -
But let a Splinter swerve -
'Twere easier for You -

To put a Current back -
When Floods have slit the Hills -
And scooped a Turnpike for Themselves -
And trodden out the Mills -

I know lives, I could miss 574
Without a Misery -

Zwar war der seine breiter - doch
Wie ich schon sagte einem Freund -
Ist meiner - praktischer, bequemer
Trägt man ihn in der Hand -

Ein Gast im Mergel -
Der die Blumen drängt -
Bis grad sie stehn wie Büsten -
Gläsern - elegant -

Der Nachts kommt - und noch vor
Dem ersten Morgenrot -
Sein glitzerndes Gespräch beschließt -
Ein Streicheln - er ist fort -

Doch wen sein Finger streifte -
Wohin er trat mit Füssen -
Und jeder Mund, den er geküßt -
Ist wie er nicht gewesen -

Das Hirn, in seiner Rille -
Läuft treu - und gleichförmig -
Erlaub nur einen Schlenker -
Und leichter wär für Dich -

Die Strömung umzukehren -
Wenn Flut durch Berge brach -
Sich selber Durchgangsstraßen höhlt -
Und Mühlen niedermacht -

Ich könnt manch Leben missen
Und doch nicht elend sein -

Others - whose instant's wanting -
Would be Eternity -

The last - a scanty Number -
'Twould scarcely fill a Two -
The first - a Gnat's Horizon
Could easily outgrow -

The Soul unto itself　　　　　　　　　　579
Is an imperial friend -
Or the most agonizing Spy -
An Enemy - could send -

Secure against it's own -
No treason it can fear -
Itself - it's Sovreign - Of itself
The Soul should stand in Awe -

Of Course - I prayed -　　　　　　　　581
And did God Care?
He cared as much as on the Air
A Bird - had stamped her foot -
And cried »Give Me« -
My Reason - Life -
I had not had - but for Yourself -
'Twere better Charity
To leave me in the Atom's Tomb -
Merry, and nought, and gay, and numb -
Than this smart Misery.

You cannot put a Fire out -　　　　　　583
A Thing that can ignite

Und andre - fehlten sie Momente -
Es wär die Ewigkeit -

Die letzten - sind so dünn gesät -
Daß sie kaum Zwei ausfüllen -
Die ersten - überstiegen leicht
Den Horizont von Mücken -

Die Seele ist sich selbst
Ein kaiserlicher Freund -
Oder der tödlichste Spion -
Gesandt - von einem Feind -

Ist sie vor eignem sicher -
Macht kein Verrat ihr Angst -
Ihr eigner Fürst - so steh sie da
In Ehrfurcht vor sich Selbst -

Gebetet hab ich -
Natürlich - und Gott?
Der hörte darauf als hätt auf Luft
Ein Vogel gestampft -
Und Geschrien - »Gib«
Mein Grund - ein Leben -
Das ich nicht hatte - außer für Dich -
Barmherziger wäre es gewesen -
Mich im Grab zerfallen zu lassen -
Heiter und leer, froh und matt -
Als diese raffinierte Not.

Du kannst kein Feuer löschen -
Was sich entzünden kann

Can go, itself, without a Fan -
Opon the slowest night -

You cannot fold a Flood -
And put it in a Drawer -
Because the Winds would find it out -
And tell your Cedar Floor -

If ever the lid gets off my head   585
And lets the brain away
The fellow will go where he belonged -
Without a hint from me,

And the world - if the world be looking on -
Will see how far from home
It is possible for sense to live
The soul there - all the time.

The Heart asks Pleasure - first -   588
And then - excuse from Pain -
And then - those little Anodynes
That deaden suffering -

And then - to go to sleep -
And then - if it should be
The will of it's Inquisitor
The privilege to die -

No Romance sold unto   590
Could so enthrall a Man -
As the perusal of
His individual One -

Geht los, von selbst, in trägster Nacht -
Und ohne Ventilation -

Die Flut kann man nicht falten -
Und in Kommoden legen -
Der Wind erführ und sagte es
Deinem Zedernboden -

Wenn je der Deckel vom Kopf springt
Und rausläßt mein Gehirn
Dann geht der Kerl wohin er gehörte -
Ganz ohne Wink von mir,

Und falls die Welt just herschaut -
Dann sieht sie wie weit fort
Dem Sinn zu leben möglich ist
Die Seel - war längst schon dort.

Das Herz fragt erst nach Freude -
Dann - nach Erlaß von Leid -
Und dann - nach jenen Mittelchen
Gegen Empfindlichkeit -

Dann - will es schlafen gehn -
Und sich dann bewerben -
Falls sein Inquisitor nickt -
Ums Privileg zu sterben -

Von keinem käuflichen Roman
Wird man je so gepackt -
Wie wenn man seinen Eigenen
Zum Lesen vor sich hat -

'Tis Fiction's -
    to dilute to plausibility
Our - Novel. When 'tis small eno'
To credit - 'Tis'nt true -

I heard a Fly buzz - when I died -   591
The Stillness in the Room
Was like the Stillness in the Air -
Between the Heaves of Storm -

The Eyes around - had wrung them dry -
And Breaths were gathering firm
For that last Onset - when the King
Be witnessed - in the Room -

I willed my Keepsakes - Signed away
What portion of me be
Assignable - and then it was
There interposed a Fly -

With Blue - uncertain - stumbling Buzz -
Between the light - and me -
And then the Windows failed - and then
I could not see to see -

The Red - Blaze - is the Morning -   603
The Violet - is Noon -
The Yellow - Day - is falling -
And after that - is None -

But Miles of Sparks - at Evening -
Reveal the Width that burned -
The Territory Argent - that never yet - consumed -

1863

Fiktion verwässert den Roman -
    sie macht ihn klipp und klar -
Ist er so klein - daß man ihn glaubt -
Dann ist er nicht mehr wahr -

Ich hörte eine Fliege summen -
Als ich starb - der Raum
War still wie wenn vor seinem Wüten
Noch Atem holt - ein Sturm -

Die Augen ringsum - leergeweint -
Jetzt holt das Atmen Kraft
Für jenen letzten Angriff - wenn
Der Fürst ins Zimmer tritt -

Vermacht und überschrieben war
Von mir schon jeder Teil -
Und da geschah es - plötzlich mischt
Sich eine Fliege ein -

Mit Blauem - trudelndem - Gebrumm -
Schob sie sich mir vors Licht -
Dann fielen Fenster aus - und dann
Schwand mir zum Sehn die Sicht -

Rot - ist der Morgen - gleißend -
Lila - des Mittags Hitze -
Gelb - der Tag - sich neigend -
Und hintennach - kommt Nichts -

Nur Meilen Funken - Abends -
Erhellen die Weite die lohte -
Landstriche voller Silber - noch immer ungehoben -

I am alive - I guess -
The Branches on my Hand
Are full of Morning Glory -
And at my finger's end -

The Carmine - tingles warm -
And if I hold a Glass
Across my mouth - it blurs it -
Physician's - proof of Breath -

I am alive - because
I am not in a Room -
The Parlor - commonly - it is -
So Visitors may come -

And lean - and view it sidewise -
And add »How cold - it grew« -
And »Was it conscious -
    when it stepped
In Immortality«?

I am alive - because
I do not own a House -
Entitled to myself - precise -
And fitting no one else -

And marked my Girlhood's name -
So Visitors may know
Which Door is mine - and not mistake -
And try another Key -

How good - to be alive!
How infinite - to be
Alive - two-fold - The Birth I had -
And this - besides, in Thee!

Ich bin am Leben - scheint mir -
In meiner Hand die Äste
Sind voller Windenblüten -
An meiner Fingerspitze -

Das Karmin - prickelt warm -
Vorm Mund beschlägt sich Glas -
Was ein Beweis - für Atem ist -
Wie jeder Doktor weiß -

Ich lebe - weil ich nicht
In einem Zimmer bin -
Normalerweise - der Salon -
Und Gäste treten ein -

Die beugen sich - sehn von der Seit -
Und sagen »Wie ist's kalt« -
»War's bei Bewußtsein -
    als es einging
In die Unsterblichkeit«?

Ich lebe - weil kein Haus
Mir zugeeignet ist -
Das Anspruch hat exakt auf mich -
Und keinem andern paßt -

Mit meinem Mädchennamen dran -
Damit nicht der Besuch -
Sich in der Tür irrt - oder
Nach andrem Schlüssel sucht -

Wie gut ist es - zu leben!
Und wie unendlich - wär
Zu leben - doppelt - durch Geburt -
Und außerdem - in Dir!

Except the smaller size 606
No lives are round -
These - hurry to a sphere
And show and end -
The larger - slower grow
And later hang -
The Summers of Hesperides
Are long.

Her sweet Weight on my Heart a Night 611
Had scarcely deigned to lie -
When, stirring, for Belief's delight,
My Bride had slipped away -

If 'twas a Dream - made solid - just
The Heaven to confirm -
Or if Myself were dreamed of Her -
The power to presume -

With Him remain - who unto Me -
Gave - even as to All -
A Fiction superseding Faith -
By so much - as 'twas real -

Tis Opposites - Entice 612
Deformed Men - ponder Grace -
Bright fires - the Blanketless -
The Lost - Day's face -

The Blind - esteem it be
Enough Estate - to see -
The Captive - strangles new -
For deeming - Beggars - play -

Nur bei den kleinern Größen
Sind Leben rund -
Die - wölben sich geschwind -
Geballt - zu End -
Die größern - wachsen mählicher
Sind spät noch dran -
Der Hesperiden Sommer
Dauern lang.

Die süße Last kam mir des Nachts
Am Herzen kaum zu liegen -
Als meine Braut, für Glaubens Lust,
Aufstand und war gegangen -

Bekam ein Traum da - Festigkeit -
Den Himmel zu bestärken -
Bin ich der Traum von Ihr gewesen
Die Macht das abzuklären -

Bei Ihm liegt sie - der auch Mir selbst -
Wie allen andern - leiht -
Erfindung an des Glaubens statt -
Kraft ihrer Wirklichkeit -

Kontraste - bezaubern uns -
Grazie - das Hinkebein -
Tag - den Verlorenen -
Frierende - Feuerschein -

Die Blinden - macht schon
Das Sehen zufrieden -
Den Häftling - würgt neu -
Denkt er - Bettler als frei -

To lack - enamor Thee -
Tho' the Divinity -
Be only
Me -

The Night was wide, and furnished scant 617
With but a single Star -
That often as a Cloud it met -
Blew out itself - for fear -

The Wind pursued the little Bush -
And drove away the Leaves
November left - then clambered up
And fretted in the Eaves -

No Squirrel went abroad -
A Dog's belated feet
Like intermittent Plush, be heard
Adown the empty street -

To feel if Blinds be fast -
And closer to the fire -
Her little Rocking Chair to draw -
And shiver for the Poor -

The Housewife's gentle Task -
How pleasanter - said she
Unto the Sofa opposite -
The Sleet - than May, no Thee -

To love thee Year by Year - 618
May less appear
Than sacrifice, and cease -

Entbehren - Entzündet dich -
Sei auch die Gottheit -
Bloß
Ich -

Hoch war die Nacht, und nur ein Stern
Hat spärlich drin gebrannt -
Der blies sich - kaum daß Wolken kamen -
Gleich selber aus - vor Angst -

Der Wind verjagte ein Gebüsch -
Und blies das Laub von hinnen
November ging - stieg dann aufs Dach
Und tobte in den Rinnen -

Kein Eichkätzchen ging aus -
Nur späte Hundefüße
Hat plüschig tupfend man gehört
Abwärts auf leerer Straße -

Geschlossne Läden nachzuprüfen -
Und hin zur Feuerwärme -
Den Schaukelstuhl zu ziehn -
Zu zittern für die Armen -

Ist sanftes Tun der Hausfrau -
Viel schöner - ist das Eis -
Sagt sie zum Sofa gegenüber -
Als ohne Dich - der Mai -

Dich lieben jahrelang -
Geringer scheinen kann
Als ein Verzicht, und Schluß -

However, dear,
Forever might be short, I thought to show -
And so I pieced it, with a flower, now.

Did you ever stand in a Cavern's Mouth -
Widths out of the Sun -
And look - and shudder, and block your breath -
And deem to be alone

In such a place, what horror,
How Goblin it would be -
And fly, as 'twere pursuing you?
Then Loneliness - looks so -

Did you ever look in a Cannon's face -
Between whose Yellow eye -
And your's - the Judgment intervened -
The Question of »To die« -

Extemporizing in your ear
As cool as Satyr's Drums -
If you remember, and were saved
It's liker so - it seems -

Much Madness is divinest Sense -
To a discerning Eye -
Much Sense - the starkest Madness -
'Tis the Majority
In this, as all, prevail -
Assent - and you are sane -
Demur - you're straightway dangerous -
And handled with a Chain -

Jedoch, mein Liebling, daß
Für immer kurz sein kann, das zeige ich dir nun -
Ergänzte es, mit einer Blume, drum.

Hast je im Schlund einer Höhle gestanden -
Meilen weg vom Licht -
Geschaut - geschaudert, und atemlos -
Dein Einsamsein bedacht

An solchem Ort, welch Grauen,
Als würd ein Alp daraus -
Und flöge dir nach, verfolgt dich?
So sieht - Alleinsein aus -

Hast je ins Gesicht von Kanonen geblickt -
Und zwischen ihr gelbes Aug -
Und deins - schob sich der Richterspruch -
Der »Leben oder Tod« -

Dir in das Ohr improvisiert -
Wie Satyrtrommeln so kühl -
Du weißt es noch, und kamst davon
Dann ist's mehr dies Gefühl -

Verrücktheit hat oft höchsten Sinn -
Fürs aufmerksame Aug -
Sinn - ist oft heftigste Verrücktheit -
Die Mehrheit gibt hier an
Was Geltung hat, wie immer -
Stimm zu - dann bist du vernünftig -
Hab Skrupel - und du bist gefährlich -
Und liegst in Ketten künftig -

Prayer is the little implement   623
Through which Men reach
Where Presence - is denied them -
They fling their Speech

By means of it - in God's Ear -
If then He hear -
This sums the Apparatus
Comprised in Prayer -

I think I was enchanted   627
When first a sombre Girl -
I read that Foreign Lady -
The Dark - felt beautiful -

And whether it was noon at night -
Or only Heaven - at noon -
For very Lunacy of Light
I had not power to tell -

The Bees - became as Butterflies -
The Butterflies - as Swans -
Approached - and spurned the narrow Grass -
And just the meanest Tunes

That Nature murmured to herself
To keep herself in Cheer -
I took for Giants - practising
Titanic Opera -

The Days - to Mighty Metres stept -
The Homeliest - adorned
As if unto a Jubilee
'Twere suddenly confirmed -

Gebet ist jenes kleine Gerät
Mit dem die Menschheit reicht
An ihr verwehrte Orte -
So wirft sie ihre Worte

Mit seiner Hilfe - Gott ins Ohr -
Wenn Er dann hört -
Ist die Mechanik des Gebets
Damit komplett -

Mir scheint ein Zauber faßte
Mich ernstes Mädchen an -
Als ich die Fremde Lady las -
Das Dunkle - schien mir schön -

Ob es nur Mittagshimmel war -
Ob's - Mittag schlug - bei Nacht -
Verrücktes Licht - ich hab es drum
Zu sagen nicht vermocht -

Die Bienen - groß wie Schmetterlinge -
Die Falter - wie die Schwäne -
Ganz nah - achtlos auf schmales Gras -
Und die banalsten Töne

Die die Natur sich selber vorsummt
Nur um sich aufzumuntern -
Erschienen Riesig - Probelauf
Für Opern von Giganten -

Die Tage - schritten Mächtig aus
Schmuck war - was vormals schlicht -
Als wären sie für Jubiläen
Auf einmal fest gebucht -

I could not have defined the change -
Conversion of the Mind
Like Sanctifying in the Soul -
Is witnessed - not explained -

'Twas a Divine Insanity -
The Danger to be sane
Should I again experience -
'Tis Antidote to turn -

To Tomes of Solid Witchcraft -
Magicians be asleep -
But Magic - hath an element
Like Deity - to keep -

To lose One's faith - surpass   632
The loss of an Estate -
Because Estates can be
Replenished - faith cannot -

Inherited with Life -
Belief - but once - can be -
Annihilate a single clause -
And Being's - Beggary -

I saw no Way - The Heavens were stitched -   633
I felt the Columns close -
The Earth reversed her Hemispheres -
I touched the Universe -

And back it slid - and I alone -
A speck opon a Ball -
Went out opon Circumference -
Beyond the Dip of Bell -

Den Wandel konnt ich nicht beschreiben -
Wenn sich der Geist bekehrt
Wird das wie Heiligung der Seele -
Bezeugt - und nicht erklärt -

Göttliche Tollheit war das -
Und sollt ich je noch mal
Gefährdet von Gesundheit sein -
Ein Gegengift sind dann -

Bände Massiver Hexenkunst -
Ist sie auch nicht präsent -
Die Hexe - Zauber hat wie Gott
Ein Bleibens-Element -

Den Glauben zu verlieren -
Ist mehr als ein Bankrott -
Vermögen ist ersetzbar
Beim Glauben - geht das nicht -

Man erbt ihn mit dem Leben -
Es gibt ihn nur - ein Mal -
Nimm eine einzge Klausel weg -
Das Sein - am Bettelstab -

Kein Weg für mich - Vernäht die Himmel -
Die Pfeiler fühlt ich dicht -
Die Erde wälzte Hemisphären -
Ans Weltall rührte ich -

Es glitt zurück - und ich allein -
Ein Fleck auf einem Ball -
Ging raus und auf den Umkreis - fern
Von jedem Glockenschall -

The Future never spoke -   638
Nor will he like the Dumb
Reveal by sign a Syllable
Of his profound To Come -

But when the News be ripe
Presents it in the Act -
Forestalling Preparation -
Escape - or Substitute -

Indifferent to him
The Dower - as the Doom -
His Office but to execute
Fate's Telegram - to Him -

A Secret told -   643
Ceases to be a Secret - then -
A Secret - kept -
That - can appall but One -

Better of it - continual be afraid -
Than it -
And Whom you told it to - beside -

Exhiliration - is within -   645
There can no Outer Wine
So royally intoxicate
As that diviner Brand

The Soul achieves - Herself -
To drink - or set away
For Visitor - or Sacrament -
'Tis not of Holiday

Die Zukunft sprach noch nie -
Verrät nicht wie die Stummen
Durch Zeichen eine Silbe
Von Tiefen die da Kommen -

Doch wenn die Nachricht reif ist
Führt sie sie vor als Tat -
Kommt Vorbereitungen zuvor -
Alternativen - Flucht -

Gleichmütig teilt sie zu
Gewinn - wie Untergang -
Ihr Amt hat einzig zu vollstrecken
Des Schicksals Telegramm -

Ist ein Geheimnis raus -
So ist es keines mehr -
Bewahr es dir -
Dann - schreckt es Einen nur -

Besser - sich ständig sorgen drum -
Als dies allein -
Und Der, dem du's erzählt hast, obendrein -

Beschwingtheit - kommt von Innen -
Kein Wein von Außen kann
So königlich berauschen
Wie jener Göttertrank

Den sich die Seele - Selbst braut -
Sie trinkt - sie lagert ein
Für Gast - für Sakrament -
Das ist kein Festtagswein

To stimulate a Man
Who hath the Ample Rhine
Within his Closet - Best you can
Exhale in offering -

To fill a Gap
Insert the Thing that caused it -
Block it up
With Other - and 'twill yawn the more -
You cannot solder an Abyss
With Air -

I've seen a Dying Eye
Run round and round a Room -
In search of Something - as it seemed -
Then Cloudier become -
And then - obscure with Fog -
And then - be soldered down
Without disclosing what it be
'Twere blessed to have seen -

That I did always love
I bring thee Proof
That till I loved
I never lived - Enough -

That I shall love alway -
I argue thee
That love is life -
And life hath Immortality -

Um den Mann anzuregen
Der schon den Weiten Rhein
Auf Lager hat - das Beste was
Man von sich bieten kann -

Verstopf ein Loch
Mit Dem was es erzeugte -
Füll es
Mit Anderem - und es gähnt weiter -
Man verlötet keine Kluft
Mit Luft -

Ein Aug im Sterben sah ich
Herumlaufen im Raum -
Es schien - etwas zu suchen -
Ward wolkiger sodann -
Und dann - von Nebel trübe -
Und danach - zugeschweißt
Doch was es selig hat geschaut
Von dem gab es nichts preis -

Daß ich beharrlich liebte
Bring ich dir Zeichen
Daß bis ich liebte
Nie lebte - Ausreichend -

Daß ich werd immer lieben -
Bered ich dich -
Daß Liebe Leben ist -
Und Leben Unsterblich -

This - dost thou doubt - Sweet -
Then have I
Nothing to show
But Calvary -

Beauty - be not caused - It Is - 654
Chase it, and it ceases -
Chase it not, and it abides -

Overtake the Creases

In the Meadow - when the Wind
Runs his fingers thro' it -
Deity will see to it
That You never do it -

I started Early - Took my Dog - 656
And visited the Sea -
The Mermaids in the Basement
Came out to look at me -

And Frigates - in the Upper Floor
Extended Hempen Hands -
Presuming Me to be a Mouse -
Aground - opon the Sands -

But no Man moved Me - till the Tide
Went past my simple Shoe -
And past my Apron - and my Belt
And past my Boddice - too -

And made as He would eat me up -
As wholly as a Dew

Bezweifelst du's - mein Lieb -
So ist nichts da
Dir vorzuweisen
Außer Golgatha -

Schönheit - macht man nicht - Sie Ist -
Jag sie, und sie schwindet -
Jag sie nicht, und sie verweilt -

Falten überspringe

In den Wiesen - wenn durchs Gras
Fingert sacht der Wind -
Wird die Gottheit darauf achten
Daß Dir's nicht gelingt -

Ich brach Früh auf - Nahm meinen Hund -
Und fand mich ein beim Meer -
Die Nixen stiegen aus dem Keller
Und schauten zu mir her -

Im Obern Stock - Fregatten -
Die fuchtelten mit Hanf -
Sie glaubten wohl ich sei gestrandet -
Ein Mäuslein - auf dem Sand -

Kein Mann bewegte mich - bis Flut
Und Schwall den Schuh umfloß -
Zur Schürze stieg - zum Gürtel -
Das Mieder mir - begoß -

Und tat als wollt Er mich verschlingen -
Wie einen Tropfen Tau

Opon a Dandelion's Sleeve -
And then - I started - too -

And He - He followed - close behind -
I felt His Silver Heel
Opon my Ancle - Then My Shoes
Would overflow with Pearl -

Until We met the Solid Town -
No One He seemed to know -
And bowing - with a Mighty look -
At me - The Sea withdrew -

Endow the Living - with the Tears - 657
You squander on the Dead,
And They were Men and Women - now,
Around Your Fireside -

Instead of Passive Creatures,
Denied the Cherishing
Till They - the Cherishing deny -
With Death's Etherial Scorn -

The Province of the Saved 659
Should be the Art - To Save -
Through Skill obtained in Themselves -
The Science of the Grave

No Man can understand
But He that hath endured
The Dissolution - in Himself -
That Man - be qualified

Am Ärmel eines Löwenzahns -
Da - lief ich selber auch -

Und Er - mir nach - dicht hinter mir -
Den Silberabsatz merkte
Ich schon am Knöchel - meinem Schuh
Entquollen schon die Perlen -

Bis wir die Feste Stadt erreichten -
Die kannte er wohl nicht -
Er beugt sich - blickt mit Macht auf mich -
Dann wich Das Meer zurück -

Beschenk die Lebenden - mit Tränen -
Die du für Tote vergeudest,
Dann sind sie Männer, Frauen - jetzt,
Und hocken um dein Feuer -

Statt Trägen Wesen, denen man
Die Wertschätzung bestritt
Bis Sie - das Schätzen selbst bestreiten -
Mit luftigem Todesspott -

Die Kunst der Rettung sei
Der schon Geretteten Fach -
Im Umgang mit Sich selbst erlernt -
Die Wissenschaft vom Grab -

Kein Mensch kann sie verstehen
Nur Wer durchlitten hat
Auflösung - in Sich selbst -
Der - hat die Fähigkeit

To qualify Despair
To Those who failing new -
Mistake Defeat for Death - Each time -
Till acclimated - to -

I took my Power in my Hand -   660
And went against the World -
'Twas not so much as David - had -
But I - was twice as bold -

I aimed my Pebble - but Myself
Was all the one that fell -
Was it Goliah - was too large -
Or was myself - too small?

I fear a Man of frugal speech -   663
I fear a Silent Man -
Haranguer - I can overtake -
Or Babbler - entertain -

But He who weigheth - While the Rest -
Expend their furthest pound -
Of this Man - I am wary -
I fear that He is Grand -

Rehearsal to Ourselves   664
Of a Withdrawn Delight -
Affords a Bliss like Murder -
Omnipotent - Acute -

We will not drop the Dirk -
Because We love the Wound

Verzweiflung zu ermessen
Bei Dem, der neu versagt -
Und jeden Fehl mit Tod verwechselt -
Bis er - sich dran gewöhnt -

Ich griff nach meiner eignen Kraft -
Gegen die Welt zu ziehn -
War nicht so stark wie David - einst -
Doch war ich - doppelt kühn -

Den Kiesel zielte ich - doch fiel
Dabei ich selbst nur hin -
Ob Goliath - zu groß war - oder
Ob ich - zu winzig bin?

Ich fürcht den Mann der mäßig spricht -
Ich fürchte den der Schweigt -
Dem Schwätzer - stehle ich die Schau -
Mach Plapperer mir geneigt -

Doch Er der wägt - indes die andern -
Das letzte Pfund verschleudern -
Vor dem Mann - nehm ich mich in Acht -
Aus Angst - Er sei Bedeutend -

Uns wieder vorzuführen
Ein Glück das uns Genommen -
Gewährt uns Seligkeit wie Mord -
Allmächtig - scharfe Wonne -

Aus Liebe zu der Wunde -
Wirft man den Dolch nicht hin

The Dirk Commemorate - Itself
Remind Us that We died -

The Sweetest Heresy received   671
That Man and Woman know -
Each Other's Convert -
Though the Faith accommodate but Two -

The Churches are so frequent -
The Ritual - so small -
The Grace so unavoidable -
To fail - is Infidel -

I could not prove the Years had feet -   674
Yet confident they run
Am I, from symptoms that are past
And Series that are done -

I find my feet have further Goals -
I smile opon the Aims
That felt so ample - Yesterday -
Today's - have vaster claims -

I do not doubt the Self I was
Was competent to me -
But something awkward in the fit -
Proves that - outgrown - I see -

What Soft - Cherubic Creatures -   675
These Gentlewomen are -
One would as soon assault a Plush -
Or violate a Star -

Selbst - Zeichen der Erinnerung -
Daß Wir gestorben sind -

Bei Männern wie bei Frauen gilt's
Als süße Ketzerei -
Sich Konvertit sein - dieser Glaube
Hat Platz für höchstens Zwei -

Die Kirchen sind so zahlreich -
Das Ritual - so klein -
Die Gnade - unvermeidlich -
Die Sünde - Treulos sein -

Weiß nicht ob Jahre Füße haben -
Keck laufen sie dahin
Und ich, an früheren Symptomen
Dem, was zu Ende ging -

Seh, fernern Zielen lauf ich zu -
Und lächle über alle
Die gestern noch so stattlich schienen -
Heut - sind sie anspruchsvoller -

Kein Zweifel daß mein altes Ich
Ganz gut einst für mich paßte -
Doch zeigt was Mißliches im Sitz -
Nun ist es - ausgewachsen -

Welch Weiche - Engelhafte Wesen -
Sind diese noblen Damen -
Man kann genauso Plüsch angreifen -
Und an die Sterne schlagen -

Such Dimity Convictions -
A Horror so refined
Of freckled Human Nature -
Of Deity - Ashamed -

It's such a common - Glory -
A Fisherman's - Degree -
Redemption - Brittle Lady -
Be so - ashamed of Thee -

When Night is almost done -
And Sunrise grows so near
That We can touch the Spaces -
It's time to smooth the Hair -

And get the Dimples ready -
And wonder We could care
For that Old - faded Midnight -
That frightened - but an Hour -

Dont put up my Thread & Needle -
I'll begin to Sow
When the Birds begin to whistle -
Better stitches - so -

These were bent - my sight got crooked -
When my mind - is plain
I'll do seams - a Queen's endeavor
Would not blush to own -

Hems - too fine for Lady's tracing
To the sightless knot -
Tucks - of dainty interspersion -
Like a dotted Dot -

Baumwollflanellgewißheit -
Abscheu so kultiviert
Vor scheckig menschlicher Natur
Vor Gott noch - indigniert -

Wie ist doch dieser Glanz - banal -
Des Fischers Rang hingegen -
Du Heikle - wird am Jüngsten Tag -
Sich schämen - Deinetwegen -

Wenn fast die Nacht dahin ist -
Frühlicht uns nahe kommt
Daß wir schon Räume tasten können -
Wird's Zeit das man sich kämmt -

Und sich die Grübchen richtet -
Sich wundert ob der Sorge
Um diese bleiche Mitternacht -
Nur Schaurig - eine Stunde -

Steckt mir nicht mein Nähzeug weg -
Säumen werde ich
Mit dem ersten Vogelton -
Besser wird mein Stich -

Schief sind diese - ich sah krumm -
Ist mein Geist erst glatt
Werd ich nähn - daß eine Fürstin
Daran Freude hat -

Säume - spurlos, wo die Lady
Keine Knoten merkt -
Biesen - zierlich eingestreut -
Punkt auf einem Punkt -

Leave my Needle in the furrow -
Where I put it down -
I can make the zigzag stitches
Straight - when I am strong -

Till then - dreaming I am sowing
Fetch the seam I missed -
Closer - so I - at my sleeping -
Still surmise I stitch -

So well that I can live without -   682
I love thee - then How well is that?
As well as Jesus?
Prove it me
That He - loved Men -
As I - love thee -

At leisure is the Soul   683
That gets a staggering Blow -
The Width of Life - before it spreads
Without a thing to do -

It begs you give it Work -
But just the placing Pins -
Or humblest Patchwork - Children do -
To still it's noisy Hands -

Sweet - safe - Houses -   684
Glad - gay - Houses -
Sealed so stately tight -
Lids of Steel - on Lids of Marble -
Locking Barefeet out -

Meine Nadel - in der Furche
Legte ich sie ab -
Laßt sie - Zickzackstiche richt ich
Wenn ich Kräfte hab -

Solang - träume ich vom Säumen -
Den vertanen Saum -
Hol ich her - daß ich im Schlaf -
Ich nähe - denken kann -

So sehr daß ich auch ohne leb -
Ich liebe dich - doch wie?
So sehr wie Jesus?
Überzeuge mich
Daß Er - die Menschen liebte -
Wie ich - dich -

Müßig ergeht die Seele sich
Die wankt nach einem Hieb -
Vor ihr dehnt sich - der Raum des Lebens
Drin ihr zu tun nichts blieb -

Sie bittet dich um Arbeit -
Sie will nur Nadeln stecken -
Die lauten Hände still zu halten -
Wie Kinder - einfach flicken -

Nette - sichre -
Frohe - bunte -
Häuser - fest geschlossen -
Stahl - gestülpt - auf Marmordeckel -
Barfuß bleibt man draußen -

Brooks of Plush - in Banks of Satin
Not so softly fall
As the laughter - and the whisper -
From their People Pearl -

No Bald Death - affront their Parlors -
No Bold Sickness come
To deface their stately Treasures -
Anguish - and the Tomb -

Hum by - in muffled Coaches -
Lest they - wonder Why -
Any - for the Press of Smiling -
Interrupt - to die -

The Tint I cannot take - is best - 696
The Color too remote
That I could show it in Bazaar -
A Guinea at a sight -

The fine - impalpable Array -
That swaggers on the eye
Like Cleopatra's Company -
Repeated - in the sky -

The Moments of Dominion
That happen on the Soul
And leave it with a Discontent
Too exquisite - to tell -

The eager look - on Landscapes -
As if they just repressed
Some secret - that was pushing
Like Chariots - in the Vest -

Sanfter zwischen Seidenufern
Wellte nicht der Samt -
Wie von diesen Leuten - Lachen -
Und Geflüster Perlt -

Im Salon - steht nie der Kahle
Tod - und nie entstellt
Dreiste Krankheit ihre Pracht -
Qualen - und das Grab -

Stumm kutschieren sie vorbei -
Keiner soll sich fragen -
Warum - trotz des Lächelzwangs -
Jemand stoppt - zum Sterben -

Den besten Schimmer - krieg ich nicht -
Die Farbe - zu entrückt
Um sie im Bazar auszustellen -
Ein Goldstück für den Blick -

Subtiles Aufgebot - untastbar -
Das großtut vor dem Aug
Als zög Kleopatras Gefolge
Am Himmel wieder auf -

Moment der Überwältigung
Der Seele zugefügt
Die ihr ein Ungenügen - fein
Und unsagbar - beschert -

Der Sehnsuchtsblick - von Landschaften -
Als hielten sie noch just
Geheimnisse zurück - die drängten
Wie Wagen - in der Brust -

The Pleading of the Summer -
That other Prank - of Snow -
That Cushions Mystery with Tulle,
For fear the Squirrels - know.

Their Graspless manners - mock us -
Until the Cheated Eye
Shuts arrogantly - in the Grave -
Another way - to see -

Why make it doubt - it hurts it so - 697
So sick - to guess -
So strong - to know -
So brave - opon it's little Bed
To tell the very last They said
Unto Itself - and smile - And shake -
For that dear - distant - dangerous - sake -
But - the Instead - the Pinching fear
That Something - it did do - or dare -
Offend the Vision - and it flee -
And They no more remember me -
Nor ever turn to tell me why -
Oh, Master, This is Misery -

I live with Him - I see His face - 698
I go no more away
For Visitor - or Sundown -
Death's single privacy

The Only One - forestalling Mine -
And that - by Right that He
Presents a Claim invisible -
No Wedlock - granted Me -

Das Plädoyer des Sommers -
Das Schelmenstück - von Schnee -
Der Rätsel sacht in Tüll packt,
Vor Eichkätzchen - versteckt -

Sie spotten unser - nicht zu greifen -
Bis das betrogne Aug
Sich hochmütig verschließt - im Grab -
Und sieht - auf andre Art -

Was sollen ihm Zweifel - es ist so zerschlissen -
Ermüdet - vom Raten -
Erstarkt - vom Wissen -
Ermutigt - auf seinem kleinen Bett
Wiederholte es lächelnd das letzte Wort
Das Sie ihm sagten - zitternd im Stillen -
Um des Lieben - Entlegnen - Gefährlichen - willen -
Aber - im Gegenteil - Klemmende Angst
Daß Etwas - das es gewagt - getan -
Die Vision verletzt - dann verflüchtigt sie sich -
Und Sie erinnern sich nicht mehr an mich -
Erklären nie mehr das Warum -
Oh Meister, Das ist Folterung -

Ich leb mit Ihm - schau Sein Gesicht -
Ich gehe nicht mehr weg
Weil Abend oder Gäste kommen -
Des Todes Tete à Tète

Verhindert einzig - das mit Mir -
Und das nur - weil der Tod
Ein unsichtbares Anrecht hat -
Das mir - kein Ehstand bot -

I live with Him - I hear His Voice -
I stand alive - Today -
To witness to the Certainty
Of Immortality -

Taught Me - by Time - the lower Way -
Conviction - every day -
That Life like This - is stopless -
Be Judgment - what it may -

The Way I read a Letter's - this -   700
'Tis first - I lock the Door -
And push it with my fingers - next -
For transport it be sure -

And then I go the furthest off
To counteract a knock -
Then draw my little Letter forth
And slowly pick the lock -

Then - glancing narrow, at the Wall -
And narrow at the floor
For firm Conviction of a Mouse
Not exorcised before -

Peruse how infinite I am
To no one that You - know -
And sigh for lack of Heaven - but not
The Heaven God bestow -

I am ashamed - I hide -   705
What right have I - to be a Bride -
So late a Dowerless Girl -

Ich leb mit Ihm - hör seine Stimme -
Bin hier - lebendig - Heut -
Um zu bezeugen die Gewißheit
Von Unvergänglichkeit -

Die mich die Zeit gelehrt hat -
Einfacher - Tag für Tag -
Daß Solches Leben - anhält -
Sei Urteil - was es mag -

Auf *die* Art les ich einen Brief -
Den Riegel schieb ich erst -
Dann - um Transport und Rausch zu sichern
Wird nochmals nachgefaßt -

Dann lauf ich fort so weit es geht -
Vergeblich einer klopft -
Zieh meinen Brief vor, langsam wird
Das Siegel aufgezupft -

Dann - inspiziere ich den Boden -
Erforsche auch die Wand -
Und bin gewiß - hier hat man eine
Maus noch nicht verbannt -

Dann les ich, les wie grenzenlos
Ich bin - für Unbekannt -
Dem Himmel seufz ich nach - doch nicht
Nach dem, den Gott bewohnt -

Beschämt - versteck ich mich -
Bin Braut - mit welchem Recht -
Spät - mitgiftlos - ein Kind -

Nowhere to hide my dazzled Face -
No one to teach me that new Grace -
Nor introduce - My soul -

Me to adorn - How - tell -
Trinket - to make Me beautiful -
Fabrics of Cashmere -
Never a Gown of Dun - more -
Raiment instead - of Pompadour -
For Me - My soul - to wear -

Fingers - to frame - my Round Hair
Oval - as Feudal Ladies wore -
Far Fashions - Fair -
Skill - to hold my Brow like an Earl -
Plead - like a Whippowil -
Prove - like a Pearl -
Then, for Character -

Fashion My Spirit quaint - white -
Quick - like a Liquor -
Gay - like Light -
Bring Me my best Pride -
No more ashamed -
No more to hide -
Meek - let it be - too proud - for Pride -
Baptized - this Day - A Bride -

I cannot live with You - 706
It would be Life -
And Life is over there -
Behind the Shelf

The Sexton keeps the key to -
Putting up

Verwirrt - und wo verberg ich mich -
Wer gibt mir Anmut-Unterricht -
Und bringt - der Seele - bei

Wie man sich schmückt - wie man erkennt -
Den kleinen Tand - der Mich verschönt -
Stoff aus Kaschmir -
Nichts Grobes mehr -
Stattdessen Gewänder - der Pompadour -
Meiner Seele - und Mir -

Stäbe - mein Kraushaar - oval zu bauen -
Wie Edelfrauen -
Fasson - aus der Ferne -
Geschick - meine Stirn wie ein Graf zu halten -
Und schwatzen - wie Schwalben -
Erhärtet - als Perle -
In punkto Charakter -

Den Geist mir zu modeln seltsam - weiß -
Fix - wie Schnaps -
Froh - wie Funken -
Schafft worauf ich stolz bin heran -
Schluß mit der Scham -
Schluß mit Verstecken -
Bei aller Bescheidenheit - heut - soll's getauft sein -
Zu stolz für Stolz - soll es nun Braut sein -

Ich kann nicht mit Dir leben -
Leben wär's -
Und Leben ist dort drüben -
Hinterm Spind

Den Schlüssel hat der Küster -
Fort tat er

Our Life - His Porcelain -
Like a Cup -

Discarded of the Housewife -
Quaint - or Broke -
A newer Sevres pleases -
Old Ones crack -

I could not die - with You -
For One must wait
To shut the Other's Gaze down -
You - could not -

And I - Could I stand by
And see You - freeze -
Without my Right of Frost -
Death's privilege?

Nor could I rise - with You -
Because Your Face
Would put out Jesus' -
That New Grace

Glow plain - and foreign
On my homesick eye -
Except that You than He
Shone closer by -

They'd judge Us - How -
For You - served Heaven - You know,
Or sought to -
I could not -

Because You saturated sight -
And I had no more eyes
For sordid excellence
As Paradise

Wie eine Tasse - unser Leben -
Sein Geschirr -

Verachtet von der Hausfrau -
Weil's in Scherben ging -
Ein neuers Porzellan gefiel -
Und Altes springt -

Ich könnt nicht sterben - mit Dir -
Eins muß warten
Und schließt des Andern Blick zu
Kannst es Du?

Und ich - Könnt ich dabeistehn
Dich - erstarren sehn -
Ohne das Privileg des Tods -
Im-Frost-Vergehn?

Könnt auch nicht auferstehn - mit Dir -
Weil Dein Gesicht -
Jesus erlöschen ließe -
Jenes neue Licht -

Glühte ins heimwehkranke Aug
Mir fremd und glatt -
Nur daß Dein Strahlen
Viel mehr Nähe hat -

Dann richten sie Uns - Wie -
Denn Du - hast Gott gedient -
Hast Dich bemüht - nicht wahr,
Ich nie -

Weil Du das Sehn gesättigt hast -
Und mir die Augen fehlten
Für schäbige Pracht wie die
Des Gartens Eden

And were You lost, I would be -
Though my name
Rang loudest
On the Heavenly fame -

And were You - saved -
And I - condemned to be
Where You were not
That self - were Hell to me -

So we must meet apart -
You there - I - here -
With just the Door ajar
That Oceans are - and Prayer -
And that White Sustenance -
Despair -

Me from Myself - to banish -
Had I Art -
Invincible My Fortress
Unto All Heart -

But since Myself - assault Me -
How have I peace
Except by subjugating
Consciousness?

And since We're Mutual Monarch
How this be
Except by Abdication -
Me - of Me - ?

Wärst du verdammt, ich wär's -
Selbst wenn sie droben
Mit lautem Schallen
Meinen Namen loben -

Wärst Du - erlöst -
Verdammt jedoch - wär ich
Zu sein wo Du nicht bist
Die Hölle wär's für mich -

So sehn wir uns getrennt -
Du dort - ich - hier -
Die Tür nur angelehnt
Die Meer ist - und Anbetung -
Und jene Weiße Speise -
Verzweiflung -

Mich von Mir selbst - verbannen -
Könnt ich das -
Unstürmbar wär mein Fort
Für jedes Herz -

Kann ich - Mich attackierend -
Frieden finden
Muß ich dazu nicht das
Bewußtsein überwinden?

Da Wir Einander König sind
Wie klappt das hier -
Wenn nicht durch Abdankung -
Für Mich - von Mir?

You left me - Sire - two Legacies -   713
A Legacy of Love
A Heavenly Father would suffice
Had He the offer of -

You left me Boundaries of Pain -
Capacious as the Sea -
Between Eternity and Time -
Your Consciousness - and me -

Shells from the Coast mistaking -   716
I cherished them for all -
Happening in After Ages
To entertain a Pearl -

Wherefore so late - I murmured -
My need of Thee - be done -
Therefore - the Pearl responded -
My Period begin

If He were living - dare I ask -   719
And how if He be dead -
And so around the Words I went -
Of meeting them - afraid -

I hinted Changes - Lapse of Time -
The Surfaces of Years -
I touched with Caution - lest they crack -
And show me to my fears -

Reverted to adjoining Lives -
Adroitly turning out
Wherever I suspected Graves -
'Twas prudenter - I thought -

Du hast mir zweierlei vermacht -
Ein Lieben - das selbst Gott
Dem Himmelsvater reichen würde
Hätt er das Angebot -

Du ließest Flächen mir von Schmerz -
Weiträumig wie das Meer -
Gedehnt von Ewigkeit zu Zeit -
Von deinem Ich - zu mir -

Ich täuschte mich mit Muscheln -
Und zog sie allem vor -
Denn bringen sie nicht eine Perle
In Fernen Zeiten dar -

Warum so spät - mein Hungern
Nach Dir - ist dann zu End -
Murrt ich - weil - sprach die Perle -
Dann meine Zeit beginnt

Ob Er noch lebe - frag ich mutig -
Und wenn Er starb - dann wie?
So schlich ich um die Wörter -
Aus Angst - ich träfe sie -

Berührte Wandel - Zeitablauf -
Und auch der Jahre Haut -
Behutsam - daß nicht durch den Riß -
Mich meine Angst anschaut -

Kam dann auf Leben in der Nähe -
Und schwenkte hurtig ab
Wo immer ich ein Grab vermutet -
Ich dachte - das sei klug -

And He - I pushed - with sudden force -
In face of the Suspense -
»Was buried« - »Buried«! »He!«
My Life just holds the Trench -

»Nature« is what We see -
The Hill - the Afternoon -
Squirrel - Eclipse - the Bumble bee -
Nay - Nature is Heaven -

»Nature« is what We hear -
The Bobolink - the Sea -
Thunder - the Cricket -
Nay - Nature is Harmony -

»Nature« is what We know -
But have no Art to say -
So impotent our Wisdom is
To Her Sincerity -

The Props assist the House
Until the House is built
And then the Props withdraw
And adequate, erect,
The House support itself
And cease to recollect
The Augur and the Carpenter -
Just such a retrospect
Hath the perfected Life -
A Past of Plank and Nail
And slowness - then the scaffolds drop
Affirming it a Soul -

Und Er - stieß ich - auf einmal stark -
Der Spannung rasch entgegen -
»Begraben« - ist »Begraben«! »Er!«
Die Kluft füllt jetzt mein Leben -

»Natur« ist was Wir sehen -
Den Hügel - eine Hummel -
Eichkätzchen - Finsternis - den Abend -
Nein - Sie ist der Himmel -

»Natur« ist was Wir hören -
Den Stärling - und die See -
Den Donner - und die Grille -
Nein - Sie ist Harmonie -

»Natur« ist was Wir wissen -
Zum Sagen fehlt die Kunst -
Wie machtlos wir gelehrsam sind -
Dort wo Sie lauter ist -

Die Stützen stehn dem Haus bei -
Bis es vollendet ist -
Dann ziehn die Stützen ab -
Und aufrecht, zweckmäßig
Behauptet sich das Haus
Bald weiß es nichts mehr von
Augur und Zimmermann -
Den gleichen Rückblick kennt
Am guten End das Leben -
Was war - sind Nägel, Dielen
Und Weile - dann fällt das Gerüst -
Bestätigt ihm die Seele -

You said that I »was Great« - one Day -   736
Then »Great« it be - if that please Thee -
Or Small, or any size at all -
Nay - I'm the size suit Thee -

Tall - like the Stag - would that?
Or lower - like the Wren -
Or other hights of other ones
I've seen?

Tell which - it's dull to guess -
And I must be Rhinoceros
Or Mouse
At once - for Thee -

So say - if Queen it be -
Or Page - please Thee -
I'm that - or nought -
Or other thing - if other thing there be -
With just this stipulus -
I suit Thee -

I many times thought Peace had come   737
When Peace was far away -
As Wrecked Men - deem they sight the Land -
At Centre of the Sea -

And struggle slacker - but to prove
As hopelessly as I -
How many the fictitious Shores -
Or any Harbor be -

No other can reduce   738
Our mortal Consequence

Du sagtest einmal - ich »sei Groß« -
Dann also »Groß« - hast Du dran Spaß -
Auch Klein, jedes Format darf's sein -
Nein - ich bin die Dir paßt -

Hoch - wie der Hengst - wär's das?
Wie Zaunschlüpfer - ein Hüpfer?
So groß wie andre
Mir bekannte?

Sag an - man rät nicht gern -
Ich will dir Nashorn
Oder Mäuslein sein -
In einem -

Drum sag - sei's Königin -
Sei's Page - was Dir konveniert -
Dann bin ich's - oder nichts -
Oder was andres - wenn das existiert -
Mit nichts als diesem Zusatz - daß
Ich Dir paß -

Ich dachte oft, es wäre Frieden
Und Frieden war noch fern -
So sieht man nach dem Schiffbruch Land -
Weit draußen auf dem Meer -

Und kämpft erschöpft - um zu entdecken -
So hoffnungslos wie Ich -
Wie zahlreich Ufer sind - und Hafen -
Wie scheinhaft, wie fiktiv -

Nichts andres reduziert so
Sterbliche Wichtigkeit

Like the remembering it be nought
A period from hence

But Contemplation for
Cotemporaneous nought -
Our only Competition
Jehovah's Estimate.

Behind Me - dips Eternity -　　　　　　　　　　743
Before Me - Immortality -
Myself - the Term between -
Death but the Drift of Eastern Gray,
Dissolving into Dawn away,
Before the West begin -

'Tis Kingdoms - afterward - they say -
In perfect - pauseless Monarchy -
Whose Prince - is Son of none -
Himself - His Dateless Dynasty -
Himself - Himself diversify -
In Duplicate divine -

'Tis Miracle before Me - then -
'Tis Miracle behind - between -
A Crescent in the Sea -
With Midnight to the North of Her -
And Midnight to the South of Her -
And Maelstrom - in the Sky -

It's easy to invent a Life -　　　　　　　　　　747
God does it - every Day -
Creation - but the Gambol
Of His Authority -

Als dran zu denken, binnen kurzem
Wird sie zur Nichtigkeit

Bedenken wir indessen
Was Gegenwärtig nichtig -
So haben wir als Konkurrenz
Nichts als Jehovas Ansicht.

Da hinten - sinkt die Ewigkeit -
Und vor mir - die Unsterblichkeit -
Ich bin - die Zwischenfrist -
Der Tod ein Zug von Grau im Osten,
Das schon in Dämmerung sich löste,
Noch eh es Abend ist -

'S gibt Reiche später - sagen sie -
Stetig - vollkommne Monarchie -
Ein Prinz - und vaterlos -
Er Selbst - macht Seine Dynastie -
Durch Sich verwandelt zur Kopie -
Unsterblich, Alterslos -

Nun - zwischen Wundern - vor Mir - und
Dem Wunder hinter mir - da hängt -
Die Sichel auf dem Meer -
Nach Norden nichts als Mitternacht -
Nach Süden nichts als Mitternacht -
Ein Mahlstrom - über ihr -

Wie leicht ein Leben zu erfinden -
Gott macht das - jeden Tag -
Die Schöpfung - nichts als Spielerei
Von Seiner Staatsgewalt -

It's easy to efface it -
The thrifty Deity
Could scarce afford Eternity
To Spontaneity -

The Perished Patterns murmur -
But His Perturbless Plan
Proceed - inserting Here - a Sun -
There - leaving out a Man -

We thirst at first - 'tis Nature's Act -   750
And later - when we die -
A little Water supplicate -
Of fingers going by -

It intimates the finer want -
Whose adequate supply
Is that Great Water in the West -
Termed Immortality -

Precious to Me - She still shall be -   751
Though She forget the name I bear -
The fashion of the Gown I wear -
The very Color of My Hair -

So like the Meadows - now -
I dared to show a Tress of Their's
If haply - She might not despise
A Buttercup's Array -

I know the Whole - obscures the Part -
The fraction - that appeased the Heart
Till Number's Empery -

Wie leicht, es auszuwischen -
Geizig ist Gott und kann
Sich Ewigkeit kaum leisten
Bei dem was wird - spontan -

Zerbrochne Muster murren -
Doch Störungsfrei Sein Plan
Geht weiter - setzt hier - eine Sonne -
Läßt weg dort - einen Mann -

Erst dürstet uns - so will's Natur -
Und später - wenn wir sterben -
Erflehen wir ein wenig Wasser -
Von Fingern, die uns streifen -

Das weist auf feinern Mangel hin -
Dessen probate Speise -
Das große Meer im Westen ist -
Unsterblichkeit geheißen -

Wertvoll - Sie mir stets sein soll - zwar
Mein Name sagt ihr schon nichts mehr -
Und wie mein Kleid geschnitten war -
Sogar der Ton von meinem Haar -

Nun ging ich wie die Wiesen vor -
Macht Deren Flechten mir zunutz
Und hoffte - Sie verachte nicht
Der Butterblume Putz -

Das Ganze - dunkelt ein den Teil -
Das Bruchstück - das ein Herz geheilt
Bis hin zum Reich der Zahl -

Remembered - as the Milliner's flower
When Summer's Everlasting Dower -
Confronts the dazzled Bee -

Ah, Teneriffe - Receding Mountain - 752
Purples of Ages halt for You -
Sunset reviews Her Sapphire Regiments -
Day - drops You His Red Adieu -
Still clad in Your Mail of Ices -
Eye of Granite - and Ear of Steel -
Passive alike - to Pomp - and Parting -
Ah, Teneriffe - We're pleading still -

Let Us play Yesterday - 754
I - the Girl at School -
You - and Eternity -
The untold Tale -

Easing my famine
At my Lexicon -
Logarithm - had I - for Drink -
'Twas a dry Wine -

Somewhat different - must be -
Dreams tint the Sleep -
Cunning Reds of Morning
Make the Blind - leap -

Still at the Egg-life -
Chafing the Shell -
When you troubled the Ellipse -
And the Bird fell -

Gemahnt - an handgemachte Blüten
Wenn erst des Sommers stete Fülle
Sich auftut - vor der Biene -

Ah, Teneriffa - Entschwindender Berg -
Purpurgezeiten weilen bei Dir -
Saphirparade der Sinkenden Sonne -
Tag - ruft sein Rotes Adieu zu dir her -
Reglos - in deiner Rüstung aus Eis -
Auge Granit - und Stahl das Ohr -
Achtlos - bei Auftrumpfen - und Abschied
Ah, Teneriffa - noch bitten wir -

Spielen wir Gestern -
Schulkind - bin ich -
Du - und die Dauer -
Verschwiegner Bericht -

Wie ich am Lexikon
Stillte den Hunger -
Als Trockenen Wein -
Logarithmen getrunken -

Andres - muß da sein -
Traum färbt den Schlaf
Listiges Morgenrot
Jagt Blinde auf -

Ungeschlüpft immer noch -
Schürf ich die Schale -
Du störst die Eiform -
Da fiel der Vogel -

Manacles be dim - they say -
To the new Free -
Liberty - commoner -
Never could - to me -

'Twas my last gratitude
When I slept - at night -
'Twas the first Miracle
Let in - with Light -

Can the Lark resume the Shell -
Easier - for the Sky -
Would'nt Bonds hurt more
Than Yesterday?

Would'nt Dungeons sorer grate
On the Man - free -
Just long enough to taste -
Then - doomed new -

God of the Manacle
As of the Free -
Take not my Liberty
Away from Me -

Bereavement in their death to feel   756
Whom We have never seen -
A Vital Kinsmanship import
Our Soul and their's between -

For Stranger - Strangers do not mourn -
There be Immortal friends
Whom Death see first - 'tis news of this
That paralyze Ourselves -

Die Fesseln verblassen -
Dem frisch Befreiten -
Nie könnte mir Freiheit -
Normaler - erscheinen -

Drum war ich dankbar
Schlafend - bei Nacht -
Das war das Wunder
Das kam - mit dem Licht -

Kann aus dem Himmel -
Die Lerche - ins Ei -
Schmerzen die Bande
Nicht heftiger Heut?

Zwackt nicht der Kerker mehr
Wenn wir befreit -
Probeweis nur - dann
Verurteilt - erneut -

Du Gott der Freien
Wie der Fesseln -
Wollest mir meine
Freiheit lassen -

Verlust zu fühlen wenn der stirbt
Den wir noch nie gesehen -
Stiftet lebendige Verwandtschaft
Zwischen unsern Seelen -

Um Fremde - weinen Fremde nicht -
Doch Unsterbliche Freunde -
Wenn sie im Tod vorangehn - das
Vermag Uns selbst zu lähmen -

Who - vital only to Our Thought -
Such Presence bear away
In dying - 'tis as if Our souls
Absconded - suddenly -

A little Road - not made of Man - 758
Enabled of the Eye -
Accessible to Thill of Bee -
Or Cart of Butterfly -

If Town it have - beyond itself -
'Tis that - I cannot say -
I only know - no Curricle that rumble there
Bear me -

Pain - has an Element of Blank - 760
It cannot recollect
When it begun - Or if there were
A time when it was not -

It has no Future - but itself -
It's Infinite contain
It's Past - enlightened to perceive
New Periods - Of Pain.

So much Summer 761
Me for showing
Illegitimate -
Would a Smile's minute bestowing
Too exorbitant

Weil - nur in unsern Köpfen lebend -
Sie so viel Gegenwart
Wegziehn im Tod - als wären jetzt
Auch Unsre Seelen fort -

Ein kleiner Weg - kein Menschenwerk -
Ermöglicht bloß von Augen -
Befahrbar nur für Bienendeichseln -
Und für den Falterwagen -

Ob er zu einer Stadt hinführt -
Das weiß ich leider nicht -
Nur - daß von all den Karren dort
Nicht einer aufnimmt - mich -

Der Schmerz - hat einen Weißen Fleck -
Er weiß es nicht zu sagen
Wann er begann - noch ob es je
Zeit ohne ihn gegeben -

Hat keine Zukunft - außer sich -
Seine Unendlichkeit
Enthält was war - um zu erhellen
Die neue Schmerzenszeit.

So viel Sommer
Mich zu zeigen
Rechtlos wie ich bin -
Ob ein kleinstes Lächeln Schenken
Wohl zu maßlos schien

To the Lady
With the Guinea
Look - if she should know
Crumb of Mine
A Robin's Larder
Would suffice to stow -

I had no time to Hate - 763
Because
The Grave would hinder me -
And Life was not so
Ample I
Could finish - Enmity -

Nor had I time to Love -
But since
Some Industry must be -
The little Toil of Love -
I thought
Be large enough for Me -

My Life had stood - a Loaded Gun - 764
In Corners - till a Day
The Owner passed - identified -
And carried Me away -

And now We roam in Sovreign Woods -
And now We hunt the Doe -
And every time I speak for Him
The Mountains straight reply -

And do I smile, such cordial light
Opon the Valley glow -

Dieser Lady
Mit dem Goldstück
Wenn sie wüßt - es reichen
Meine Brösel
Auszustatten
Einer Drossel Speicher -

Mir blieb zum Hassen
Keine Zeit -
Das Grab stand dem entgegen -
Und Leben bot zu wenig Raum
Um Feindschaft -
Zu beenden -

Noch blieb mir Zeit für Lieb -
Doch weil
Beschäftigung sein muß -
Fand ich, ein wenig Liebesmüh -
Sei mir schon
Viel genug -

Mein Leben - ein Gewehr - Geladen -
Stand da - bis eines Tages
Der Eigentümer - es erkannte -
Und hat Mich fortgetragen -

Jetzt schweifen wir im Fürstenwald -
Jetzt jagen wir das Wild -
Ergreife ich für ihn das Wort
Gibt Antwort das Gebirg -

Und lächle ich, erglüht das Tal
Von innigerem Licht -

It is as a Vesuvian face
Had let it's pleasure through -

And when at Night - Our good Day done -
I guard My Master's Head -
'Tis better than the Eider Duck's
Deep Pillow - to have shared -

To foe of His - I'm deadly foe -
None stir the second time -
On whom I lay a Yellow Eye -
Or an emphatic Thumb -

Though I than He - may longer live
He longer must - than I -
For I have but the power to kill,
Without - the power to die -

The Sunrise runs for Both -
The East - Her Purple Troth
Keeps with the Hill -
The Noon unwinds Her Blue
Till One Breadth cover Two -
Remotest - still -

Nor does the Night forget
A Lamp for Each - to set -
Wicks wide away -
The North - Her blazing Sign
Erects in Iodine -
Till Both - can see -

The Midnight's Dusky Arms
Clasp Hemispheres, and Homes
And so

Wie wenn die Miene des Vesuvs
Von tiefer Freude spricht -

Bewach ich nachts das Haupt des Herrn -
Nach unserm Tageslauf -
Ist's besser als wenn beide schlafen
Eiderdaunentief -

Ein Todfeind bin ich - Seinem Feind -
Niemand sich nochmal regt -
Auf den mein Gelbes Auge zielt -
Und dem mein Daumen gilt -

Selbst wenn ich - länger leben könnt
Muß Er mich überleben -
Zum Töten hab ich nur die Macht,
Und nicht die Macht zu sterben -

Aurora spielt für Beide -
Der Osten - hält die Eide
Purpurn den Hügeln -
Mittag breitet Blau
Bis Ein Tuch reicht für Zwei -
Sich weit entlegen -

Die Nacht vergißt sie nicht
Steckt Jedem auf ein Licht -
An fernen Dochten -
Im Norden Flammenzeichen
Jodrot zum Himmel reichen -
Bis sie - drauf achten -

Die Mitternacht schlingt dunkel
Den Arm um Heim, und Himmel
Und so

Opon Her Bosom - One -
And One opon Her Hem -
Both lie -

One Blessing had I than the rest
So larger to my Eyes
That I stopped guaging - satisfied -
For this enchanted size -

It was the limit of my Dream -
The focus of my Prayer -
A perfect - paralyzing Bliss -
Contented as Despair -

I knew no more of Want - or Cold -
Phantasms both become
For this new Value in the Soul -
Supremest Earthly Sum -

The Heaven below the Heaven above -
Obscured with ruddier Blue -
Life's Latitudes leant over - full -
The Judgment perished - too -

Why Bliss so scantily disburse -
Why Paradise defer -
Why Floods be served to Us - in Bowls -
I speculate no more -

The Mountains - grow unnoticed -
Their Purple figures rise
Without attempt - Exhaustion -
Assistance - or Applause -

Auf ihrer Brust - der Eine -
Auf ihrem Saum - der Zweite -
Ruhn beide -

Mein war ein Segen der erschien
Mir unvergleichlich groß
Ich ließ das Eichen - fand Genüge -
An seinem Zaubermaß -

Es war die Grenze meines Traums -
Der Brennpunkt des Gebets -
Die echte Seligkeit - die lähmt -
Verzweiflungszuversicht -

Kein Mangel - keine Kälte mehr -
Schon zum Phantom verkommen
Vor diesem neuen Gut der Seele -
Der Höchsten Erdensumme -

Den Himmel unten - Himmel oben -
Verdüstert Violett -
Der Lebenskreis, er neigt sich - fällt -
Das Strafgericht - vergeht -

Warum sich Glück so geizig auszahlt -
Und Eden sich vertagt -
Man Uns die Flut auftischt - in Tassen -
Dem frag ich nicht mehr nach -

Die Berge - wachsen unbemerkt -
Ihr Purpurhaupt steigt auf
Ganz ohne Probe - Müdigkeit -
Beihilfe - und Applaus -

In Their Eternal Faces
The Sun - with just delight
Looks long - and last - and golden -
For fellowship - at night -

Strong Draughts of Their Refreshing Minds   770
To drink - enables Mine
Through Desert or the Wilderness
As bore it sealed Wine -

To go elastic - Or as One
The Camel's trait - attained -
How powerful the stimulus
Of an Hermetic Mind -

Essential Oils - are wrung -   772
The Attar from the Rose
Be not expressed by Suns - alone -
It is the gift of Screws -

The General Rose - decay -
But this - in Lady's Drawer
Make Summer - When the Lady lie
In Ceaseless Rosemary -

You taught me Waiting with Myself -   774
Appointment strictly kept -
You taught Me fortitude of Fate -
This - also - I have learnt -

An Altitude of Death, that could
No bitterer debar

In Ihren Ewigen Gesichtern
Sucht - hocherfreut mit Recht
Die Sonne lang - am End - in Gold -
Gefährten - für die Nacht -

Von ihrem frischen Geist zu trinken
In tiefem Zug - läßt Meinen -
Durch Wildnis oder Wüste gehn
Wie mit verschlossnen Weinen -

Elastisch - wie ein Mensch der sich
Schon als Kamel erweist -
Wie machtvoll stimuliert uns doch
Ein Zugeknöpfter Geist -

Essenz - entsteht durch Quetschen -
Das Öl der Rosen haben
Nicht nur die Sonnen ausgedrückt -
Es ist der Schrauben Gabe -

Die Durchschnittsrose - welkt -
Doch die - in der Kommode
Schafft Sommer - wenn die Lady selbst
Im Rosmarin vermodert -

Du lehrtest mich mit Mir zu Warten -
Daran hielt ich mich streng -
Du lehrtest Schicksalstapferkeit -
Auch das - hab ich gelernt -

Des Todes schroffe Höhe schlösse
Kaum bitterer mich aus

Than Life - had done - before it -
Yet - there is a Science more -

The Heaven you know - to understand
That you be not ashamed
Of Me - in Christ's bright Audience
Opon the further Hand -

Suspense - is Hostiler than Death -   775
Death - tho'soever Broad,
Is just Death, and cannot increase -
Suspense - does not conclude -

But perishes - to live anew -
But just anew to die -
Annihilation - plated fresh
With Immortality -

Life, and Death, and Giants -   777
Such as These - are still -
Minor - Apparatus - Hopper of the Mill -
Beetle at the Candle -
Or a Fife's Fame -
Maintain - by Accident that they proclaim -

Four Trees - opon a solitary Acre -   778
Without Design
Or Order, or Apparent Action -
Maintain -

The Sun - opon a Morning meets them -
The Wind -

Als es das Leben - schon getan -
Doch - mehr zu wissen gibt's -

Den Himmel, den du kennst - begreifen
Daß ich dich nicht beschäme
Wenn ich - in Christi Publikum
Den Seitenplatz einnehme -

Mehr Feind als Tod - ist Spannung -
Der Tod - hat er auch Wucht,
Ist nur der Tod, nicht steigerbar -
Doch Spannung - endet nicht -

Vergeht nur - um sich zu beleben -
Und stirbt danach erneut -
Vernichtung - frisch gepanzert
Mit Unvergänglichkeit -

Leben, Tod und Riesen -
So etwas - ist still -
Kleinere - Gerätschaft - Hüpfer auf der Mühl -
Käfer an der Kerze -
Und der Ruhm von Pfeifen -
Halten sich - durch Zufallslärm den sie verbreiten -

Auf abgelegnem Feld - Vier Bäume -
Absichtslos -
Und ohne Ordnung, Offenbares Tun -
Halten aus -

Die Sonne - trifft sie in der Früh -
Der Wind -

No nearer Neighbor - have they -
But God -

The Acre gives them - Place -
They - Him - Attention of Passer by -
Of Shadow, or of Squirrel, haply -
Or Boy -

What Deed is Their's unto the General Nature -
What Plan
They severally - retard - or further -
Unknown -

Remorse - is Memory - awake -   781
Her Parties all astir -
A Presence of Departed Acts -
At window - and at Door -

It's Past - set down before the Soul
And lighted with a match -
Perusal - to facilitate -
And help Belief to stretch -

Remorse is cureless - the Disease
Not even God - can heal -
For 'tis His institution - and
The Adequate of Hell -

Renunciation - is a piercing Virtue -   782
The letting go
A Presence - for an Expectation -
Not now -
The putting out of Eyes -

Sie haben - keinen nähern Nachbarn -
Als Gott -

Das Feld gibt ihnen - Platz -
Sie - Ihm - Beachtung von Passanten -
Auch Schatten, Eichkätzchen vielleicht -
Und Knaben -

Was ist ihr Beitrag zur Natur im Allgemeinen -
Was jeder
Von ihnen - hindert - oder fördert -
Weiß keiner -

Die Reue - ist Gedächtnis - wach -
Bewegung im Kontor -
Es stehen Abgeschiedne Taten -
Am Fenster - in der Tür -

Was war - hockt vor der Seele - wird
Mit Streichholz angefacht -
Das hilft den Glauben dehnen -
Und macht die Durchsicht leicht -

Von Reu erholt sich keiner -
Selbst Gott kann sie nicht heilen -
Denn sie ist Seine Einrichtung -
Und adäquat der Hölle -

Verzicht - ist eine martervolle Tugend -
Daß man sich trennt -
Von Gegenwart - für eine Aussicht -
Die kommt -
Die Augen löscht -

Just Sunrise -
Lest Day -
Day's Great Progenitor -
Outvie
Renunciation - is the Choosing
Against itself -
Itself to justify
Unto itself -
When larger function -
Make that appear -
Smaller - that Covered Vision - Here -

It dropped so low - in my Regard -   785
I heard it hit the Ground -
And go to pieces on the Stones
At bottom of my mind -

Yet blamed the Fate that flung it - less
Than I denounced Myself,
For entertaining Plated Wares
Opon my Silver Shelf -

Autumn - overlooked my Knitting -   786
Dyes - said He - have I -
Could disparage a Flamingo -
Show Me them - said I -

Cochineal - I chose - for deeming
It resemble Thee -
And the little Border - Dusker -
For resembling Me -

Im Morgenlicht -
Damit der Tag -
Des Tages großen Ahn -
Nicht überragt -
Verzicht - ist Wählen
Gegen sich -
Um sich ins Recht zu setzen
Vor sich -
Wenn größrer Zweck
Kleiner erscheinen läßt
Was uns - hienieden - die Vision verdeckt -

Es fiel so tief - in meiner Achtung -
Am Grund hört ich's aufschlagen -
Zerspringen auf den Steinen
Auf meines Geistes Boden -

Dem Fatum legt ich's nicht zur Last -
Viel mehr schalt ich Mich selber,
Daß ich solch Talmizeug bewahrte
Auf meinem Bord für Silber -

Herbst - sah sich mein Strickzeug an -
Farben habe ich -
Sprach er - Flamingos zu beschämen -
Her damit - sprach ich -

Koschenillerot - wählt ich aus -
Mir war - es gliche Dir -
Und die kleine Borte - Finstrer -
Denn sie ähnelt Mir -

Bloom opon the Mountain stated -   787
Blameless of a name -
Efflorescence of a Sunset -
Reproduced - the same -

Seed had I, my Purple Sowing
Should endow the Day -
Not - a Tropic of a Twilight -
Show itself away -

Who for tilling - to the Mountain
Come - and disappear -
Whose be her Renown - or fading -
Witness is not here -

While I state - the Solemn Petals -
Far as North - and East -
Far as South - and West expanding -
Culminate - in Rest -

And the Mountain to the Evening
Fit His Countenance -
Indicating by no Muscle
The Experience -

Publication - is the Auction   788
Of the Mind of Man -
Poverty - be justifying
For so foul a thing

Possibly - but We - would rather
From Our Garret go
White - unto the White Creator -
Than invest - Our Snow -

1863

Blühn am Berg wird kundgetan -
Namenloser Art -
Abendrot im Aufblühn - brachte
Ebendies zur Nacht -

Hätt ich Saat, mein Purpursäen
Weihte ich dem Tag -
Daß kein Dämmerfarbenspiel -
Dabei fehlen mag -

Die zum Furchen - auf den Berg -
Steigt - und die verschwindet -
Wem ihr Ruhm gehört - das Welken -
Keinen Zeugen findet -

Wie ich's künde - schon nach Norden -
Osten - Westen - Süden -
Feierlich in Ruhe gipfelnd -
Breiten sich die Blüten -

Und der Berg - zum Abend passend
Wandelt Seine Miene -
Doch verrät er die Erfahrung
Nicht durch Muskelspiele -

Publizieren - heißt Versteigern
Eines Menschen Geist -
Armut - mag rechtfertigen
Solche Scheußlichkeit -

Wir vom Dachstock - gingen lieber
Weiß - ins Weiße ein
Unsres Schöpfers - statt mit unserm
Schnee - zu Markt zu ziehn -

Thought belong to Him who gave it -
Then - to Him Who bear
It's Corporeal illustration - sell
The Royal Air -

In the Parcel - Be the Merchant
Of the Heavenly Grace -
But reduce no Human Spirit
To Disgrace of Price -

Growth of Man - like Growth of Nature -   790
Gravitates within -
Atmosphere, and Sun endorse it -
But it stir - alone -

Each - it's difficult Ideal
Must achieve - Itself -
Through the solitary prowess
Of a Silent Life -

Effort - is the sole condition -
Patience of Itself -
Patience of opposing forces -
And intact Belief -

Looking on - is the Department
Of it's Audience -
But Transaction - is assisted
By no Countenance -

Dem der ihn gab gehört der Einfall -
Dann - dem der ihn trug
Auf den Leib geschrieben -
Königliche Luft -

Biet paketweis an - und Handle
Mit der Himmelsgnade -
Unterwirf nicht Menschengeist
Schnöden Preisdiktaten -

Menschen wachsen - wie Natur -
Dank der Schwerkraft innen -
Luft und Sonne zeichnen gegen -
Doch allein sich regen

Muß ein Jeder und sein heikles
Ideal erstreben -
Einsam in der Tapferkeit
Eines Stummen Lebens -

Vorbedingung ist nur - Mühe -
Langmut mit sich Selbst -
Langmut auch bei Widrigkeit -
Glaube - unverletzt -

Zuschaun - ist das Fach von denen
Die rings um ihn sitzen -
Doch den ganzen Handel wird
Niemand unterstützen -

So the Eyes accost - and sunder 792
In an Audience -
Stamped - occasionally - forever -
So may Countenance

Entertain - without addressing
Countenance of One
In a Neighboring Horizon -
Gone - as soon as known -

Wie sich Augen treffen - trennen
Mitten in der Menge -
Eingeprägt - manchmal - für immer -
So mag eine Miene -

Zu der Miene eines Andern
Sprechen ohne Wort -
Nachbarlicher Horizont -
Kaum erkannt - schon fort -

1864

Truth - is as old as God -   795
His Twin identity
And will endure as long as He
A Co-Eternity -

And perish on the Day
Himself is borne away
From Mansion of the Universe
A lifeless Deity.

The Veins of other Flowers   798
The Scarlet Flowers are
Till Nature leisure has for Terms
As »Branch«, and »Jugular«.

We pass, and she abides.
We conjugate Her Skill
While She creates and federates
Without a syllable -

I never saw a Moor.   800
I never saw the Sea -
Yet know I how the Heather looks
And what a Billow be -

I never spoke with God
Nor visited in Heaven -
Yet certain am I of the spot
As if the Checks were given -

Wahrheit - ist alt wie Gott -
Ein Zwilling gleicht ihm so
Und hält so lange aus wie Er
Ewigkeit & Co -

Vergeht am Tag an dem
Er selbst wird fortgetragen
Vom Herrensitz des Universums
Gottheit ohne Leben.

Die Nerven andrer Blumen
Sind die in Scharlachfarben
Bis die Natur Konzepte bildet
Wie »Zweig« und »Hauptschlagadern«.

Sie bleibt, wir gehn und beugen
Ihr Können unters Joch
Indes sie weiter stumm bleibt
Und schafft und bündelt doch -

Ich hab noch nie ein Moor
Und nie das Meer gesehn -
Weiß doch wie Heidekraut aussieht
Und wie die Wogen gehn -

Ich sprach noch nie mit Gott
War nie am Himmelstor -
Bin doch des Ortes so gewiß
Als gäb's Billetts dafür -

As Sleigh Bells seem in Summer　　　801
Or Bees, at Christmas show -
So fairy - so fictitious -
The individuals do
Repealed from Observation -
A Party that we knew -
More distant in an instant
Than Dawn in Timbuctoo -

The spry Arms of the Wind　　　802
If I could crawl between
I have an errand imminent
To an adjoining Zone -
I should not care to stop,
My Process is not long
The Wind could wait without the Gate
Or stroll the Town among.

To ascertain the House
And is the Soul at Home
And hold the Wick of mine to it
To light, and then return -

Ample make this Bed -　　　804
Make this Bed with Awe -
In it wait till Judgment break
Excellent and Fair.

Be it's Mattrass straight -
Be it's Pillow round -
Let no Sunrise' yellow noise
Interrupt this Ground -

Wie Schlittengeläut im Sommer
Wie Bienen zur Weihnachtszeit -
So märchenhaft - so erfunden -
Uns ein Mensch erscheint -
Den man aus der Beachtung strich -
Gesellschaft die wir kannten -
Schon weiter weg im Nu
Als Tau in Timbuktu -

Die flinken Arme des Winds
Wenn ich dazwischen könnt
Ich muß noch was besorgen
In einem nahen Land -
Ein Halt macht mir nichts aus,
Kurz ist die Vorladung
Der Wind könnt warten vor der Pforte
Oder striche im Ort herum.

Muß nur das Haus ermitteln
Und ob das Herz daheim
Dann halt ich meinen Docht an seinen
Entflamm ihn, und kehr um -

Stattlich mach dies Bett -
Scheu und mit Respekt -
Wart darin bis Hell und Herrlich
Anbricht das Gericht.

Die Matratze grad -
Und das Kissen rund -
Und kein gelber Morgenlärm
Störe diesen Grund -

Partake as doth the Bee -   806
Abstemiously -
A Rose is an Estate
In Sicily -

The lovely flowers embarrass me,   808
They make me regret I am not a Bee -

Love reckons by itself - alone -   812
»As large as I« - relate the Sun
To One who never felt it blaze -
Itself is all the like it has -

This Consciousness that is aware   817
Of Neighbors and the Sun
Will be the one aware of Death
And that itself alone

Is traversing the interval
Experience between
And most profound experiment
Appointed unto Men -

How adequate unto itself
It's properties shall be
Itself unto itself and None
Shall make discovery -

Adventure most unto itself
The Soul condemned to be -
Attended by a single Hound
It's own identity.

Mäßig nimm dran teil -
Mach es wie die Bienen -
Eine Rose ist ein Gut
In Sizilien -

Die schönen Blumen machen mich verlegen,
Wie schade, kann ich nicht als Biene leben -

Lieb rechnet einzig mit sich selbst -
Die Sonne sagt - »So groß wie ich«
Zu Dem, der sie nie lohen fühlte -
Sie hat keinen Vergleich als sich -

Dieses Bewußtsein das gewahrt
Die Nachbarn und die Sonne
Wird auch den Tod gewahren einst
Und daß es selbst alleine

Durchqueren wird den Zwischenraum
Von täglicher Erfahrung
Bis hin zur allertiefsten Prüfung
Der menschlichen Bestimmung -

Wie brauchbar seine Eigenheiten
Ihm sind für seine Zwecke
Wird es für Niemand anderen
Als für sich selbst entdecken -

Verdammt zum Wagnis ist die Seele
Das sie mit sich besteht -
Dabei ist einzig noch ein Hund
Ihre Identität.

The Luxury to apprehend   819
The Luxury 'twould be
To look at thee a single time
An Epicure of me
In whatsoever presence makes
Till for a further food
I scarcely recollect to starve
So first am I supplied.

The Luxury to meditate
The Luxury it was
To banquet on thy Countenance
A sumptuousness supplies
To plainer Days whose Table, far
As Certainty can see
Is laden with a single Crumb -
The Consciousness of thee -

The only news I know   820
Is Bulletins all Day
From Immortality.

The only Shows I see -
Tomorrow and Today -
Perchance Eternity -

The only one I meet
Is God - The only Street -
Existence - This traversed

If other news there be -
Or admirabler show -
I'll tell it You -

Der Luxus zu erahnen
Was für ein Luxus wär
Dich anzusehn ein einzig Mal
Macht mich zum Epikur
Ganz gleich in welcher Gegenwart
Bis ich nach noch mehr Speise
So einzigartig ausgestattet
Zu hungern schon vergesse.

Der Luxus zu bedenken
Was für ein Luxus war
Dein Antlitz festlich zu verschlingen
Der gibt den Tagen Pracht
Banalern, deren Tisch soweit
Gewißheit sieht von hier
Gedeckt ist mit dem einen Krümel -
Daß ich weiß von dir -

Neu ist hier nur für mich
Der tägliche Bericht
Von der Unsterblichkeit.

Und alles was ich seh -
Heißt Morgen, Heut -
Womöglich Ewigkeit -

Ich treffe einzig Gott -
Dasein - der einzge Weg -
Ist der zurückgelegt -

Und gibt's dort andre Neuigkeit -
Erstaunlicheres Stück als hier -
Ich sag es Dir -

All forgot for recollecting   827
Just a paltry One -
All forsook, for just a Stranger's
New Accompanying -

Grace of Wealth, and Grace of Station
Less accounted than
An unknown Esteem possessing -
Estimate - Who can -

Home effaced - Her faces dwindled -
Nature - altered small -
Sun - if shone - or Storm - if shattered -
Overlooked I all -

Dropped - my fate - a timid Pebble -
In thy bolder Sea -
Prove - me - Sweet - if I regret it -
Prove Myself - of Thee -

Between My Country - and the Others -   829
There is a Sea -
But Flowers - negotiate between us -
As Ministry.

The Admirations - and Contempts - of time -   830
Show justest - through an Open Tomb -
The Dying - as it were a Hight
Reorganizes Estimate
And what We saw not
We distinguish clear -
And mostly - see not
What We saw before -

Ich vergaß, nur um zu denken
An den schoflen Einen -
Und verließ, für eines Fremden
Neues Mich-Begleiten -

Daß ich Reich war, und von Rang -
Setzt ich tiefer an
Als Besitz von fremder Achtung -
Achte das - Wer kann -

Fort mein Heim - weg die Gesichter -
Hingeschrumpft - Natur -
Sonne - schien sie? Sturm - er tobte?
Sagte mir nichts mehr -

Ließ mein Schicksal - wie ein Steinchen -
Fallen in dein Meer -
Prüf - mich - Liebster - ob's mir leid tut -
Prüfe Mich - in Dir -

Zwischen Meinem Land - und Andern -
Liegt ein Meer -
Doch Blumen - gehn als Unterhändler -
Hin und Her.

Bewundernswertes - und Verächtliches - der Zeit -
Erweist sofort sich überm Offnen Grab -
Das Sterben - wie ein Berg - gestaltet um
Die Wertschätzung
Und was Wir nicht gesehn
Erfassen wir nun klar -
Und meist - entgeht uns
Was Wir sahn - zuvor -

'Tis Compound Vision -
Light - enabling Light -
The Finite - furnished
With the Infinite -
Convex - and Concave Witness -
Back - toward Time -
And forward -
Toward the God of Him -

Till Death - is narrow Loving -
The scantest Heart extant
Will hold you till your privilege
Of Finiteness - be spent -

But He whose loss procures you
Such Destitution that
Your Life too abject for itself
Thenceforward imitate -

Until - Resemblance perfect -
Yourself, for His pursuit
Delight of Nature - abdicate -
Exhibit Love - somewhat -

Color - Caste - Denomination -
These - are Time's Affair -
Death's diviner Classifying
Does not know they are -

As in sleep - all Hue forgotten -
Tenets - put behind -
Death's large - Democratic fingers
Rub away the Brand -

Durchwirkte Sicht -
Ein Licht - das Licht erst stiftet -
Das Grenzenlose -
Im Begrenzten eingerichtet -
Konvex - Konkaves Zeugnis -
Hin zur Zeit - nach hinten -
Und in die Zukunft
Ihrem Gott entgegen -

Bis in den Tod - Liebt man beschränkt -
Dich hält das kärgste Herz
Fest bis dein Recht auf Endlichkeit -
Ganz ausgegeben ist -

Doch Er dessen Verlust dir solche
Verarmung angetan
Daß sich dein Leben wertlos dünkt -
Ihm lebe nach fortan -

Bis hin - zur Ebenbildlichkeit -
Daß Du, um Ihm zu folgen
Der Erdenfreude - dich entschlägst -
Das zeigt etwas - vom Lieben -

Farbe - Kaste - Konfession -
Dies - betrifft die Zeit -
Die Rubrik des Tods jedoch
Nichts von all dem weiß -

Wie im Schlaf - wenn Farben fort sind -
Dogmen - weggelegt -
Tod mit Demokratenfingern
Markenzeichen tilgt -

If Circassian - He is careless -
If He put away
Chrysalis of Blonde - or Umber -
Equal Butterfly -

They emerge from His Obscuring -
What Death - knows so well -
Our minuter intuitions -
Deem unplausible

Struck, was I, nor yet by Lightning - 841
Lightning - lets away
Power to perceive His Process
With Vitality -

Maimed - was I - yet not by Venture -
Stone of Stolid Boy -
Nor a Sportsman's Peradventure -
Who mine Enemy?

Robbed - was I - intact to Bandit -
All my Mansion torn -
Sun - withdrawn to Recognition -
Furthest shining - done -

Yet was not the foe - of any -
Not the smallest Bird
In the nearest Orchard dwelling -
Be of Me - afraid -

Most - I love the Cause that slew Me -
Often as I die
It's beloved Recognition
Holds a Sun on Me -

Wenn Tscherkessisch - Ihn berührt's nicht -
Ob er helle rote -
Oder dunkle Kokons wegwirft -
Ihm ist alles Falter -

Sie erstehn aus Seinem Dunkeln -
Was Er - so gut kennt -
Und was unser kleines Ahnen -
Unglaubwürdig nennt -

Bin erschlagen, nicht vom Blitz -
Blitzschlag - leitet ab
Energie Ihn wahrzunehmen
Mit der Lebenskraft -

Bin verstümmelt - nicht durch eines
Dummen Jungen Stein -
Noch durchs Vielleicht des Sonntagsjägers -
Nun, wer ist mein Feind?

Bin Beraubt - mein Haus zerstört -
Unversehrt vom Dieb -
Gruß der Sonne - mir entzogen -
Nichts vom Scheinen - blieb -

Widersacher war ich keinem -
Nicht das kleinste Tier
Nahebei im Garten nistend -
Scheut zurück - vor Mir -

Lieb am stärksten - was mich umbringt -
Oft in Todesnacht
Hält sein liebes Grüßen eine
Sonne über mich -

Best - at Setting - as is Nature's -
Neither witnessed Rise
Till the infinite Aurora
In the Other's Eyes -

This Merit hath the Worst -   844
It cannot be again -
When Fate hath taunted last
And thrown Her furthest Stone -

The Maimed may pause, and breathe,
And glance securely round -
The Deer attracts no further
Than it resists - the Hound -

By my Window have I for Scenery   849
Just a Sea - with a Stem -
If the Bird and the Farmer - deem it a »Pine« -
The Opinion will do - for them -

It has no Port, nor a »Line« - but the Jays -
That split their route to the Sky -
Or a Squirrel, whose giddy Peninsula
May be easier reached - this way -

For Inlands - the Earth is the under side -
And the upper side - is the Sun -
And it's Commerce - if Commerce it have -
Of Spice - I infer from the Odors borne -

Of it's Voice - to affirm - when the Wind is within -
Can the Dumb - define the Divine?
The Definition of Melody - is -
That Definition is none -

Herrlich - Sinkend - ein Naturstück -
Beiden geht sie auf
Erst am grenzenlosen Morgen
In des Andern Aug -

Den Vorzug hat das Schlimmste -
Es tritt nicht nochmals ein -
Hat sich das Schicksal ausgehöhnt
Und warf den letzten Stein -

Dann darf der Krüppel innehalten,
Und atmen, um sich spähn -
Wild reizt den Hund nicht länger
Als es kann widerstehn -

Vorm Fenster hab ich als Kulisse
Nur Meer - und Stamm -
Ist der für Vogel und Farmer - »Föhre« -
So steht das - ihnen - an -

Sie hat nicht Hafen, »Linienschiffe« - nur Häher -
Ritzen den Kurs zum Himmel -
Eichkätzchen kommt der schwindelnden
Halbinsel - so näher -

Wer drinnen wohnt - hat unten Erde -
Die Sonn - als Dach -
Und Handel - falls gehandelt wird -
Gewürz - den Düften nach -

Ihre Stimme im Wind - ob der Stumme darin -
Was Gott ist - vernimmt?
Und Melodie - wie bestimmt man die -
Man bestimmt sie nie -

It - suggests to our Faith -
They - suggest to our Sight -
When the latter - is put away
I shall meet with Conviction I somewhere met
That Immortality -

Was the Pine at my Window a »Fellow
Of the Royal« Infinity?
Apprehensions - are God's introductions -
To be hallowed - accordingly -

She staked Her Feathers - Gained an Arc -   853
Debated - Rose again -
This time - beyond the estimate
Of Envy, or of Men -

And now, among Circumference -
Her steady Boat be seen -
At home - among the Billows - As
The Bough where she was born -

I play at Riches - to appease   856
The Clamoring for Gold -
It kept me from a Thief, I think,
For often, overbold

With Want, and Opportunity -
I could have done a Sin
And been Myself that easy Thing
An independent Man -

But often as my lot displays
Too hungry to be borne

Sie - wirkt auf unsern Glauben -
Die andern - auf unser Aug -
Ist es mit letzterem - vorbei -
Dann fällt mir ein, mir fiel schon auf
Jenes Unsterblichsein -

War die Föhre am Fenster ein »Mitglied
Der Königlich« Grenzenlosen?
Durch Ahnungen - führt Gott sich ein -
Man muß sie - zu heiligen wissen -

Sie setzte Federn - zog den Bogen -
Besprach sich - stieg erneut -
Doch diesmal - jenseits der Bewertung
Von Menschen, oder Neid -

Nun, mitten unter anderm Kreislauf -
Wird klar ihr fester Kahn -
Zuhause - im Gewog - Wie im
Geäst woher sie kam -

Ich spiele Reichsein - stille so
Das Zetern nach dem Gold -
Das hielt mich ab ein Dieb zu sein
Denn oft, voll Übermut

Aus Mangel, und Gelegenheit -
Könnt ich den Fehltritt tun
Und Selbst das Freie, Leichte sein
Ein unabhängiger Mann -

Doch häufig, wenn mein Schicksal sich
Nur allzu dürftig zeigt

I deem Myself what I would be -
And novel Comforting

My Poverty and I derive -
We question if the Man -
Who own - Esteem the Opulence -
As we - Who never Can -

Should ever these exploring Hands
Chance Sovreign on a Mine -
Or in the long - uneven term
To win, become their turn -

How fitter they will be - for Want -
Enlightening so well -
I know not which, Desire, or Grant -
Be wholly beautiful -

She rose to His Requirement - dropt   857
The Playthings of Her Life
To take the honorable Work
Of Woman, and of Wife -

If ought She missed in Her new Day,
Of Amplitude, or Awe -
Or first Prospective - or the Gold
In using, wear away,

It lay unmentioned - as the Sea
Develope Pearl, and Weed,
But only to Himself -
   be known
The Fathoms they abide -

Stell ich Mir selbst vor, wie ich wär -
Und hole neuen Trost

Für meine Armut und für mich -
Wir fragen - ob der Mann -
Der reich ist - wie es uns verwehrt -
Die Fülle schätzen kann -

Wenn je in meine Forscherhände
Fiel fürstlich eine Mine -
Wenn einst - nach ungerechter Frist
Sie dran wärn, mit Gewinnen -

Wie viel mehr taugen sie - aus Mangel -
Denn schön machte der klar -
Sei es Begehren, sei's Gewähren -
Ist beides wunderbar -

Sie wuchs ihm zum Bedarf - und warf
Ihr Lebensspielzeug hin
Das ehrenhafte Werk zu tun
Der Frau, und Ehegattin -

Hat sie am neuen Tag je Fülle
Hat sie Respekt vermißt -
Aussicht auf Zukunft - hat das Gold
Sich im Gebrauch, vernutzt,

Stumm lag es da - ein Ozean
Der Perlen hegt, und Winden,
Doch nur Er selbst -
   weiß um die Tiefen
Darin sie sich befinden -

They say that »Time assuages« - 861
Time never did assuage -
An actual suffering strengthens
As Sinews do, with Age -

Time is a Test of Trouble -
But not a Remedy -
If such it prove, it prove too
There was no Malady -

On the Bleakness of my Lot 862
Bloom I strove to raise -
Late - my Garden of a Rock
Yielded Grape - and Maise -

Soil of Flint, if steady tilled
Will refund the Hand -
Seed of Palm, by Lybian Sun
Fructified in Sand -

I felt a Cleaving in my Mind - 867
As if my Brain had split -
I tried to match it - Seam by Seam -
But could not make them fit -

The thought behind, I strove to join
Unto the thought before -
But Sequence ravelled out of Sound -
Like Balls - opon a Floor -

Die »Zeit heilt« - heißt es oft -
Doch Zeit hat nie geheilt -
Beim Älterwerden stärkt sich
Wie Sehnen, echtes Leid -

Zeit überprüft den Kummer -
Sie ist kein Heilungstrank -
Wär sie das je, bewies es nur
Der Kranke war nie krank -

Blüten hab ich abgekämpft
Meinem kahlen Los -
Spät erst - trug mein Felsengarten
Weintrauben - und Mais -

Feuerstein, wenn stet beackert
Schenkt zum Dank der Hand -
Palmensaat, die Libyens Sonne
Fruchtbar macht im Sand -

Ich spürte einen Spalt im Geist -
Als wär mein Hirn zerrissen -
Ich suchte Saum an Saum zu legen -
Doch wollten sie nicht passen -

Den hinteren Gedanken, wollt ich
Mit dem davor verbinden -
Da hüpft mir die Sequenz davon -
Wie Bälle - auf dem Boden -

What I see not, I better see -   869
Through Faith - My Hazel Eye
Has periods of shutting -
But, No lid has Memory -

For frequent, all my sense obscured
I equally behold
As some one held a light unto
The Features so beloved -
And I arise - and in my Dream -
Do Thee distinguished Grace -
Till jealous Daylight interrupt -
And mar thy perfectness -

None can experience stint   870
Who Bounty - have not known -
The fact of Famine - could not be
Except for Fact of Corn -

Want - is a meagre Art
Acquired by Reverse -
The Poverty that was not Wealth -
Cannot be Indigence -

The hallowing of Pain   871
Like hallowing of Heaven,
Obtains at a corporeal cost -
The Summit is not given -

To Him who strives severe
At middle of the Hill -
But He who has achieved the Top -
All - is the price of All -

Was ich nicht seh, das seh ich besser -
Im Glauben - Hasel-Augen
Wie meine, schließen sich zuweilen -
Kein Lid hat das Erinnern -

Denn oft, wenn der Verstand mir dunkelt
Schau ich doch wie beschienen
Von einem hochgehaltnen Licht
Die mir so liebe Miene -
Und ich steh auf - und huldige
Im Traum dir unverzüglich -
Bis neidisch Tageslicht anbricht -
Und deine Pracht beschädigt -

Beschränkungen mißt keiner aus
Der Fülle - nicht gekannt -
Es gäb kein Faktum Hungersnot -
Gäb's nicht das Faktum Korn -

Den Mangel - eine magre Kunst
Man durch Kontrast erlernt -
Die Armut, die nicht Reichtum war -
Aus der wird keine Not -

Die Heiligung des Leids
Wie Heiligung des Himmels,
Erwirbt man um den Preis des Leibs -
Denn Der wird nicht erringen

Den Gipfel, der am Hang sich müht
Halb oben - bestenfalles -
Nur Der zur Spitze aufgestiegen -
Denn Alles - kostet Alles -

Deprived of other Banquet,   872
I entertained Myself -
At first - a scant nutrition -
An insufficient Loaf -

But grown by slender addings
To so esteemed a size
'Tis sumptuous enough for me -
And almost to suffice

A Robin's famine - able -
Red Pilgrim, He and I -
A Berry from our table
Reserve - for Charity -

It is a lonesome Glee -   873
Yet sanctifies the Mind -
With fair association -
Afar opon the Wind

A Bird to overhear -
Delight without a Cause -
Arrestless as invisible -
A Matter of the Skies.

To be alive - is Power -   876
Existence - in itself -
Without a further function -
Omnipotence - Enough -

To be alive - and will! -
'Tis able as a God -
The Maker - of Ourselves - be what -
Such being Finitude!

Des übrigen Banketts beraubt,
Macht ich mir selbst den Wirt -
Zuerst - war die Ernährung karg -
Zu dürftig war das Brot -

Durch schlanke Zutat wuchs es
Ward hocherfreulich groß
Für mich ist es nun üppig -
Und fast kommt damit aus

Die Hungersnot der Drossel -
Ein Pilgrim, Sie und ich -
Als milde Gaben - zweigen wir
Ein Beerlein ab vom Tisch -

Einsam ist diese Lust -
Doch heiligt sie den Sinn -
Mit heller Eingebung -
Von weither aus dem Wind

Ein Vogellied zu hören -
Vergnügen ohne Grund -
Nicht aufzuhalten, unsichtbar -
Ein Himmelsgegenstand.

Am Leben sein - gibt Kräfte -
Das schiere Dasein hat -
Schon ohne andre Zwecke -
Genügend Wucht und Macht -

Am Leben sein - und wollen! -
Heißt tüchtig sein wie Gott -
Wer mag der sein - der Uns - erschuf -
Wenn so Begrenztsein ist?

The Loneliness One dare not sound -   877
And would as soon surmise
As in it's Grave go plumbing
To ascertain the size -

The Loneliness whose worst alarm
Is lest itself should see -
And perish from before itself
For just a scrutiny -

The Horror not to be surveyed -
But skirted in the Dark -
With Consciousness suspended -
And Being under Lock -

I fear me this - is Loneliness -
The Maker of the soul
It's Caverns and it's Corridors
Illuminate - or seal -

The Service without Hope -   880
Is tenderest, I think -
Because 'tis unsustained
By stint - Rewarded Work -

Has impetus of Gain -
And impetus of Goal -
There is no Diligence like that
That knows not an Until -

I meant to find Her when I Came -   881
Death - had the same design -
But the Success - was His - it seems -
And the Discomfit - Mine -

Die Einsamkeit die auszuloten
Man sich nicht traut - eh mißt
Man mit dem Senkblei aus sein Grab
Damit sein Raum uns paßt -

Die Einsamkeit die nichts so fürchtet
Wie selbst sich wahrzunehmen -
Und just aufgrund des eignen Blicks
Auf sich dann einzugehen -

Der unabsehbar weite Graus -
Doch Dunkel eingefaßt -
Wenn das Bewußtsein aussetzt -
Und Dasein hinterm Schloß -

Dies fürcht ich - diese Einsamkeit -
Der Macher solcher Seelen
Voll Höhlen, Gängen - leuchte rein -
Sonst soll er sie versiegeln.

Das Dienen ohne Hoffnung -
Ist liebevollster Art -
Weil völlig rückhaltlos -
Bezahlte Arbeit - hat

Den Antrieb vom Gewinn -
Ein Ziel treibt sie voran -
Nichts gleicht der Hingegebenheit
Die nichts weiß vom Bis dann -

Ich wollt sie treffen als ich kam -
Der Tod - plant just das gleiche -
Doch der Erfolg - war Seiner - scheint's -
Die Niederlage - Meine -

I meant to tell Her how I longed
For this specific time -
But Death had told Her so the first -
And she had fled, with Him -

To wander - now - is my Abode -
To rest - To rest would be
A privilege of Hurricane
To Memory - and Me -

A South Wind - has a pathos   883
Of individual Voice -
As One detect on Landings
An Emigrant's address -

A Hint of Ports - and Peoples -
And much not understood -
The fairer - for the farness -
And for the foreignhood -

Severer Service of myself   887
I hastened to demand
To fill the awful Vacuum
Your life had left behind -

I worried Nature with my Wheels
When Her's had ceased to run -
When she had put away Her Work
My own had just begun -

I strove to weary Brain and Bone -
To harass to fatigue
The glittering Retinue of nerves -
Vitality to clog

Ich wollte nur dies eine Mal
Mein Sehnen Ihr gestehn -
Der Tod hat's Ihr zuerst gesagt -
Und sie war fort, mit Ihm -

Nun - weile ich - im Wandern -
Und Ruhen - Ruhen wär
Ein Hurrikan-Bezugsrecht im
Gedächtnis - und in Mir -

Im Südwind - liegt ein Pathos
Des Individuellen -
Wie man's im Gruß von Emigranten
Vernimmt an Landestellen -

Ein Wink von Häfen - Völkern -
Viel was man nicht versteht -
Noch schöner - weil's so fremd ist -
Und von so fern her weht -

Ich eilte einen strengern Dienst
Mir selber zu verpassen
Die schlimme Leere auszufüllen
Die Du hast hinterlassen -

Ich räderte auch die Natur
Denn kaum hielt ihr Rad an -
Kaum legte sie die Arbeit weg
Als meine schon begann -

Ich rang mir müde Hirn und Bein -
Und wollte so erschöpfen
Die Glitzer-Entourage der Nerven -
Die Lebenskraft verstopfen

To some dull comfort Those obtain
Who put a Head away
They knew the Hair to -
And forget the color of the Day -

Affliction would not be appeased -
The Darkness braced as firm
As all my strategem had been
The Midnight to confirm -

No Drug for Consciousness - can be -
Alternative to die
Is Nature's only Pharmacy
For Being's Malady -

I learned - at least - what Home could be -   891
How ignorant I had been
Of pretty ways of Covenant -
How awkward at the Hymn

Round our new Fireside - but for this -
This pattern - of the way -
Whose Memory drowns me, like the Dip
Of a Celestial Sea -

What Mornings in our Garden - guessed -
What Bees - for us - to hum -
With only Birds to interrupt
The Ripple of our Theme -

And Task for Both - When Play be done -
Your Problem - of the Brain -
And mine - some foolisher effect -
A Ruffle - or a Tune -

Um öd zu trösten mich - wie Jene
Die einen Kopf wegstecken
Von dem sie jedes Haar gekannt -
Den hellen Tag vergessen -

Der Kummer wollte sich nicht legen -
Das Dunkel war so dicht
Als stärkte all mein Trachten nur
Die tiefe Mitternacht -

Bewußtsein kennt noch keine Droge
Die ihm den Tod ersetzt -
Er ist die Pille der Natur
Fürs kranke Sein - zuletzt -

Was Heimat wär - hab ich erfahrn -
Wie wenig ich verstand
Von schönen Seiten des Vertrags -
Verlegen der Gesang

An unserm Feuer - wär nicht dies -
Dies Muster - von der Art -
Die mein Gedächtnis überschwemmt,
Als wär's ein Himmelsbad -

Ich stellt' mir Gartenmorgen vor -
Für uns nur - summen Bienen -
Und nur die Vögel mischen sich
Ins Kräuseln unsrer Reden -

Und Arbeit beiden - nach dem Spiel -
Für deine - braucht's Verstand -
Und meine - hat banale Folgen -
Ein Fältchen - oder Lied -

The Afternoons - together spent -
And Twilight - in the Lanes -
Some ministry to poorer lives -
Seen poorest - thro' our gains -

And then away to You to pass -
A new - diviner - Care -
Till Sunrise take us back to Scene -
Transmuted - Vivider -

This seems a Home - And Home is not -
But what that Place could be -
Afflicts me - as a Setting Sun -
Where Dawn - knows how to be -

Gemeinsam - unsre Nachmittage -
Dann Zwielicht - im Bezirk -
Bei unsrer Fülle wirkt die Hilfe
Für Arme - vollends karg -

Und dann in Deine Obhut eingehn -
Neuartig - göttlicher -
Bis uns der Morgen wieder ruft -
Verwandelt - Lebhafter -

Heimat scheint dies - Doch Die gibt's nicht -
Doch was er wär, der Ort -
Quält mich - wie Sonnenuntergang -
Statt Zukunftsmorgenrot -

1865

The overtakelessness of those   *894
Who have accomplished Death
Majestic is to me beyond
The majesties of Earth
The soul her »not at Home«
Inscribes opon the flesh
And takes a fine aerial gait
Beyond the hope of touch

Further in Summer than the Birds -   895
Pathetic from the Grass -
A minor Nation celebrates
It's unobtrusive Mass.

No Ordinance be seen -
So gradual the Grace
A gentle Custom it becomes -
Enlarging Loneliness -

Antiquest felt at Noon -
When August burning low
Arise this spectral Canticle
Repose to typify -

Remit as yet no Grace -
No furrow on the Glow,
But a Druidic Difference
Enhances Nature now -

Die Uneinholbarkeit von jenen
Die schon den Tod erreichten
Die hat für mich mehr Würde
Als Erden-Würdigkeiten
Die Seel schreibt »Nicht Daheim«
Ins Fleisch, und sie bewegt
Sich fein und luftig jenseits
Von Hoffnung auf Kontakt

Später im Sommer als die Vögel -
Feiert rührend im Grase -
Unbedeutenderes Volk
Zurückhaltend die Messe.

Kein Ablauf wird erkennbar -
So sacht das Psalmgebet
Daß es zum sanften Brauch wird -
Der das Alleinsein mehrt -

Uralt zu spüren mittags -
Brennt der August schon tief -
Steigt dieser Geisterhymnus auf
Der Ruhe Inbegriff -

Erlassen noch nicht Gnade -
Kein Kratzer auf der Glut,
Doch jetzt verklärt Druidisch
Ein Wandel die Natur -

Purple - is fashionable twice -   896
This season of the year,
And when a soul perceives itself
To be an Emperor.

An Hour is a Sea   898
Between a few, and me -
With them would Harbor be -

'Twas awkward, but it fitted me -   900
An Ancient fashioned Heart -
It's only lore - it's Steadfastness -
In Change - unerudite -

It only moved as do the Suns -
For merit of Return -
Or Birds - confirmed perpetual
By Alternating Zone -

I only have it not Tonight
In it's established place -
For technicality of Death -
Omitted in the Lease -

The Soul's distinct connection   901
With immortality
Is best disclosed by Danger
Or quick Calamity -

As Lightning on a Landscape
Exhibits Sheets of Place -

Purpur - wird zweimal Mode -
In dieser Jahreszeit,
Und wenn die Seele selber
Als Kaiser sich erfährt.

'Ne Stunde ist ein Meer
Von manchen, bis zu mir -
Bei ihnen Hafen wär -

'S war peinlich, doch es paßte mir -
Ein Herz - uralt im Schnitt -
Es wußte nichts - als Stetigkeit -
Im Wechsel - ungeübt -

Bewegte sich nur wie die Sonnen -
Um Rückkehr zu verdienen -
Wie Vögel auch - bestätigt ewig
Vom Wechselspiel der Zonen -

Ich hab's nur heute Nacht nicht da
An dem gewohnten Platz -
Nicht vorgesehen war der Tod -
Als Panne in der Pacht -

Wie deutlich Unvergänglichkeit
Sich an die Seele knüpft
Das zeigt Gefahr am besten
Und auch ein Mißgeschick -

Wie Blitz in einer Landschaft
Den Raum wie Laken zeigt -

Not yet suspected - but for Flash -
And Click - and Suddenness.

A Doubt if it be Us   903
Assists the staggering Mind
In an extremer Anguish
Until it footing find -

An Unreality is lent,
A merciful Mirage
That makes the living possible
While it suspends the lives.

Absence disembodies - so does Death   904
Hiding individuals from the Earth
Superstition helps, as well as love -
Tenderness decreases as we prove -

Split the Lark - and you'll find the Music -   905
Bulb after Bulb, in Silver rolled -
Scantily dealt to the Summer Morning
Saved for your Ear, when Lutes be old -

Loose the Flood - you shall find it patent -
Gush after Gush, reserved for you -
Scarlet Experiment! Sceptic Thomas!
Now, do you doubt that your Bird was true?

That Distance was between Us   906
That is not of Mile or Main -

Noch unverdächtig - wär da nicht
Strahl, Klick - und Plötzlichkeit -

Ein Zweifel ob das Wir sind
Erhält den schwanken Geist
In größern Qualen bis er
Den Ort zum Stehn erreicht -

Unwirklichkeit wird ausgeliehn,
Barmherzige Illusion
Die uns durch Lebensaufschub zeigt
Wie man noch leben kann.

Fortsein macht uns körperlos - wie Tod
Einzelne vom Erdboden sich holt
Aberglaube hilft, so gut wie Liebe -
Zärtlichkeit nimmt ab, Beweis - wir beide -

Spalte die Lerche - dann siehst du die Töne -
Knolle um Knolle, in Silber gerollt -
Knapp für den Sommermorgen - gerettet
Nur für dein Ohr, falls die Laute verhallt -

Löse die Flut - und sie springt dir ins Auge -
Schwall folgt auf Schwall, allein für dich -
Scharlachprobe! Zweifelnder Thomas!
Echt war dein Vogel, fragst du nun noch?

Die Ferne zwischen Uns
Macht Meile nicht noch Macht -

The Will it is that situates -
Equator - never can -

That is solemn we have ended   907
Be it but a Play
Or a Glee among the Garret
Or a Holiday

Or a leaving Home, or later,
Parting with a World
We have understood for better
Still to be explained -

Finding is the first Act   910
The second, loss,
Third, Expedition for the »Golden Fleece«

Fourth, no Discovery -
Fifth, no Crew -
Finally, no Golden Fleece -
Jason, sham, too -

As Frost is best conceived   911
By force of it's Result -
Affliction is inferred
By subsequent effect -

If when the Sun reveal,
The Garden keep the Gash -
If as the Days resume
The wilted countenance

Der Wille legt sie fest -
Äquator - kann es nicht -

Ernst ist was zu End wir brachten
Auch wenn's Spiel sein mag
Oder Lustbarkeit im Dachstock
Oder Feiertag

Abkehr von Daheim, und später,
Abschied von der Welt
Die wir kannten, hin zur bessern
Die man noch erklärt -

Finden ist der erste Akt
Der zweite, Verlust,
Der Dritte, die Ausfahrt zum »Goldenen Vlies«

Danach, nichts entdeckt -
Dann, Alle Mann weg -
Am Ende, kein Vlies -
Auch Jason, Betrug -

Wie man den Frost am besten
Am Resultat erfaßt -
Wird Heimsuchung erschlossen
Durch späteren Effekt -

Wenn Sonnenlicht enthüllt,
Dem Garten blieb der Schlag -
Wenn in erschlafften Mienen
Die Wiederkehr des Tags

Cannot correct the crease
Or counteract the stain -
Presumption is Vitality
Was somewhere put in twain -

To my quick ear the Leaves - conferred -   912
The Bushes - they were Bells -
I could not find a Privacy
From Nature's sentinels -

In Cave if I presumed to hide
The Walls - begun to tell -
Creation seemed a mighty Crack -
To make me visible -

A Man may make a Remark -   913
In itself - a quiet thing
That may furnish the Fuse unto a Spark
In dormant nature - lain -

Let us divide - with skill -
Let us discourse - with care -
Powder exists in Charcoal -
Before it exists in Fire -

A Door just opened on a street -   914
I - lost - was passing by -
An instant's Width of Warmth disclosed -
And Wealth - and Company -

The Door as instant shut - And I -
I - lost - was passing by -

Nicht Falten korrigieren kann
Nichts gegen Flecken hat -
Ist anzunehmen, Lebenskraft
Ging irgendwo kaputt -

Mein waches Ohr - voll Laubgetuschel -
Und aus dem Busch - Geläut -
Kein Rückzug möglich - die Natur
Hat Wachen aufgestellt -

Wollt ich in Höhlen mich verstecken -
Die Wand - hat es entdeckt -
Die Schöpfung klaffte mächtig auf -
Damit man mich erblickt -

Mal sagt Jemand etwas -
An sich - eine stille Sache -
Die kann - in schlafender Natur
Dem Funken Zunder verschaffen -

Drum laß uns streiten - gewitzt -
Drum laß uns reden - geschickt -
In Kohle steckt das Pulver -
Eh es im Feuer steckt -

Die Tür flog auf zur Straße hin -
Ich - irrte just vorbei -
Sekundenbreit erschloß sich Wärme -
Reichtum - Geselligkeit -

Tür und Sekunde fielen zu -
Ich - irrte just vorbei -

Lost doubly - but by contrast - most -
Informing - Misery -

As One does Sickness over 917
In convalescent Mind,
His scrutiny of Chances
By blessed Health obscured -

As One rewalks a Precipice
And whittles at the Twig
That held Him from Perdition
Sown sidewise in the Crag

A Custom of the Soul
Far after suffering
Identity to question
For evidence 'thas been -

We met as Sparks - Diverging Flints 918
Sent various - scattered ways -
We parted as the Central Flint
Were cloven with an Adze -
Subsisting on the Light We bore
Before We felt the Dark -
We knew by change between itself
And that etherial Spark.

I stepped from Plank to Plank 926
A slow and cautious way
The Stars about my Head I felt
About my Feet the Sea -

Nochmal verirrt - durch den Kontrast -
Der klarstellt - Elendsein -

Wie Einer während er gesundet
Sein Kranksein überdenkt,
Wobei den Blick auf Risiken
Ihm die Gesundheit trübt -

Wie einer nochmals klettert
Und schnipselt an dem Zweig
Der ihn am Felsen seitlich
Hat vor dem Fall bewahrt

So pflegt die Seele auch
Noch lang nach der Tortur
Nach ihrer Eigenart zu fragen
Zum Zeugnis daß sie war -

Als Feuersteinfunken - trafen wir uns
Zerstiebend - nach allen Seiten -
Getrennt - als den Zentralen Stein
Ein Axthieb hat gespalten -
Wir nährten uns vom Licht das Wir
Einst trugen vor dem Dunkeln -
Das wir erkannten an dem Wandel
Von ihm zum Ätherfunken.

Ich trat von Brett zu Brett
Auf langsam sachte Weise
Und spürte Sterne überm Kopf
Das Meer um meine Füße -

I knew not but the next
Would be my final inch -
This gave me that precarious Gait
Some call Experience -

The Poets light but Lamps - 930
Themselves - go out -
The Wicks they stimulate
If vital Light

Inhere as do the Suns -
Each Age a Lens
Disseminating their
Circumference -

An Everywhere of Silver 931
With Ropes of Sand
To keep it from effacing
The Track called Land -

Our little Kinsmen - after Rain 932
In plenty may be seen,
A Pink and Pulpy multitude
The tepid Ground opon.

A needless life, it seemed to me
Until a little Bird
As to a Hospitality
Advanced and breakfasted -

As I of He, so God of Me
I pondered, may have judged,

Ich wußte nur die nächste
Wär meine letzte Spanne -
Das gab mir den prekären Gang
Den sie Erfahrung nennen -

Die Dichter zünden Lampen an -
Sie selbst - gehn aus -
Doch wenn den stimulierten Dochten
Noch innewohnt etwas

Von Lebenslicht wie Sonnen -
Sind Zeiten wie die Linsen
Und streuen rings umher
Ihr Umkreisen -

Ein Überallsilber -
Mit Seilen von Sand -
Damit es nicht auswischt
Die Spur namens Land -

Man sieht bisweilen unsre kleinen
Verwandten - nach dem Regen,
Als Rosaweichen Matsch in Mengen
Auf lindem, lauen Boden.

Nutzloses Leben, schien es mir
Bis da ein Vöglein kam
Und wie zum Gastmahl eingeladen
Sein Frühstück zu sich nahm -

Mag sein, so wie ich Es einschätze,
Schätzt Gott Mich selbst auch ein,

And left the little Angle Worm
With Modesties enlarged.

As imperceptibly as Grief   935
The Summer lapsed away -
Too imperceptible at last
To seem like Perfidy -
A Quietness distilled
As Twilight long begun,
Or Nature spending with herself
Sequestered Afternoon -
The Dusk drew earlier in -
The Morning foreign shone -
A courteous, yet harrowing Grace,
As Guest, that would be gone -
And thus, without a Wing
Or service of a Keel
Our Summer made her light escape
Into the Beautiful -

Those who have been in the Grave the longest -   938
Those who begin Today -
Equally perish from our Practise -
Death is the other way -

Foot of the Bold did least attempt it -
It is the White Exploit -
Once to achieve, annuls the power
Once to communicate -

Impossibility, like Wine   939
Exhilirates the Man

Ich schied vom Angelwürmchen mit
Bescheidenheitsgewinn.

So unmerklich wie Kummer
Schlich sich der Sommer fort -
Zu unmerklich zuletzt als daß
Es aussah wie Verrat -
Ruh tröpfelte herab
Wie längst diffuses Licht,
Eh die Natur den Nachmittag
Beschlagnahmte für sich -
Die Dämmerung kam früher -
Fremd schien die Morgenhelle -
Anmutig höflich, quälerisch,
Ein Gast, schon auf der Schwelle -
Und so, ganz ohne Kielbenutzung
Und ohne eine Schwinge
Entkam uns sacht der Sommer -
Auf seinem Weg ins Schöne -

Die schon am längsten in den Gräbern liegen -
Die Heut hineingelegt -
Entfallen unserm Umgang beide -
Tod ist der andre Weg -

Die Kühnsten wagen sich nicht vor
Auf Weißen Forschungspfaden -
Ist es vollbracht, erlischt die Macht
Etwas davon zu sagen -

Unmöglichkeit, wie Wein
Beschwingt Den der sie kostet;

Who tastes it; Possibility
Is flavorless - Combine

A Chance's faintest tincture
And in the former Dram
Enchantment makes ingredient
As certainly as Doom -

How the Waters closed above Him   941
We shall never know -
How He stretched His anguish to us
That - is covered too -

Spreads the Pond Her Base of Lilies
Bold above the Boy
Whose unclaimed Hat and Jacket
Sum the History -

Good to hide, and hear 'em hunt!   945
Better, to be found,
If one care to, that is,
The Fox fits the Hound -

Good to know, and not tell -
Best, to know and tell,
Can one find the rare Ear
Not too dull -

The good Will of a Flower   954
The Man who would possess
Must first present Certificate
Of minted Holiness.

Möglichkeit schmeckt nach nichts -
Gib zu nur ein paar Tropfen

Vielleicht und schon erscheinen
In dem Gebräu von eben
Die Anteile Verzauberung
So sicher wie Verderben -

Wie die Flut ihn eingeschlossen
Werden wir nie wissen -
Wie Er Seine Qual uns zureckt,
Schirmt nun ab das Wasser -

Deckt der Teich mit Lilienknollen
Dreist den Jungen zu
Resümee - die nicht geholte
Jacke und sein Hut -

Gut, versteckt die Jagd zu hören!
Besser, finden lassen,
Wenn erwünscht, und das heißt, falls
Fuchs und Köter passen -

Gut ist, wissend schweigen -
Besser, wenn man spricht,
Findet man das rare Ohr
Rasch von Begriff -

Wer Wohlwollen von einer Blume
Sich je verschaffen will
Seh zu, daß eingeprägt ist Tugend
Bei ihm ganz offiziell.

Absent Place - an April Day - 958
Daffodils a'blow
Homesick curiosity
To the Souls that snow -

Drift may block within it
Deeper than without -
Daffodil delight but
Him it duplicate -

The Heart has narrow Banks 960
It measures like the Sea
In mighty - unremitting Bass
And Blue monotony

Till Hurricane bisect
And as itself discerns
It's insufficient Area
The Heart convulsive learns

That Calm is but a Wall
Of Unattempted Gauze
An instant's Push demolishes
A Questioning - dissolves.

When One has given up One's life 961
The parting with the rest
Feels easy, as when Day lets go
Entirely the West

The Peaks, that lingered last
Remain in Her regret
As scarcely as the Iodine
Opon the Cataract -

Abgelegen - Apriltag -
Sturmzerrissne Narzissen
Neugieriges Heimweh
Nach Seelen - schneeumschlossen -

Schneewehn sperrt sie weniger
Außen zu als innen -
Die Narzisse freut nur
Die sich in ihr erkennen -

Das Herz hat enge Ufer
Doch wie das Meer ist's weit
In machtvoll - unablässigem Baß
Und Blau-Eintönigkeit

Bis es ein Hurrikan zerteilt
Und es dann selbst erkennt
Sein unzulängliches Gebiet
Und zuckend einsehn lernt

Daß Ruhe nichts als Wand ist
Aus unerprobtem Dunst
Im Nu vom Stoß zerstört
Von Fragen - aufgelöst.

Hat Man sein Leben aufgegeben
Trennt man sich von Resten
Leicht, wie wenn Tag vollständig
Ziehen läßt den Westen.

Die Spitzen, die als letzte zaudern
Halten sich noch knapp
In Seiner Wehmut wie ein Spritzer
Von Jod im Katarakt -

A Light exists in Spring 962
Not present on the Year
At any other period -
When March is scarcely here
A Color stands abroad
On Solitary Fields
That Science cannot overtake
But Human Nature feels.

It waits opon the Lawn,
It shows the furthest Tree
Opon the furthest Slope you know
It almost speaks to you.

Then as Horizons step
Or Noons report away
Without the Formula of sound
It passes and we stay -

A quality of loss
Affecting our Content
As Trade had suddenly encroached
Opon a Sacrament -

Banish Air from Air - 963
Divide Light if you dare -
They'll meet
While Cubes in a Drop
Or Pellets of Shape
Fit -
Films cannot annul
Odors return whole
Force Flame
And with a Blonde push
Over your impotence
Flits Steam.

Ein Licht gibt es im Lenz
Das sich zu keiner Frist
Des ganzen Jahres nochmal zeigt -
Kaum daß der März anbricht
Steht eine Farbe draußen
Auf einsamem Gefild
Die Wissenschaft nicht einholt - doch
Was Menschsein sich erfühlt.

Es wartet auf dem Rasen,
Holt fernste Bäume her
Und auf entlegnen Hängen
Spricht es schon fast mit dir.

Wenn dann im Schritt der Kreise
Mittage von uns scheiden
Geht's ohne Formel eines Lauts
Vorüber und wir bleiben -

Verlust von einer Art
Die Innen uns befällt
Als wär's ein Übergriff des Handels
Auf ein Sakrament -

Verbanne Luft von Luft -
Teil Licht ab, wenn du's wagst -
Sie finden sich
Solang ein Würfel
In Pille, Tropfen
Paßt -
Verhüllung hebt nichts auf
Geruch lebt wieder auf
Forcier die Flamme
Und mit Blondem Stoß
Huscht über deine Ohnmacht
Dampf.

Peace is a fiction of our Faith - 971
The Bells a Winter Night
Bearing the Neighbor out of Sound
That never did alight.

Not what We did, shall be the test 972
When Act and Will are done
But what Our Lord infers We would
Had We diviner been -

I cannot be ashamed 977
Because I cannot see
The love you offer -
Magnitude
Reverses Modesty

And I cannot be proud
Because a Hight so high
Involves Alpine
Requirements
And services of Snow -

Bee! I'm expecting you! 983
Was saying Yesterday
To Somebody you know
That you were due -

The Frogs got Home last Week -
Are settled, and at work -
Birds mostly back -
The Clover warm and thick -

Frieden ist unsres Glaubens Gespinst -
Glocken in Winternacht
Fern verklingend mit dem Nachbarn
Der nie Halt gemacht.

Nicht Unser Tun wird Prüfstein sein
Am End von Tun und Willen
Vielmehr fragt Gott Was hätten Wir
Als Göttlichere wollen -

Beschämt sein kann ich nicht
Weil ich dein Angebot
Von Liebe nicht ermesse -
Bescheidenheit
Wird umgestülpt von Größe

Und stolz sein kann ich nicht
Weil solche Höh der Höh
Alpines Können nötig macht
Dienstleistungen
Von Schnee -

Biene! Ich erwarte dich!
Du bist fällig, sagte ich
Gestern justament
Zu einem, der dich kennt -

Die Frösche sind seit letzter Woche
Seßhaft und am Werk
Die Vögel meist zurück -
Der Klee schon warm und dick -

You'll get my Letter by
The Seventeenth; Reply
Or better, be with me -
Your's, Fly.

Said Death to Passion   988
»Give of thine an Acre unto me«.
Said Passion, through contracting Breaths
»A Thousand Times Thee Nay«.

Bore Death from Passion
All His East
He - sovreign as the Sun
Resituated in the West
And the Debate was done

A Sickness of this World it most occasions   993
When Best Men die.
A Wishfulness their far Condition
To occupy.

A Chief indifference, as Foreign
A World must be
Themselves forsake - contented -
For Deity

The missing All, prevented Me   995
From missing minor Things.
If nothing larger than a World's
Departure from a Hinge
Or Sun's Extinction, be observed
'Twas not so large that I

Den Brief wirst du
Am Siebzehnten wohl kriegen;
Antworte, oder besser, komm -
Gruß, Fliege.

Tod sprach zur Leidenschaft
»Von deinen Feldern eins
Gib mir« - keucht Leidenschaft
»Dir Tausend Mal mein Nein«.

Als Tod von Leidenschaft
Den ganzen Osten hatte
Steht Sie - ein Sonnenfürst -
Im Westen wieder da -
Ende der Debatte

Es wird uns übel von der Welt wenn unsre Besten
Und Nächsten sterben.
Wir möchten ihre ferne Stellung
Erwerben.

Äußersten Gleichmut, weil als Fremde
Die Welt erscheint
Aus der sie ziehn - zufrieden -
Zur Gottheit hin

Mangel an Allem, hat verhindert
Daß Minderes Mir mangelt.
Wenn's mehr nicht war als daß man sah
Die Welt fiel aus den Angeln
Das Sonnenlicht erlosch, so war's
Doch nicht so viel, daß ich

Could lift my Forehead from my work
For Curiosity.

Somewhat, to hope for,   998
Be it ne'er so far
Is Capital against Despair -

Somewhat, to suffer,
Be it ne'er so keen -
If terminable, may be borne -

Lest this be Heaven indeed   1000
An Obstacle is given
That always guages a Degree
Between Ourself and Heaven.

The Stimulus, beyond the Grave   1001
His Countenance to see
Supports me like imperial Drams
Afforded Day by Day.

Falsehood of Thee, could I suppose   1007
'Twould undermine the Sill
To which my Faith pinned Block by Block
Her Cedar Citadel -

Von meiner Arbeit heben konnt
Die Stirne - neugierig -

Etwas, zum Hoffen,
Nur nicht zu weit ab
Wirkt gegen Verzweiflung fabelhaft -

Etwas, zum Leiden,
Nur nicht allzu kraß -
Wenn's endlich ist, erträgt man es -

Damit nicht dies der Himmel ist
Gibt es ein Hindernis
Das immer eine Stufe Abstand
Von Uns zum Himmel mißt.

Der Ansporn, sein Gesicht
Zu sehn jenseits des Grabs
Stärkt mich wie exquisite Schlückchen
Erschwinglich Tag für Tag.

Dich falsch zu glauben, könnt ich's
Es unterspülte die Schwelle
Wo Block um Block mein Glaube baut
Die Zedernzitadelle -

Crumbling is not an instant's Act 1010
A fundamental pause
Dilapidation's processes
Are organized Decays -

'Tis first a Cobweb on the Soul
A Cuticle of Dust
A Borer in the Axis
An Elemental Rust -

Ruin is formal - Devil's work
Consecutive and slow -
Fail in an instant, no man did
Slipping - is Crashe's law -

Best Things dwell out of Sight 1012
The Pearl - the Just - Our Thought -
Most shun the Public Air
Legitimate, and Rare -

The Capsule of the Wind
The Capsule of the Mind

Exhibit here, as doth a Burr -
Germ's Germ be where?

Up Life's Hill with my little Bundle 1018
If I prove it steep -
If a Discouragement withold me -
If my newest step

Older feel than the Hope that prompted -
Spotless be from blame

Verfall geschieht nicht im Moment
Als gründliche Zäsur
Zerbröselungsprozesse sind
Verfallsgestaltung nur -

Erst Spinnweb auf der Seele
Von Staub ein Häutchen bloß
Ein Bohrer in der Achse
Elementarer Rost -

Ruin nimmt Form an - Teufelswerk
Fortlaufend und gemach -
Kein Mensch fiel durch, im Augenblick
Durch Rutschen - kommt's zum Bruch

Das Beste wohnt Verborgen
Die Perle - Gerechte - Gedanken -
Das Gültige, Seltene scheut
Meist die Öffentlichkeit -

Die Fruchtkapsel des Windes
Die Fruchtkapsel des Sinnens

Stellt sich hier aus, als Samenhaus -
Wo ist der Keim des Keims?

Aufwärts trag das Lebensbündel
Auch wenn's steil erscheint -
Wenn Entmutigung mich hindert -
Wenn der jüngste Schritt

Matter wirkt als alte Hoffnung -
Beide sind ja rein

Heart that proposed as Heart that accepted
Homelessness, for Home -

Did We abolish Frost 1024
The Summer would not cease -
If Seasons perish or prevail
Is optional with Us -

To die - without the Dying 1027
And live - without the Life
This is the hardest Miracle
Propounded to Belief.

The Products of my Farm are these 1036
Sufficient for my Own
And here and there a Benefit
Unto a Neighbor's Bin.

With Us, 'tis Harvest all the Year
For when the Frosts begin
We just reverse the Zodiac
And fetch the Acres in -

The Dying need but little, Dear, 1037
A Glass of Water's all,
A Flower's unobtrusive Face
To punctuate the Wall,

A Fan, perhaps, a Friend's Regret
And Certainty that one

Herz das vorschlug und das guthieß
Nicht-Daheim, als Heim -

Wenn wir den Frost abschafften
Der Sommer blieb bestehn -
Von uns hängt ab ob Jahreszeiten
Sei's dauern sei's vergehn -

Zu sterben - ohne Sterben
Und leben - ohne Leben
Nie hat ein strengeres Mirakel
Dem Glauben vorgelegen.

Dies die Produkte meiner Farm
Sie reichen mir gerade
Und hie und da ein Zustupf
An eines Nachbarn Hurde.

Bei uns wird ganzjährig geerntet
Denn fängt die Frostzeit an
So kehren wir den Tierkreis um
Und holen die Felder rein -

Zum Sterben braucht's fast nichts, mein Lieb,
Ein Glas mit Wasser reicht,
Und dann als Tupfen an der Wand
Dezent ein Blumengesicht,

'nen Fächer, eines Freunds Bedauern
Und die Gewißheit, Einem

No color in the Rainbow
Perceive, when you are gone -

My Heart opon a little Plate   1039
Her Palate to delight
A Berry or a Bun, would be,
Might it an Apricot!

'Twas my one Glory -   1040
Let it be
Remembered
I was owned of Thee -

When they come back - if Blossoms do - 1042
I always feel a doubt
If Blossoms can be born again
When once the Art is out -

When they begin, if Robins may,
I always had a fear
I did not tell, it was their last Experiment
Last Year,

When it is May, if May return,
Had nobody a pang
Lest in a Face so beautiful
He might not look again?

If I am there - One does not know
What Party - One may be
Tomorrow, but if I am there
I take back all I say -

Entfärbte sich der Regenbogen
Als du dahingegangen -

Mein Herz auf einem Tellerchen
Ihr Gaumen soll's genießen
Drum wär's gern Beere, auch Gebäck,
Wenn möglich Aprikose!

Es war mein einzger Ruhm -
Laß es
Erinnert sein
Daß ich war Dein -

Wenn's wieder blüht - falls sie zurück -
Die Blüten - zweifle ich
Daß Blüten werden wiederkehren
Wenn erst die Kunst draus wich -

Wenn's wieder singt - falls sie es können,
Die Drosseln - meine Furcht
Ist stets, sie hätten's letztes Jahr
Zum letzten Mal versucht,

Wenn's Mai ist, falls Mai wiederkehrt,
Tut es da keinem leid
Daß er womöglich ein so schönes
Gesicht nicht wiedersieht?

Falls ich dort bin - Man weiß ja nicht
Wo man dabei ist - Morgen,
Doch falls, dann nehme ich zurück
Dies alles was ich sage -

Superiority to Fate   1043
Is difficult to gain
'Tis not conferred of any
But possible to earn

A pittance at a time
Until to Her surprise
The Soul with strict economy
Subsist till Paradise.

Revolution is the Pod   1044
Systems rattle from
When the Winds of Will are stirred
Excellent is Bloom

But except it's Russet Base
Every Summer be
The entomber of itself,
So of Liberty -

Left inactive on the Stalk
All it's Purple fled
Revolution shakes it for
Test if it be dead -

We learn in the Retreating   1045
How vast an one
Was recently among us -
A Perished Sun

Endear in the departure
How doubly more
Than all the Golden presence
It was - before -

1865

Schicksalsüberlegenheit
Ist schwierig zu gewinnen
Verliehn wird sie von keinem
Doch kann man sie verdienen

In Häppchen nur aufs Mal
Durch Sparbemühung bis
Die Seele staunt, daß sie sich hält
Bis hin zum Paradies.

Aus der Samenkapsel Umsturz
Rasseln die Systeme
Mit des Willens Winden kommen
Wunderbare Blüten

Ohne diese rostge Basis
Hätten Sommer sich
Selbst ihr Grab geschaufelt,
So geht's Freiheit auch -

Sitzt sie passiv auf dem Stengel
Fort ihr Purpurrot
Schüttelt sie der Umsturz
Schaut, ob sie schon tot -

Beim Fortgehn klärt sich uns das
Format von Einem
Der kürzlich noch bei uns war -
Zerstörte Sonne

Ans Herz wächst er beim Abschied
Uns doppelt mehr
Als alles Goldne Hiersein -
Von vorher -

Ended, ere it begun -   1048
The Title was scarcely told
When the Preface perished from Consciousness
The story, unrevealed -

Had it been mine, to print!
Had it been your's, to read!
That it was not our privilege
The interdict of God -

Myself can read the Telegrams   1049
A Letter chief to me
The Stock's advance and retrogade
And what the Markets say

The Weather - how the Rains
In Counties have begun.
'Tis News as null as nothing,
But sweeter so, than none.

I am afraid to own a Body -   1050
I am afraid to own a Soul -
Profound - precarious Property -
Possession, not optional -

Double Estate, entailed at pleasure
Opon an unsuspecting Heir -
Duke in a moment of Deathlessness
And God, for a Frontier.

Zu End, eh es begonnen -
Der Titel - kaum gewählt -
Schwand mit dem Vorwort im Bewußtsein
Was war, blieb unerzählt -

Hätt ich vermocht, zu drucken!
Hättst du vermocht, zu lesen!
Daß uns dies Recht versagt war, hat
An Gottes Nein gelegen -

Ich kann die Telegramme lesen
Den Hauptbrief unter allen
Das Auf und Ab der Börse
Und was die Märkte sagen

Das Wetter - wie die Regenzeit
Begann in der Gemeinde.
Nachrichten - null und nichtig,
Doch lieblicher, als keine.

Um meinen Leib ist es mir bang -
Und bang um meine Seele -
Profund - labiles Eigentum -
Besitz, den wir nicht wählen -

Zweifaches Gut, verdutztem Erben
Zur Freude zugemessen -
Ein Fürst im Todlosen Moment
Mit Gott, als Landesgrenze.

The Well opon the Brook 1051
Were foolish to depend -
Let Brooks - renew of Brooks -
But Wells - of failless Ground!

Because 'twas Riches I could own, 1053
Myself had earned it - Me,
I knew the Dollars by their names -
It feels like Poverty

An Earldom out of sight, to hold,
An Income in the Air,
Possession - has a sweeter chink
Unto a Miser's Ear -

Themself are all I have - 1054
Myself a freckled - be -
I thought you'd choose
A Velvet Cheek
Or one of Ivory -
Would you - instead of Me?

Could I but ride indefinite 1056
As doth the Meadow Bee
And visit only where I liked
And no one visit me

And flirt all Day with Buttercups
And marry whom I may
And dwell a little everywhere
Or better, run away

Wie Albern wär der Quell
Der aus dem Bach entstand -
Ein Bach erneure sich aus Bächen -
Ein Quell - aus reinem Grund!

Weil ich mir Reichtum schaffen konnte,
Den ich mir selbst erwarb,
Kannt ich die Dollars namentlich -
Nun scheint es mir, man darbt

Wenn man ein unsichtbares Land,
Gewinn in Luft besitzt,
Viel süßer klimpert Eigentum
Wenn man ein Geizhals ist -

Die hier sind all mein Gut -
Ich selbst mag scheckig sein -
Du wählst, dacht ich
Ein Samtgesicht
Vielleicht aus Elfenbein -
An meiner Stelle - Nein?

Wär ich nur endlos unterwegs
So wie im Gras die Biene
Zu Gast nur wo es mir gefällt
Und mich besuchte keiner

Ich flirtete mit Butterblumen
Vermählte mich nach Lust
Und wohnte überall ein wenig
Noch lieber lief ich just

With no Police to follow
Or chase Him if He do
Till He should jump Peninsulas
To get away from me -

I said »But just to be a Bee«
Opon a Raft of Air
And row in Nowhere all Day long
And anchor »off the Bar«

What Liberty! So Captives deem
Who tight in Dungeons are.

Uncertain lease - developes lustre   1059
On Time -
Uncertain Grasp, appreciation
Of Sum -

The shorter Fate -
   is oftener the chiefest
Because
Inheritors opon a tenure
Prize -

Death leaves Us homesick, who behind,   1066
Except that it is gone
Are ignorant of it's Concern
As if it were not born.

Through all their former Places, we
Like Individuals go
Who something lost, the seeking for
Is all that's left them, now -

1865

Davon, und wenn ein Polizist
Mir folgte, ich vertriebe
Ihn an den Rand des Kontinents
Bis er vom Hals mir bliebe -

Ich sagte »Einfach Biene sein«
Auf einem Floß aus Luft
Taglang im Nirgendwo zu rudern
Zu ankern »weit vom Schuß«

O Freiheit! Glauben die Gefangenen
In enger Kerkergruft.

Unsichre Pacht - verleiht der Zeit
Mehr Schimmer -
Unsichrer Zugriff, Wertschätzung
Der Summe -

Das kürzre Los -
   schwingt oben aus
Zumeist -
Weil man's als Erbe von Besitztum
Preist -

Tod läßt Uns heimwehkrank, die wir
Hernach nur noch gewahren
Es fehlt etwas, was ist mit ihm?
Als wär es nie geboren.

Wir gehn durch alle frühern Orte
Dem Menschen gleich, dem nach
Verlust als allerletztes bleibt
Daß er nach etwas sucht -

The Chemical conviction　　　　1070
That Nought be lost
Enable in Disaster
My fractured Trust -

The Faces of the Atoms
If I shall see
How more the Finished Creatures
Departed Me!

How happy I was if I could forget　　　　1080
To remember how sad I am
Would be an easy adversity
But the recollecting of Bloom

Keeps making November difficult
Till I who was almost bold
Lose my way like a little Child
And perish of the cold.

Experiment to me　　　　1081
Is every one I meet
If it contain a Kernel?
The Figure of a nut

Presents opon a Tree
Equally plausibly
But meat within is requisite
To Squirrels and to me

Die Chemische Gewißheit
Verlorn geht Nichts
Ermöglicht mir im Unheil
Vertraun mit Riß -

Soll ich einst von Atomen
Gesichter sehen
Wie viel mehr fertige Geschöpfe
Die von Mir gingen!

Könnt ich vergessen wie glücklich ich war
Dran zu denken, wie traurig ich bin
Wär nur ein kleineres Mißgeschick
Jedoch mich erinnern an Blühn

Macht den November kompliziert
Bis ich - einst fast verwegen -
Vom Weg abkomme wie ein Kind
Und muß im Frost vergehen.

Als mein Versuchsobjekt
Ist mir ein jeder gut
Ob wohl ein Kern drin steckt?
Die Zeichen einer Nuß

Sind ebenso glaubwürdig
An einem Baum, jedoch
Das Fleisch darin beanspruchen
Die Eichkätzchen und ich

That Such have died enable Us   1082
The tranquiller to die -
That Such have lived,
Certificate for Immortality.

Sang from the Heart, Sire,   1083
Dipped my Beak in it,
If the Tune drip too much
Have a tint too Red

Pardon the Cochineal -
Suffer the Vermillion -
Death is the Wealth
Of the Poorest Bird.

Bear with the Ballad -
Awkward - faltering -
Death twists the strings -
'Twas'nt my blame -

Pause in your Liturgies -
Wait your Chorals -
While I repeat your
Hallowed Name -

To help our Bleaker Parts   1087
Salubrious Hours are given
Which if they do not fit for Earth -
Drill silently for Heaven -

The Opening and the Close   1089
Of Being, are alike

Daß Solche starben, läßt uns selbst
Um so gelassner sterben -
Daß solche lebten, ist Beweis
Für das Unsterblichwerden.

Sang, Sire, von Herzen
Tauchte den Schnabel rein,
Trieft nun mein Lied davon
Ist dir zu Rot der Ton

Sieh mir den Purpur nach -
Duld den Zinnober -
Tod ist der Reichtum
Des Schäbigsten Vogels.

Schick dich ins Bänkellied
Stockend und sperrig -
Tod spannt die Saiten -
An mir lag es nicht -

Warte mit Liturgie -
Warte mit Chören -
Heilig dein Name
Ihn laß ich hören -

Für unsre Kahlheit können wir
Heilsame Zeit erwerben
Die - wenn sie nichts auf Erden taugt -
Drillt uns fürs Seligwerden -

Das Auf und Zu des Seins
Ist ähnlich, Unterschiede

Or differ, if they do,
As Bloom opon a Stalk -

That from an equal Seed
Unto an equal Bud
Go parallel, perfected
In that they have decayed -

This quiet Dust was Gentlemen and Ladies
And Lads and Girls -
Was laughter and ability and Sighing
And Frocks and Curls.

This Passive Place a Summer's nimble mansion
Where Bloom and Bees
Exist an Oriental Circuit
Then cease, like these -

To own the Art within the Soul
The Soul to entertain
With Silence as a Company
And Festival maintain

In an unfurnished Circumstance
Possession is to One
As an Estate perpetual
Or a reduceless Mine.

There is a finished feeling
Experienced at Graves -
A leisure of the Future -
A Wilderness of Size.

Gibt's allenfalls wie bei
Der Blüte und dem Stiele -

Die aus dem gleichen Samen
Fortgehn zum gleichen Keim
Auf parallelem Weg, sie werden
Perfekt im Modern sein -

Der stille Staub war edle Herrn und Damen
Und Mädchen, Knaben -
War Lachen und Talent und Seufzen
Gewand und Locken.

Die Ödnis war - ein lebhaft Sommerhaus
Wo Blumen, Bienen
Orientalisch kreisen und dann
Enden, gleich diesen -

Die Kunst im Seeleninnenraum
Die Seele zu ergötzen
Mit nichts als dem Gesellen Schweigen
Sich hin zum Fest zu setzen

Im leeren Rahmen, ist Besitz
Besessenheit für Eine
Wie Ewges Gut, gleich einer
Nicht ausschöpfbaren Mine.

Ein Gefühl von Abschluß
Stellt sich ein am Grab -
Wie Ferien von der Zukunft -
Im Ausmaß wildnishaft.

By Death's bold Exhibition
Preciser what we are
And the Eternal function
Enabled to infer.

We outgrow love, like other things   1094
And put it in the Drawer -
Till it an Antique fashion shows -
Like Costumes Grandsires wore.

When I have seen the Sun emerge   1095
From His amazing House -
And leave a Day at every Door
A Deed, in every place -

Without the incident of Fame
Or accident of Noise -
The Earth has seemed to me a Drum,
Pursued of little Boys

A narrow Fellow in the Grass   1096
Occasionally rides -
You may have met him? Did you not
His notice instant is -

The Grass divides as with a Comb -
A spotted Shaft is seen,
And then it closes at your Feet
And opens further on -

He likes a Boggy Acre -
A Floor too cool for Corn -

Des Todes dreiste Ausstellung
Zeigt, was wir sind, präziser
Und lehrt, auf die Funktion
Der Ewigkeit zu schließen.

Der Lieb entwachsen wir, wie allem
Und schieben sie in Laden -
Bis altertümlich wirkt ihr Stil -
Ein Trachtenrock der Ahnen.

Wenn ich aus ihrem staunenswerten
Haus sah die Sonne treten -
Sah wie sie ohne Zufallslärm
Und Zwischenfall von Reden

Tat hinterläßt an jedem Ort
Und Tag vor jeder Tür -
Kam mir die Erde wie die Trommel
Von kleinen Buben vor

Ein schmaler Bursche schiebt sich
Durchs Gras mitunter hin -
Nicht wahr, du hast ihn schon erblickt?
Sofort bemerkt man ihn -

Wie Haar gescheitelt wirkt das Gras -
Gefleckt erscheint der Schaft,
Zu deinen Füßen schließt es sich
Bis es entfernter klafft -

Moorige Felder mag er -
Und Grund zu kühl für Korn -

But when a Boy and Barefoot
I more than once at Noon

Have passed I thought a Whip Lash
Unbraiding in the Sun
When stooping to secure it
It wrinkled And was gone -

Several of Nature's People
I know and they know me
I feel for them a transport
Of Cordiality

But never met this Fellow
Attended or alone
Without a tighter Breathing
And Zero at the Bone.

Ashes denote that Fire was -   1097
Revere the Grayest Pile
For the Departed Creature's sake
That hovered there awhile -

Fire exists the first in light
And then consolidates
Only the Chemist can disclose
Into what Carbonates -

The Leaves like Women, interchange   1098
Sagacious Confidence -
Somewhat of Nods and somewhat
Portentous inference -

Doch wenn als Bub ich mittags
Barfuß vorüberkam

Glaubt ich, daß in der Sonne
Ein Peitschensträhnchen läg -
Ich bück mich, es zu halten
Er schrumpfte Und war weg -

Mich kennt vom Volke der Natur
Manch einer und ich ihn
Mein ganzes Herz, das spür ich,
Zieht es zu ihnen hin

Doch traf ich nie den Burschen
Begleitet wie allein
Ohne ein Atemstocken
Und Nullpunkt im Gebein.

Asche zeigt an daß Feuer war -
Verehr im grauen Häufchen
Die abgeschiedne Kreatur
Die hier gelebt ein Weilchen -

In Licht lebt Feuer erst, wird dann
Zu festen Aggregaten
Einzig der Chemiker legt dar
Von welchen Karbonaten -

Blätter wie Frauen, tauschen sich
Gescheit vertraulich aus -
Etwas wie Nicken, gleich drauf
Ein ominöser Schluß -

The Parties in both cases
Enjoining secrecy -
Inviolable compact
To notoriety.

At Half past Three 1099
A Single Bird
Unto a silent sky
Propounded but a single term
Of cautious Melody.

At Half past Four
Experiment had subjugated test
And lo, her silver principle
Supplanted all the rest.

At Half past Seven
Element nor implement be seen
And Place was where the Presence was
Circumference between

Perception of an Object costs 1103
Precise the Object's loss -
Perception in itself a Gain
Replying to it's price -

The Object absolute, is nought -
Perception sets it fair
And then upbraids a Perfectness
That situates so far -

Beide Parteien machen
Geheimhaltung zur Pflicht -
Das ist ein hieb- und stichfester
Vertrag mit dem Gerücht.

Ein Vogel nur
War's um halb Vier
Dem stillen Himmel bot
Er nur ein einziges Motiv
Von einem zagen Lied.

Halb Fünf, da hatte
Der Versuch die Prüfung abgeschlossen
Sieh an, sein silbernes Gesetz
Hat alle ausgestochen.

Halb Acht, und weder
Material noch Werkzeug zu erblicken
Ein Ort einstiger Gegenwart
In des Umkreisens Mitte

Wer ein Objekt ins Auge faßt
Bezahlt mit dem Verlust -
Die Wahrnehmung ist selbst Gewinn
Replik auf seinen Wert -

Das absolute Ding, ist nichts -
Erst Hinsehn macht es schön
Und tadelt eine Perfektion
Die es so hoch gehängt -

My Cocoon tightens - Colors teaze -　　1107
I'm feeling for the Air -
A dim capacity for Wings
Demeans the Dress I wear -

A power of Butterfly must be -
The Aptitude to fly
Meadows of Majesty concedes
And easy Sweeps of Sky -

So I must baffle at the Hint
And cipher at the Sign
And make much blunder, if at last
I take the clue divine -

The Bustle in a House　　1108
The Morning after Death
Is solemnest of industries
Enacted opon Earth -

The Sweeping up the Heart
And putting Love away
We shall not want to use again
Until Eternity -

This is a Blossom of the Brain -　　1112
A small - italic Seed
Lodged by Design or Happening
The Spirit fructified -

Shy as the Wind of his Chambers
Swift as a Freshet's Tongue
So of the Flower of the Soul
It's process is unknown -

1865

Eng wird mein Kokon - Farben locken -
Ich recke mich nach Luft -
Doch schwache Flugbefähigung
Entwertet meine Kluft -

Die Macht des Falters speist sich wohl -
Aus dem Talent zu fliegen
Das gibt ihm Wiesenkönigtum
Leicht Übern-Himmel-Schweben -

Ich steh verwirrt vor solchem Wink
Und tüftle an dem Zeichen
Und geh oft fehl, eh ich erfasse
Des Himmels Fingerzeige -

Die Hast im Haus am Morgen
Nach einem Todesfall
Ist unter irdischen Gewerben
Das ernsteste von allen -

Das Herz wird ausgefegt
Und Liebe weggeräumt
Für die nun kein Bedarf mehr ist
In alle Ewigkeit -

Dies ist die Blüte des Gehirns -
Aus fein - kursiver Saat
Durch Plan, durch Zufall einquartiert
Trug sie im Geiste Frucht -

Scheu wie der Wind seiner Kammern
Schnell wie die Zunge der Flut
Wie Seelenblumen wachsen
Hat keiner je gewußt -

When it is found, a few rejoice
The Wise convey it Home
Carefully cherishing the spot
If other Flower become -

When it is lost, that Day shall be
The Funeral of God,
Opon his Breast, a closing Soul
The Flower of Our Lord -

Let down the Bars, Oh Death -
The tired Flocks come in
Whose bleating ceases to repeat
Whose wandering is done -

Thine is the stillest night
Thine the securest Fold
Too near Thou art for seeking Thee
Too tender, to be told -

Erscheint sie, jubeln einige
Der Kluge trägt sie Heim
Hegt sorgsam jenen Ort - falls dort
Noch eine andre keimt -

Geht sie verloren, soll sogleich
Auch Gott begraben sein,
Auf seiner Brust, welkt eine Seele
Die Blume Unsres Herrn -

Ach laß die Schranken, Tod -
Die müde Herde kommt
Ihr Wandern ist ans End gelangt
Ihr Blöken ist verstummt -

Dein ist die stillste Nacht
Das sicherste Gehege
Zu nah bist Du zum Nach-dir-Suchen
Zu sanft für alles Reden -

1866

The Sky is low - the Clouds are mean.　　　1121
A Travelling Flake of Snow
Across a Barn or through a Rut
Debates if it will go -
A Narrow Wind complains all Day
How some one treated him
Nature, like Us is sometimes caught
Without her Diadem -

I cannot meet the Spring - unmoved -　　　1122
I feel the old desire -
A Hurry with a lingering, mixed,
A Warrant to be fair -

A Competition in my sense
With something, hid in Her -
And as she vanishes, Remorse
I saw no more of Her -

Between the form of Life and Life　　　1123
The difference is as big
As Liquor at the Lip between
And liquor in the Jug
The latter - excellent to keep -
But for extatic need
The corkless is superior -
I know for I have tried

Der Himmel niedrig - Wolken fies.
Schneeflocke reist daher
Fragt sich, ob sie noch weiter soll
Als Scheune, Wagenspur -
Den Tag lang klagt ein karger Wind
Mißhandelt hat man ihn
Gleich Uns erwischt man die Natur
Auch ohne Diadem -

Der Frühling rührt mich jedes Mal -
Ich spür das alte Ziehen -
Es mischt sich Hast mit Zögern,
Und Schönheitsgarantien -

Verstand und Sinn im Wettstreit
Mit Etwas, tief in Ihm -
Er geht, und mir ist leid, daß ich
Nicht mehr von Ihm gesehn -

Die Form von Leben und das Leben
Sind so weit unterschieden
Wie im Gefäß der Alkohol
Und der am Rand der Lippen
Der erste - hält sich bestens -
Wer nach Ekstase strebt
Fährt mit dem Unverkorkten besser -
Ich weiß, ich hab's probiert

Paradise is of the Option -
Whosoever will
Own in Eden notwithstanding
Adam, and Repeal.

Distance - is not the Realm of Fox
Nor by Relay of Bird
Abated - Distance is
Until thyself, Beloved.

I fit for them - I seek the Dark
Till I am thorough fit.
The labor is a sober one
With the austerer sweet -

That abstinence of mine produce
A purer food for them, if I succeed,
If not I had
The transport of the Aim -

Eine Kaufoption ist Eden -
Keiner der nicht will
Grund und Boden dort besitzen
Trotz dem Sündenfall.

Distanz - schafft nicht das Fuchsgebiet
Noch wird sie weniger
Vom Vogelzug - Distanz bedeutet
Der Weg zu dir, mein Lieber.

Ich pass' mich an sie an - such Dunkel
Bis ich umfassend passe.
Die Mühe - nüchtern wie sie ist -
Hat eine herbe Süße -

Mög ihnen mein Enthaltsamsein
Reinere Nahrung geben, falls es gelingt,
Falls nicht, war mein
Die Lust danach zu streben -

1867

Some Wretched creature, savior take   1132
Who would exult to die
And leave for thy sweet mercy's sake
Another Hour to me

There is another Loneliness   1138
That many die without -
Not want of friend occasions it
Or circumstance of Lot

But nature, sometimes, sometimes thought
And whoso it befall
Is richer than could be revealed
By mortal numeral -

We do not know the time we lose -   1139
The awful moment is
And takes it's fundamental place
Among the certainties -

A firm appearance still inflates
The card - the chance - the friend -
The spectre of solidities
Whose substances are sand -

Nimm einen armen Tropf, oh Herr
Der liebend gerne stürbe
Und laß um deiner Gnade willen
Doch mir noch eine Stunde

Es gibt ein andres Einsamsein
So mancher kennt es nicht -
Nicht Freundesmangel ist der Grund
Noch Umstand des Geschicks

Schuld ist Natur bald, bald der Geist
Und wen es je befällt
Den macht es reicher als in Geld
Man es hienieden zählt -

Wir wissen nicht Wann wir verlieren -
Der schreckliche Moment
Hat seinen festen Ort in dem
Was sicher auf uns kommt -

Noch füllt ein Schein von Festigkeit
Die Karte - Glück - den Freund -
Soliditätsgespenster - die
Nichts andres sind als Sand -

The murmuring of Bees, has ceased   1142
But murmuring of some
Posterior, prophetic,
Has simultaneous come.
The lower metres of the Year
When Nature's laugh is done
The Revelations of the Book
Whose Genesis was June.
Appropriate Creatures to her change
The Typic Mother sends
As Accent fades to interval
With separating Friends
Till what we speculate, has been
And thoughts we will not show
More intimate with us become
Than Persons, that we know.

Gesumm der Bienen, ist vorbei
Ein Summen andrer Stimmen
Nachmaliger, prophetischer
Ist unterdes gekommen.
Des Jahres matte Metren
Natur hat ausgeschertzt
War Juni einst die Genesis
Herrscht Offenbarung jetzt.
Zum Wandel passende Geschöpfe
Die echte Mutter sendet
Wie Ton in Pause untergeht
Indem sich Freunde trennen
Bis unser Spekulieren, aus ist
Und heimliche Gedanken
Vertrautere Gesellschaft werden
Als Leute, die wir kannten.

1868

The smouldering embers blush - *1143
Oh Heart within the Coal
Hast thou survived so many years?
The smouldering embers smile -

Soft stirs the news of Light
The stolid seconds glow
This requisite has Fire that lasts
It must at first be true -

In thy long Paradise of Light 1145
No moment will there be
When I shall long for Earthly Play
And mortal Company -

After a hundred years 1149
Nobody knows the Place
Agony that enacted there
Motionless as Peace

Weeds triumphant ranged
Strangers strolled and spelled
At the lone Orthography
Of the Elder Dead

Winds of Summer Fields
Recollect the way -
Instinct picking up the Key
Dropped by memory -

Asche wird rot beim Schwelen -
Oh Herz im Kohleninnern
Hast so viel Jahre überlebt?
Da lächelt es im Glimmern -

Sanft weckt Gerücht vom Licht
Stumpfe Sekunden glühn
Dies braucht's damit das Feuer bleibt -
Treu muß es vorher sein -

In deinem Paradies aus Licht
Wird's den Moment nie geben
Wo ich nach Irdischen Gefährten
Und ihrem Spiel mich sehne -

Hundert Jahre später kennt
Niemand mehr den Ort
Todesangst einst Drama hier
Starr wie Frieden ward

Siegreich wuchern Winden
Fremde buchstabieren
Eigenbrötlerischen Stil
Jener Toten Ahnen

Luftzug überm Sommerfeld
Wird den Weg noch wissen -
Ahnung hebt den Schlüssel auf
Zu allem was vergessen.

1869

Exhiliration is the Breeze   1157
That lifts us from the Ground
And leaves us in another place
Whose statement is not found -

Returns us not, but after time
We soberly descend
A little newer for the term
Opon Enchanted Ground -

A Spider sewed at Night   1163
Without a Light
Opon an Arc of White -

If Ruff it was of Dame
Or Shroud of Gnome
Himself himself inform -

Of Immortality
His strategy
Was physiognomy -

Begeisterung ist jene Brise
Die uns vom Boden hebt
Und uns an einem Ort verläßt
Des Satzung keiner kennt -

Bringt uns nicht wieder, doch zuletzt
Steigt man ernüchtert ab
Ein wenig frischer um die Frist
An dem Verhexten Ort -

Die Spinne hat bei Nacht
Und ohne Licht
Ein Rund aus Weiß gemacht -

Ob's einer Lady Kragen
Ob es ein Hemd von Zwergen -
Soll sie sich selber sagen -

Dies ihre Strategie
Unsterblichkeitsgewinn
Durch Physiognomie -

1870

Were it to be the last 1165
How infinite would be
What we did not suspect was marked
Our final interview.

The Suburbs of a Secret 1171
A Strategist should keep -
Better than on a Dream intrude
To scrutinize the Sleep -

Contained in this short Life 1175
Are magical extents
The soul returning soft at night
To steal securer thence
As Children strictest kept
Turn soonest to the sea
Whose nameless Fathoms slink away
Beside infinity

Nature affects to be sedate 1176
Opon Occasion, grand
But let our observation halt
Her practises extend
To Necromancy and the Trades
Remote to understand
Behold our spacious Citizen
Unto a Juggler turned -

Und sollte es das letzte sein
Wie endlos wäre doch
Was ohne unser Wissen galt
Als letztes Zwiegespräch.

Vorstädte des Geheimnisses
Soll ein Stratege sichern -
Anstatt in Träume einzubrechen
Um Schlaf zu untersuchen -

Enthalten in dem kurzen Leben
Sind magische Bereiche
Weich kehrt die Seele nachts drin ein
Um sichrer fortzuschleichen
Wie strengst gehaltne Kinder
Dem Meer entgegenlaufen
Des namenlose Tiefen schwinden
Vorm ewig Grenzenlosen

Gelassen gibt sich die Natur
Mitunter, feierlich
Hör auf sie zu beobachten
Und ihre Praxis reicht
Zum Geistersehn und zu Gewerben
Entlegen dem Verstande
Seht unsre Bürgerin - einst stattlich -
Zum Gauner umgewandelt -

The Life we have is very great. 1178
The Life that we shall see
Surpasses it, we know, because
It is Infinity.
But when all space has been beheld
And all Dominion shown
The smallest Human Heart's extent
Reduces it to none.

The Riddle we can guess 1180
We speedily despise -
Not anything is stale so long
As Yesterday's surprise -

Experiment escorts us last - 1181
His pungent company
Will not allow an Axiom
An Opportunity -

Too happy Time dissolves itself 1182
And leaves no remnant by -
'Tis Anguish not a Feather hath
Or too much weight to fly -

We introduce ourselves 1184
To Planets and to Flowers
But with ourselves
Have etiquettes
Embarrassments
And awes

1870

Hier unser Leben ist sehr groß.
Das dort für uns bereit ist
Ist größer, wie wir wissen, weil es
Die Grenzenlosigkeit ist.
Doch ist die Gegend vorgezeigt
Der ganze Raum besichtigt
Wird er verglichen mit der Weite
Des Herzens null und nichtig.

Das Rätsel das wir raten
Wird ungesäumt verachtet -
Am abgestandensten ist doch
Was Gestern überraschte -

Experiment begleitet uns
Scharf stechend bis zuletzt -
Und läßt daneben keinen Platz
Für einen Glaubenssatz -

Zu frohe Zeit löst sich selbst auf
Läßt keinen Rest zurück -
Doch Qual ist federlos, zum Fliegen
Hat sie zu viel Gewicht -

Wir machen uns bekannt
Mit Blumen und Planeten
Sind aber bei uns selber
Steif
Ehrfürchtig
Und verlegen

Had we known the Ton she bore 1185
We had helped the terror
But she straighter walked for Freight
So be her's the error -

A great Hope fell 1187
You heard no noise
The Ruin was within
Oh cunning Wreck
That told no Tale
And let no Witness in

The mind was built for mighty Freight
For dread occasion planned
How often foundering at Sea
Ostensibly, on Land

A not admitting of the wound 1188
Until it grew so wide
That all my Life had entered it
And there were troughs beside -

A closing of the simple lid that opened to the sun
Until the tender Carpenter
Perpetual nail it down -

Wär ihre Last uns klar gewesen
Wir hätten sie befreit
Doch hielt sie sich nur umso grader
Ein Irrtum ihrerseits -

Ein großes Hoffen
Fiel geräuschlos
Die Trümmer lagen innen
Oh schlauer Schiffbruch
Ohne Nachricht
Und ohne jeden Zeugen

Der Geist gebaut für Riesenfracht
Den furchtbaren Moment
Wie oft versinkt er in der See
Angeblich, noch an Land

Nicht eingestanden war die Wunde
Bis es sich so ergeben
Daß drin stand schon mein ganzes Leben
Und war noch Platz daneben -

Geschlossen wurde da ein Lid das aufging hin zur Sonne
Bis es der zarte Zimmermann
Zunagelte für immer -

That this should feel the need of Death 1189
The same as those that lived
Is such a Feat of Irony
As never was achieved -
Not satisfied to ape the Great in his simplicity
The small must die, the same as he -
Oh the audacity -

Daß dies wie alles was da lebt
Des Todes Not soll fühlen
Solch Heldenstück von Ironie
Ward nie zuvor gegeben -
In seiner Einfalt unzufrieden den Großen nachzuäffen
Muß doch der Kleine, gleich ihm, sterben -
Oh, dieses Kräftemessen -

1871

Society for me my misery   1195
Since Gift of Thee -

Safe Despair it is that raves -   1196
Agony is frugal.
Puts itself severe away
For it's own perusal.

Garrisoned no Soul can be
In the Front of Trouble -
Love is one, not aggregate -
Nor is Dying double -

Too few the mornings be,   1201
Too scant the nights.
No lodging can be had
For the delights
That come to earth to stay,
But no apartment find
And ride away.

Of so divine a Loss   1202
We enter but the Gain,
Indemnity for Loneliness
That such a Bliss has been.

Elend kommt mir die Gesellschaft vor
Beschenkt mit Dir -

Sichere Verzweiflung feiert -
Agonie ist sparsam.
Überprüft sich immer wieder
Nimmt sich in Gewahrsam.

Einquartiert bleibt keine Seele
Vor der Front von Leiden -
Lieb ist eins, und unvermischt -
Tod gibt's auch nur Einen -

Zu spärlich sind die Nächte,
Knapp die Morgen.
Und kein Logis zu finden
Für die Freuden
Die gern auf Erden blieben,
Aber unbehaust
Von dannen reiten.

Verlust von solcher Höhe
Verbucht man als Gewinn,
Daß solche Seligkeit gewesen,
Vergütet Einsamsein.

Lest they should come - is all my fear   1204
When sweet incarcerated - here

The Voice that stands for Floods to me   1207
Is sterile borne to some -
The Face that makes the Morning mean
Glows impotent on them -

What difference in Substance lies
That what is Sum to me
By other Financiers be deemed
Exclusive Poverty!

Somehow myself survived the Night   1209
And entered with the Day -
That it be saved the Saved suffice
Without the Formula -

Henceforth I take my living place
As one commuted led -
A Candidate for Morning Chance
But dated with the Dead.

It's Hour with itself   1211
The Spirit never shows -
What Terror would enthrall the Street
Could Countenance disclose

The Subterranean Freight
The Cellars of the Soul -
Thank God the loudest Place he made
Is licensed to be still.

1871

Nichts fürcht ich so - wie daß sie kommen -
Bin ich - hier - süß in Haft genommen

Die Stimme die mir Flut anzeigt
Bleibt unfruchtbar für viele -
Was mir den Morgen sinnvoll macht
Glüht kraftlos auf sie nieder -

Welch substantieller Unterschied
Was mir Erträge bot
Das halten andre Finanziers
Für exklusive Not!

Hab hinter mich gebracht die Nacht
Kam mit dem Tag herein -
Für Rettung braucht's Gerettete
Und keinerlei Programm -

Fortan nehm ich den Lebensort
Als Ausgetauschte ein -
Ein Kandidat für Morgenglück
Mit Toten im Verein.

Sein Stündchen mit sich selbst
Sieht man dem Geist nicht an -
Da herrschte Schrecken auf der Straße
Säh in Gesichtern man

Die Fracht von Unterirdischem
Von Kellern in der Seele -
Dankt Gott, der schrillste Ort der Schöpfung
Hat die Lizenz für Stille.

A Wind that rose though not a Leaf   1216
In any Forest stirred -
But with itself did cold commune
Beyond the realm of Bird.

A Wind that woke a lone Delight
Like Separation's Swell -
Restored in Arctic confidence
To the invisible.

I worked for chaff and earning Wheat   1217
Was haughty and betrayed.
What right had Fields to arbitrate
In Matters ratified?

I tasted Wheat and hated Chaff
And thanked the ample friend -
Wisdom is more becoming viewed
At distance than at hand.

Who goes to dine must take his Feast   1219
Or find the Banquet mean -
The Table is not laid without
Till it is laid within.

For Pattern is the Mind bestowed
That imitating her
Our most ignoble services
Exhibit worthier.

Es ging ein Wind obwohl kein Blatt
Im Wald ringsum sich regte -
Nur mit sich selber sprach die Kälte
Jenseits vom Reich der Vögel.

Einsame Freude weckt der Wind
Wie Abschiedshochgefühl -
Erneuert Arktisch im Vertrauen
Auf das was niemand sieht.

Mein Mühn für Spreu trug Weizen ein
Stolz fühlt ich mich betrogen.
Mit welchem Recht bewerten Felder
Geschlossene Verträge?

Nach Weizen haßte ich die Spreu
Dankbar dem großen Freund -
Von Weitem sieht man Weisheit besser
Als wenn sie nah zur Hand.

Wer essen geht, der bring sein Mahl
Sonst wird er's mager finden -
Der Tisch wird außen nicht gedeckt
Bis er gedeckt ist innen.

Als Muster ward der Geist gestiftet
Daß nach ihm die gemeinen
Von unsren niedern Diensten
Sich würdevoller zeigen.

It came at last but prompter Death   1221
Had occupied the House -
His pallid Furniture arranged
And his metallic Peace -

Oh faithful Frost that kept the Date
Had Love as punctual been
Delight had aggrandized the Gate
And blocked the coming in.

Immortal is an ample word   1223
When what we need is by
But when it leaves us for a time
'Tis a nescessity.

Of Heaven above the firmest proof
We fundamental know
Except for it's marauding Hand
It had been Heaven below -

Are Friends Delight or Pain?   1224
Could Bounty but remain
Riches were good -

But if they only stay
Ampler to fly away
Riches are sad.

Somewhere opon the general Earth   1226
Itself exist Today -
The Magic passive but extant
That consecrated me -

Zuletzt war's da, doch hat der Tod
Das Haus besetzt noch schnell -
Mit bleichem Mobiliar gefüllt
Mit Frieden aus Metall -

O Frost, so treu, so pünktlich hier
Hätt Liebe so pressiert
Lust hätt die Tür vergrößert und
Das Eindringen blockiert.

Unsterblich ist ein weites Wort
Wenn was uns Not tut nah ist
Doch wird es zur Notwendigkeit
Wenn Nötiges nicht da ist.

Vom Himmel oben haben wir
Den Hauptbeweis gefunden:
Wenn seine Räuberhand nicht wär
Der Himmel wär hier unten -

Sind Freunde Wonne, Pein?
Könnt dieses Gut bestehn
Wär Reichtum schön -

Indes wenn sie nur blieben
Um satter fortzufliegen
Ist Reichtum schlimm.

Auf dieser Erde irgendwo
Wird sie wohl sein noch Heut -
Die passiv wirksame Magie
Die mich einmal geweiht -

Indifferent Seasons doubtless play
Where I for right to be -
Would pay each Atom that I am
But Immortality -

Reserving that but just to prove
Another Date of Thee -
Oh God of Width, do not for us
Curtail Eternity!

I cannot want it more -
I cannot want it less -
My Human Nature's fullest force
Expends itself on this.

And yet it nothing is
To him who easy owns -
Is Worth itself or Distance -
He fathoms who obtains.

'Twas fighting for his Life he was -
That sort accomplish well -
The Ordnance of Vitality
Is frugal of it's Ball.

It aims once - kills once - conquers once -
There is no second War
In that Campaign inscrutable
Of the Interior.

Gleichmütig spielen Jahreszeiten
Wo ich um dort zu sein -
Mit jeder Lebenszelle zahlte -
Jedoch Unsterblichkeit -

Die nähm ich aus, um zu erproben
Mit Dir ein weitres Treffen -
Die Ewigkeit, Oh Gott der Weite,
Mögst du uns nicht straffen!

Mehr kann ich es nicht wollen -
Und auch nicht weniger -
Das Äußerste von meinem Wesen
Verausgabt sich dafür.

Und doch ist es gleich nichts
Für den der leicht besitzt -
Ist es sein Wert? Sein Fernsein?
Der es bekommt, ermißt's.

Ein Kampf ums Leben war's für ihn -
Damit dies Schicksal glückt -
Verwendet sparsam Munition
Der Lebenskraft Geschütz.

Es zielt - es tötet - und erobert -
Nur dann, kein zweiter Krieg
Gehört zum rätselhaften Kampf
Der Innen sich vollzieht.

I should not dare to be so sad   1233
So many Years again -
A Load is first impossible
When we have put it down -

The Superhuman then withdraws
And we who never saw
The Giant at the other side
Begin to perish now.

Remembrance has a Rear and Front.   1234
'Tis something like a House -
It has a Garret also
For Refuse and the Mouse -

Besides the deepest Cellar
That ever Mason laid -
Look to it by it's Fathoms
Ourselves be not pursued -

Oh Shadow on the Grass -   1237
Art thou a Step or not?
Go make thee fair my Candidate
My nominated Heart -
Oh Shadow on the Grass
While I delay to guess
Some other thou wilt consecrate -
Oh Unelected Face -

Ich wagte es nicht noch einmal
So jahrelang zu trauern -
Unmöglich wird die Last ja erst
Wenn wir uns von ihr trennen -

Dann weicht das Übermenschliche
Und wir die nie gesehn
Den Riesen auf der andern Seite
Beginnen zu vergehn.

Erinnerung hat Vorn und Hinten,
Ist etwas wie ein Haus -
Sie hat auch einen Giebel
Für Abfall und die Maus -

Dazu den tiefsten Keller
Den Maurer je gelegt -
Gib Acht auf ihre Tiefe
Damit uns nichts verfolgt -

Oh Schatten auf dem Gras -
Bist Schritt du oder nicht?
Komm Kandidatin, mach dich schön -
Mein Herz, bist nominiert!
Oh Schatten auf dem Gras
Wie ich mich noch besinn
Weihst du - ach, Unerwählt bin ich -
Schon jemand andern ein -

1872

The Stars are old, that stood for me -   1242
The West a little worn -
Yet newer glows the only Gold
I ever cared to earn -
Presuming on that lone result
Her infinite disdain
But vanquished her with my defeat
'Twas Victory was slain.

Shall I take thee, the Poet said   1243
To the propounded word?
Be stationed with the Candidates
Till I have finer tried -

The Poet searched Philology
And was about to ring
For the suspended Candidate
There came unsummoned in -
That portion of the Vision
The Word applied to fill
Not unto nomination
The Cherubim reveal -

Let my first knowing be of thee   1254
With morning's warming Light -
And my first Fearing, lest Unknowns
Engulph thee in the night -

Die für mich standen, die Gestirne
Sind alt - der Westen matt -
Neu glüht die einzge Kostbarkeit
Um die ich jemals warb -
Im Glauben daß sie tief verachte
Den einsamen Ertrag
Doch scheiternd überwand ich sie
Geschlagen ward ein Sieg.

Soll ich dich nehmen, sprach der Dichter
Zum vorgelegten Wort?
Stell hier dich zu den Kandidaten
Bis ich noch mehr erprobt -

Der Dichter trieb Philologie
Und war schon fast daran
Den Kandidaten aufzubieten
Als ungerufen kam -
Der Teil der Vorstellung
Den solch ein Wort erst füllt
Wenn seine Nominierung
Der Cherubim enthüllt -

Laß mich als erstes von dir wissen
Mit warmem Morgenlicht -
Als erstes fürcht ich, Ungewußtes
Verschlang dich in der Nacht -

A Stagnant pleasure like a Pool   1258
That lets it's Rushes grow
Until they heedless tumble in
And make the Water slow

Impeding navigation bright
Of Shadows going down
Yet even this shall rouse itself
When Freshets come along -

Is Heaven a Physician?   1260
They say that He can heal -
But Medicine Posthumous
Is unavailable -
Is Heaven an Exchequer?
They speak of what we owe -
But that negotiation
I'm not a Party to -

Tell all the truth but tell it slant -   1263
Success in Circuit lies
Too bright for our infirm Delight
The Truth's superb surprise
As Lightning to the Children eased
With explanation kind
The Truth must dazzle gradually
Or every man be blind -

Through what transports of Patience   1265
I reached the stolid Bliss
To breathe my Blank without thee

Gestockte Freude wie ein Teich
Der Binsen wachsen läßt
Unachtsam bis vom Durcheinander
Das Wasser träge wird

So hindern sie den hellen Kurs
Beim Niedergang von Schatten
Doch sogar die ermuntern sich
Mit frischem, hohem Wasser -

Ist Gott ein Arzt? Es heißt
Der Himmel könne heilen -
Doch gibt es Medizin posthum
An niemand zu verteilen -
Ist Gott Finanzminister?
Es heißt, wir wären Schuldner -
Doch bin ich für Verhandlungen
Von dieser Art kein Partner -

Sag Wahrheit ganz, doch sag sie schräg -
Erfolg liegt im Umkreisen
Zu strahlend tagt der Wahrheit Schock
Unserem Begreifen
Wie Blitz durch freundliche Erklärung
Gelindert wird dem Kind
Muß Wahrheit sachte blenden
Sonst würde jeder blind -

Durch welchen Raptus von Geduld
Ich fand zum stumpfen Glück
Mein Weiß zu atmen ohne dich

Attest me this and this -
By that bleak exultation
I won as near as this
Thy privilege of dying
Abbreviate me this

A Word dropped careless on a Page   *1268
May stimulate an Eye
When folded in perpetual seam
The Wrinkled Author lie

Infection in the sentence breeds
We may inhale Despair
At distances of Centuries
From the Malaria -

So I pull my Stockings off   1271
Wading in the Water
For the Disobedience' Sake
Boy that lived for »Ought to«

Went to Heaven perhaps at Death
And perhaps he did'nt
Moses was'nt fairly used -
Ananias was'nt -

The Past is such a curious Creature   1273
To look her in the Face
A Transport may receipt us
Or a Disgrace -

Bezeug mir dies und dies -
Aus Jubel kahl wie jenem
Sich beinah dies ergab
Dein Vorrecht auf das Grab
Kürze mir dies ab

Ein Wort, achtlos aufs Blatt getropft
Kann Augen noch erregen
Wenn schrumpelnd eingenäht für immer
Der Autor kam zu liegen

Ansteckung brütet in dem Satz
Verzweiflung haucht uns an
Über Jahrhunderte hinweg
Aus diesem Fieberwahn -

So roll ich die Strümpfe ab
Wate durch das Wasser
Koste Ungehorsam aus
Bub war da für »Müßt er«

Kam er sterbend in den Himmel
Oder dort nie an?
Unfair ging mit Moses man
Und Ananias um -

Seltsames Ding - Vergangenheit -
Sieht man ihr ins Gesicht
Wird mal Entzücken uns quittiert
Und mal was Widrig ist -

Unarmed if any meet her
I charge him fly
Her faded Ammunition
Might yet reply.

Now I knew I lost her - 1274
Not that she was gone -
But Remoteness travelled
On her Face and Tongue.

Alien, though adjoining
As a Foreign Race -
Traversed she though pausing
Latitudeless Place.

Elements Unaltered -
Universe the same
But Love's transmigration -
Somehow this had come -

Henceforth to remember
Nature took the Day
I had paid so much for -
His is Penury
Not who toils for Freedom
Or for Family
But the Restitution
Of Idolatry.

Wer unbewaffnet auf sie trifft
Dem rat ich - flieh
Kann sein, mit welker Munition
Erwidert sie.

Ich hab sie verloren -
Zwar war sie nicht fort -
Doch ein Fernsein strich ihr
Über Aug und Mund.

Fremd, obwohl sie nah war
Wie ein fremder Stamm -
Ging sie trotz Verweilen
Ortlos durch den Raum.

Manches unverändert -
Das Gesamt wie eben
Liebe ausgewandert -
Wie ist das geschehen -

Fortan zum Gedenken
Nahm Natur den Tag
Teuer mir erworben -
Schmal lebt und in Not
Nicht wer sich um Frieden
Und Familie müht
Sondern wer erneuert
Alten Götzendienst.

The Sea said »Come« to the Brook -   1275
The Brook said »Let me grow« -
The Sea said »then you will be a Sea -
I want a Brook - Come now«!

The Sea said »Go« to the Sea -
The Sea said »I am he
You cherished« - »Learned Waters -
Wisdom is stale - to Me« -

Das Meer sprach »Komm« zum Bach -
Er »Laß mich wachsen« sprach -
Das Meer sprach »dann wirst du ein Meer -
Komm jetzt - mir fehlt ein Bach«!

Das Meer sprach »Geh« zum Meer -
Das Meer sprach »Ich bin der
Den du geliebt« - »Gelehrte Wasser -
Für mich ist Weisheit - leer« -

1873

So proud she was to die   1278
It made us all ashamed
That what we cherished, so unknown
To her desire seemed -
So satisfied to go
Where none of us should be
Immediately - that Anguish stooped
Almost to Jealousy -

The things we thought that we should do   1279
We other things have done
But those peculiar industries
Have never been begun.

The Lands we thought that we should seek
When large enough to run
By Speculation ceded
To Speculation's Son -

The Heaven, in which we hoped to pause
When Discipline was done
Untenable to Logic
But possibly the one -

There is no Frigate like a Book   1286
To take us Lands away
Nor any Coursers like a Page
Of prancing Poetry -
This Traverse may the poorest take

So stolz war sie zu sterben
Es hat uns ganz beschämt
Daß was uns lieb war, ihrem Wunsch
So unvertraut erschien -
War so erfüllt zu gehn
Wo wir nie fänden hin
So plötzlich - daß die Qual schon fast
In Eifersucht verging -

Wir glaubten manches tun zu sollen
Und taten andres dann
Jedoch mit der besondern Arbeit
Fingen wir nie an.

Wir wollten groß sein, Land entdecken
Doch wenn es dazu kam
Fiel es durch Spekulieren an
Das Spekulantentum -

Wir hofften, nach der Übung wär
Der Himmel dann behaglich
Unhaltbar für die Logik, doch
Der Einzige womöglich -

Keine Fregatte nimmt uns mit
Ins Weite wie ein Buch
Kein Rennpferd kommt der Seite gleich
Wo tänzelt ein Gedicht -
Den Kurs kann auch der Ärmste nehmen

Without oppress of Toll -
How frugal is the Chariot
That bears the Human Soul -

The Beggar at the Door for Fame 1291
Were easily supplied
But Bread is that Diviner thing
Disclosed to be denied

The Face we choose to miss - 1293
Be it but for a Day
As absent as a Hundred Years,
When it has rode away -

A Deed knocks first at Thought 1294
And then - it knocks at Will -
That is the manufactoring spot
And Will at Home and well

It then goes out an Act
Or is entombed so still
That only to the Ear of God
It's Doom is audible -

I think that the Root of the Wind is Water - 1295
It would not sound so deep
Were it a Firmamental Product -
Airs no Oceans keep -
Mediterranean intonations -
To a Current's Ear -

1873

Vom Zoll nicht schikaniert -
Wie preisgünstig ist das Gefährt
Das unsre Seele trägt -

Der Bettler an der Tür zum Ruhm
Wär einfach zu versorgen
Doch Brot ist jenes Himmelsding
Gezeigt, um's abzuschlagen

Sei es auch fort nur einen Tag -
Das Antlitz das uns fehlt -
Weg ist es wie für Hundert Jahr,
Kaum ist es unterwegs -

Die Tat klopft erst beim Denken
Und dann beim Willen an -
Das ist der Ort der Herstellung
Ist wohl Er und daheim

Darauf folgt eine Tat
Kann sein sie sinkt ins Grab
So leise, daß nur Gottes Ohr
Vom schlimmen Ende hört -

Mir ist als wurzle der Wind im Wasser -
So tief sein Klang nicht wär
Hätt ihn der Himmel hergestellt
Die Luft hält sich kein Meer -
Satzmelodien des Mittelmeers -
Für strömungsnahe Ohren -

There is a maritime conviction
In the Atmosphere -

Longing is like the Seed   1298
That wrestles in the Ground,
Believing if it intercede
It shall at length be found -

The Hour, and the Zone,
Each Circumstance unknown -
What Constancy must be achieved
Before it see the Sun!

Dominion lasts until obtained -   1299
Possession just as long -
But these - endowing as they flit
Eternally belong.

How everlasting are the Lips
Known only to the Dew -
These are the Brides of permanence -
Supplanting me and you.

Silence is all we dread.   1300
There's Ransom in a Voice -
But Silence is Infinity.
Himself have not a face.

Liegt was vom Wissen um die See
In der Atmosphäre -

Sehnsucht ist wie das Saatkorn
Das noch im Boden ringt,
Und glaubt, daß es gefunden wird
Falls der ihm wohlgesinnt -

Die Stund, die Klimazone,
Umstände unbekannt -
Wieviel Beständigkeit ist nötig
Eh es die Sonne schaut!

Es währt die Macht bis man sie hat -
Besitz genauso lang -
Doch die im Flattern etwas stiften -
Gehören ewig an.

Unwandelbar sind diese Lippen
Der Tau nur macht sie satt -
Sie wachsen - Anverlobt der Dauer -
An mein und deiner Statt.

Vorm Schweigen ist uns Angst.
Frei kauft uns eine Stimme -
Doch Schweigen ist Unendlichkeit.
Wird kein Gesicht bekommen.

Had we our senses 1310
But perhaps 'tis well they're not at Home
So intimate with Madness
He's liable with them

Had we the eyes within our Head -
How well that we are Blind -
We could not look opon the Earth -
So utterly unmoved -

Art thou the thing I wanted? *1311
Begone - my Tooth has grown -
Supply the minor Palate
That has not starved so long -
I tell thee while I waited
The mystery of Food
Increased till I abjured it
And dine without
Like God -

September's Baccalaureate 1313
A combination is
Of Crickets - Crows - and Retrospects
And a dissembling Breeze

That hints without assuming -
An Innuendo sear
That makes the Heart put up it's Fun -
And turn Philosopher.

Hätten wir unsre Sinne
Auch gut, wenn sie ausgegangen
Anfällig für den Wahnsinn sind sie
Weil ihm oft nah gekommen

Hätten wir unsre Augen im Kopf -
Wie passend, Blind zu sein -
Wir könnten nicht so ungerührt -
Auf diese Erde sehn -

Bist du was ich mir wünschte?
Geh - mein Geschmack gewann -
Beliefere mindern Gaumen
Der hungerte nicht so lang -
Glaub mir, mein Warten mehrte
Die Wunderkraft von Brot
Bis ich ihm abgeschworen
Werd ohne satt
Wie Gott -

Die Abschlußprüfung des Septembers
Ist ein Zusammenspiel
Von Grillen - Krähen - Rückblick
Und heuchlerischem Wind

Der vage einen Wink gibt -
Dies Anspielen macht dürr
Worauf das Herz den Spaß wegräumt -
Und philosophisch wird.

1874

Go slow, my soul, to feed thyself   *1322
Opon his rare Approach -
Go rapid, lest Competing Death
Prevail opon the Coach -
Go timid, lest his final eye -
Determine thee amiss -
Go boldly - for thou paid'st his price
Redemption - for a Kiss -

When a Lover is a Beggar   1330
Abject is his Knee -
When a Lover is an Owner
Different is he -

What he begged is then the Beggar -
Oh disparity -
Bread of Heaven resents bestowal
Like an obloquy

Abraham to kill him   1332
Was distinctly told -
Isaac was an Urchin -
Abraham was old -

Not a hesitation -
Abraham complied -
Flattered by Obeisance
Tyranny demurred -

Sei langsam, Seele, nähre dich
Von seinem raren Kommen -
Sei schnell, sonst hat Rivale Tod
Die Kutsche übernommen -
Sei vorsichtig, sein letzter Blick -
Find nicht bei dir Verdruß -
Sei keck - du hast den Preis bezahlt
Erlösung - für 'nen Kuß -

Ist ein Liebender ein Bettler
Beugt er sich devot -
Ist ein Liebender Besitzer
Wendet sich das Blatt -

Um was er bat ist dann der Bettler -
O Verschiedenheit -
Manna wird - als wär's ein Schimpfwort -
Übel wenn verteilt

Abraham man deutlich
Ihn zu töten hieß -
Isaac ein Schelm -
Abraham ein Greis -

Ohne Zögern kam
Abraham dem nach -
Von der Folgsamkeit flattiert
Schob Tyrannis auf -

Isaac - to his Children
Lived to tell the tale -
Moral - with a Mastiff
Manners may prevail.

Whether they have forgotten 1334
Or are forgetting now
Or never remembered -
Safer not to know -

Miseries of conjecture
Are a softer wo
Than a Fact of Iron
Hardened with I know -

The Pile of Years is not so high 1337
As when you came before
But it is rising every Day
From recollection's Floor
And while by standing on my Heart
I still can reach the top
Efface the mountain
   with your face
And catch me ere I drop

From his slim Palace in the Dust 1339
He relegates the Realm,
More loyal for the exody
That has befallen him.

Isaac erzählt es
Später seinen Kindern -
Fazit - bei 'ner Dogge
Lohnen sich Manieren.

Ob sie vergessen haben
Ob sie jetzt vergessen
Ob sie nie dran dachten -
Sichrer, nicht zu wissen -

Nöte des Vermutens
Sanftre Schmerzen werden
Als ein Eisenfaktum
Von Ich-weiß gehärtet -

Nicht ganz so stapeln sich die Jahre
Wie eh du jüngst gekommen
Doch wächst der Turm mit jedem Tag
Auf dem Gedächtnisboden
Und wie ich auf dem Herzen stehend
Noch bis zur Spitze lange
Wisch weg den Berg
   mit deinem Anblick
Und fang mich eh ich falle

Von seiner schlanken Residenz
Im Staube bannt er es
Das Reich, noch treuer ihm ergeben
Seit seinem Exodus.

The most pathetic thing I do   1345
Is play I hear from you -
I make believe until my Heart
Almost believes it too
But when I break it with the news
You knew it was not true
I wish I had not broken it -
Goliah - so would you -

Not with a Club, the Heart is broken   1349
Nor with a Stone -
A Whip so small you could not see it
I've known

To lash the Magic Creature
Till it fell,
Yet that Whip's Name
Too noble then to tell.

Magnanimous as Bird
By Boy descried -
Singing unto the Stone
Of which it died -

Shame need not crouch
In such an Earth as Our's -
Shame - stand erect -
The Universe is your's.

Das Spiel Ich-höre-von-dir ist
Mein trübster Zeitvertreib -
Ich tu so, bis sogar mein Herz
Fast selber daran glaubt
Doch breche ich es mit der Nachricht,
Du wüßtest, es sei falsch
Dann wollt ich, ich hätt's nicht gebrochen -
Und Goliath - du auch -

Nicht Keulenschlag zerbricht ein Herz
Noch Stein -
Unsichtbar klein muß
Eine Peitsche sein

Die dieses Zauberwesen geißelt
Bis es fällt,
Und wie die Peitsche heißt
Vornehm für sich behält.

Großherzig wie ein Vogel
Den ein Bub erspäht -
Der singt den Stein noch an
Der ihn erschlägt -

Brauchst nicht zu kauern
Scham, auf Unsrer Erde -
Das All ist dein - Scham -
Also steh gerade.

1875

To pile like Thunder to it's close   1353
Then crumble grand away
While everything created hid
This - would be Poetry -

Or Love - the two coeval come -
We both and neither prove -
Experience either and consume -
For none see God and live -

A little Madness in the Spring   1356
Is wholesome even for the King,
But God be with the Clown -
Who ponders this tremendous scene -
This whole Experiment of Green -
As if it were his own!

Let me not mar that perfect Dream   1361
By an Auroral stain
But so adjust my daily Night
That it will come again.

Not when we know, the Power accosts -
The Garment of Surprise
Was all our timid Mother wore
At Home - in Paradise.

Sich donnernd türmen bis ans End
Dann Splittern großen Stils
Indes die Kreatur sich duckt -
Dichtung - wäre dies -

Auch Liebe - gleich alt sind sie beide -
Zwei spürt man oder keinen -
Erfährt sie gleich verzehrend -
Wer Gott schaut kann nicht leben -

Im Frühling steht ein kleiner Wahn
Sogar dem König selber an,
Doch Gott sei mit dem Clown -
Der die enormen Szenerien -
Den ganzen Feldversuch in Grün -
Bestaunt als wär er sein!

Daß mir kein Flecken Morgenlicht
Den besten Traum versehrt
Lieber soll Nacht sein täglich
Damit er wiederkehrt.

Macht tritt uns an, und wer weiß wann -
Nichts als ihr Verwundern -
Trug unsre scheue Mutter einst
Daheim - im Garten Eden.

Lift it - with the Feathers 1362
Not alone we fly -
Launch it - the aquatic
Not the only sea -
Advocate the Azure
To the lower Eyes -
He has obligation
Who has Paradise -

An antiquated Grace *1367
Becomes that cherished Face
Better than prime
Enjoining us to part
We and our plotting Heart
Good friends with time

Delight's Despair at setting 1375
Is that Delight is less
Than the sufficing Longing
That so impoverish.

Enchantment's Perihelion
Mistaken oft has been
For the Authentic orbit
Of it's Anterior Sun.

The Mind lives on the Heart 1384
Like any Parasite -
If that is full of Meat
The Mind is fat -

Heb es hoch - nicht einzig
Mit Federn fliegen wir -
Laß es los - Gewässer
Sind nicht allein das Meer -
Du verfechte Himmelsblau
Vor dem Aug hienieden
Wem es zugeeignet ist
Den verpflichtet Eden -

Bejahrte Anmut steht
Gesichtern die man liebt
Noch mehr als Jugend
Schreibt vor, daß wir uns trennen
Wir, unsres Herzens Pläne
Mit Zeit im Bunde

Lust geht verzweifelt unter
Weil Lust geringer ist
Als das Genug des Sehnens
Das so verarmen läßt.

Den Perihel des Zaubers
Viele mißverstehn
Als seiner Frühern Sonne
Echte Umlaufbahn.

Der Geist nährt sich vom Herzen
Wie jeder Parasit -
Ist jenes reich an Fleisch
Ist dieser fett -

But if the Heart omit
Emaciate the Wit -
The Aliment of it
So absolute.

That sacred Closet when you sweep -
Entitled »Memory« -
Select a reverential Broom -
And do it silently -

'Twill be a Labor of surprise -
Besides Identity
Of other Interlocutors
A probability -

August the Dust of that Domain -
Unchallenged - let it lie -
You cannot supersede itself,
But it can silence you.

Doch mangelt es am Herzen
Verzehrt sich auch der Witz -
So absolut
Ist seine Kost.

Fegst du die heilge Kammer aus
»Erinnerung« geheißen -
So tu es still und handhabe
Respektvoll deinen Besen -

Es wird ein Überraschungswerk -
Da ist Identität
Kann sein, daß es daneben auch
Noch andre Sprecher hat -

Ernst ist der Staub in dem Bereich -
Laß ihn in Ruh - und liegen -
Beseitigen kannst du ihn nicht,
Doch er bringt dich zum Schweigen.

1876

I suppose the time will come   1389
Aid it in the coming
When the Bird will crowd the Tree
And the Bee be booming -

I suppose the time will come
Hinder it a little
When the Corn in Silk will dress
And in Chintz the Apple

I believe the Day will be
When the Jay will giggle
At his new white House the Earth
That, too, halt a little -

Dreams are the subtle Dower   1401
That make us rich an Hour -
Then fling us poor
Out of the Purple Door
Into the Precinct raw
Possessed before -

Touch lightly Nature's sweet Guitar   1403
Unless thou know'st the Tune
Or every Bird will point at thee
Because a Bard too soon -

Wird wohl kommen bald die Zeit
Hilf ihr nach beim Kommen
Wenn im Baum sich Vögel tummeln
Mit dem Bienenrummel -

Wird wohl kommen bald die Zeit
Hindre sie etwas
Wenn der Mais sich Seide anzieht
Und der Apfel Chintz

Kommen wird der Tag, glaub ich
Wenn die Häher einig
Weißes Erdenheim bekichern
Halt das auf ein wenig -

Träume sind heikle Gaben
Die eine Stunde beleben -
Dann scheuchen sie uns fort
Verarmt durchs Purpurtor
An jenen rohen Ort
Der unsrer war zuvor -

Rühr leicht die Saiten der Natur
Kennst du die Stimmung nicht -
Sonst - allzu früher Barde - zeigen
Die Vögel bald auf dich -

Long Years apart - can make no   *1405
Breach a second cannot fill -
The absence of the Witch does not
Invalidate the spell -

The embers of a Thousand Years
Uncovered by the Hand
That fondled them when they were Fire
Will stir and understand

Getrenntsein - Jahre - reißt nicht auf
Was Augenblicke nicht fügen -
Abwesenheit der Hexe bringt
Den Bann nicht zum Erliegen -

Glutasche von vor Tausend Jahren
Entblößt von jenen Fingern
Die einst das Feuer streichelten
Wird wach und sich erinnern

1877

Of Paradise' existence   1421
All we know
Is the uncertain certainty -
But it's vicinity, infer,
By it's Bisecting Messenger -

March is the Month of Expectation.   1422
The things we do not know -
The Persons of prognostication
Are coming now -
We try to show becoming firmness -
But pompous Joy
Betrays us, as his first Betrothal
Betrays a Boy.

Hope is a strange invention -   1424
A Patent of the Heart -
In unremitting action
Yet never wearing out -

Of this electric adjunct
Not anything is known
But it's unique momentum
Embellish all we own -

Gewiß ist - es ist ungewiß
Mehr weiß man nicht
Vom Paradies -
Auf seine Nähe schließen wir,
Teilt uns entzwei sein Botschafter -

März ist der Monat der Erwartung.
Etwas das wir nicht kennen -
Das Personal aus den Prognosen
Wird kommen -
Gern zeigten wir die rechte Stärke -
Pompöser Jubel
Verrät uns, wie sein Erstverlöbnis
Ein Knabe.

Hoffnung - seltsame Erfindung
Vom Herzen patentiert -
Ein unablässig Tätigsein
Das niemals müde wird -

Elektrisch ist der Bursche
Und mehr ist nicht zu sagen
Doch sein besonderer Impuls -
Verschönert was wir haben -

Bees are Black - with Gilt Surcingles -   1426
Buccaneers of Buzz -
Ride abroad in ostentation
And subsist on Fuzz -

Fuzz ordained - not Fuzz contingent -
Marrows of the Hill.
Jugs - a Universe's fracture
Could not jar or spill.

Lay this Laurel on the one   1428
Triumphed and remained unknown -
Laurel - fell your futile Tree -
Such a Victor could not be -
Lay this Laurel on the one
Too intrinsic for Renown -
Laurel - vail your deathless Tree -
Him you chasten - that is he -

I shall not murmur if at last   1429
The ones I loved below
Permission have to understand
For what I shunned them so -
Divulging it would rest my Heart
But it would ravage their's -
Why, Katie, Treason has a Voice -
But mine - dispels - in Tears.

I have no Life but this -   1432
To lead it here -
Nor any Death - but lest

Schwarz sind Bienen - Goldgegürtet -
Räuber mit Gebrumm -
Surren prahlerisch herum
Nähren sich von Flaum -

Heilgem Flaum - nicht irgendeinem -
Markextrakt von Bergen.
Krüge - die vom Bruch des Alls
Nicht erschüttert werden.

Diesen Lorbeer gebt an ihn
Der obsiegte ungesehn -
Lorbeer - nutzlos fälle dich -
Solch ein Sieger war er nicht -
Diesen Lorbeer gebt an ihn
Der zu spröde war für Ruhm -
Lorbeer - todlos geh dahin -
Ihm - bist du nur Züchtigung -

Ich murre nicht wenn endlich denen
Die ich geliebt hienieden
Erlaubt wird zu verstehn warum
Ich sie so sehr gemieden -
Mein Herz fänd Ruh durch die Eröffnung
Verwüstet ihre wären -
Katie, Verrat hat eine Stimme -
Doch meine - bricht - in Tränen.

Ich hab nur dieses Leben -
Es hier zu führen -
Noch andern Tod - als den

Dispelled from there -
Nor tie to Earths to come,
Nor Action new
Except through this Extent
The love of you.

What mystery pervades a well! 1433
The water lives so far -
A neighbor from another world
Residing in a jar

Whose limit none have ever seen,
But just his lid of glass -
Like looking every time you please
In an abyss's face!

The grass does not appear afraid,
I often wonder he
Can stand so close and look so bold
At what is awe to me.

Related somehow they may be,
The sedge stands next the sea
Where he is floorless
And does no timidity betray -

But nature is a stranger yet;
The ones that cite her most
Have never passed her haunted house,
Nor simplified her ghost.

To pity those that know her not
Is helped by the regret
That those who know her, know her less
The nearer her they get.

Von da vertrieben -
Noch Band an künftige Welten,
Neues Unterfangen
Wenn nicht durch solche Weiten
Dich zu lieben.

Welch ein Geheimnis füllt die Quelle!
Das Wasser greift so aus -
Nachbar aus einer andren Welt
In einem Krug zu Haus

Wohin es reicht noch keiner sah,
Man schaut sein gläsern Lid -
Wie wenn man immer wenn man will
In einen Abgrund sieht!

Die Gräser scheinen ohne Angst,
Mich wundert oft wie sie
Aus solcher Nähe so dreist schaun
Was mich mit Scheu erfüllt.

Vielleicht sind sie ja auch verwandt,
Das Ried steht an der See
Dort, wo sie keinen Boden hat
Und Furcht verrät es nie -

Doch die Natur ist trotzdem fremd;
Wer sie im Munde führt
Kam nie zu ihrem Spukhaus, hat
Nie ihren Geist entwirrt.

Mitleid mit dem, der sie nicht kennt
Aus dem Bedauern stammt
Daß wer sie kennt, sie schlechter kennt
Je näher er ihr kommt.

To own a Susan of my own   1436
Is of itself a Bliss -
Whatever Realm I forfeit, Lord,
Continue me in this!

Sweet skepticism of the Heart -   1438
That knows - and does not know -
And tosses like a Fleet of Balm -
Affronted by the snow -
Invites and then retards the truth
Lest Certainty be sere
Compared with the delicious throe
Of transport thrilled with Fear -

No Passenger was known to flee -   1451
That lodged a Night in memory -
That wily - subterranean Inn
Contrives that none go out again -

It sounded as if the Streets were running - 1454
And then the Streets stood still -
Eclipse - was all we could see at the Window,
And Awe - was all we could feel -

By and by - the boldest stole
   out of his Covert
To see if Time was there -
Nature was in an Opal Apron,
Mixing fresher Air.

Daß eine Susan mir gehört
Ist Seligkeit an sich -
Mag ich auch manches Reich verwirken,
In dem, Herr, stärke mich!

Des Herzens süße Skepsis -
Die weiß - und doch nicht weiß -
Und flattert wie Melissenschiffchen -
Vom Schnee erfaßt bereits -
Die Wahrheit einlädt und verzögert
Damit nicht an der Sonne
Der Klarheit welkt das schöne Weh
Von Furcht gespannter Wonne -

Man weiß daß nie ein Gast entkam -
Der im Gedächtnis Zimmer nahm -
Dies Wirtshaus - tief im Grund, zerrissen -
Bringt's fertig keinen ziehn zu lassen -

Es klang als ob die Straßen liefen -
Und standen gleich drauf still -
Nichts als Verfinsterung im Fenster,
Und wir - von Scheu erfüllt -

Nach und nach stahlen sich
   die Beherzten hinaus -
War nun die Zeit gereift?
Natur in schillernder Schürze, draußen
Mischte frischere Luft.

Could mortal Lip divine 1456
The undeveloped Freight
Of a delivered Syllable -
'Twould crumble with the weight -

The Prey of Unknown Zones -
The Pillage of the Sea
The Tabernacles of the Minds
That told the Truth to me -

Erriete unsre Lippe
Die eingepackte Fracht
Von losgelassnen Silben -
Zerging sie unter der Last -

Die Beute Fremder Zonen
Der Raubzug auf dem Meer
Das Tabernakel des Gemüts
Die sprachen wahr - zu mir -

1878

How brittle are the Piers   1459
On which our Faith doth tread -
No Bridge below doth totter so -
Yet none hath such a Crowd.
It is as old as God -
Indeed - 'twas built by him -
He sent his Son to test the Plank -
And he pronounced it firm.

How ruthless are the gentle -   1465
How cruel are the kind -
God broke his contract to his Lamb
To qualify the Wind -

The healed Heart shows it's shallow scar   1466
With confidential moan -
Not mended by Mortality
Are Fabrics truly torn -
To go it's convalescent way
So shameless is to see
More genuine were perfidy
Than such Fidelity -

Death is the supple Suitor   1470
That wins at last -
It is a stealthy Wooing
Conducted first

Wie brüchig sind die Molen
Auf die der Glaube tritt -
Kein Pier allhier erbebt so sehr -
Und ist doch überfüllt.
Er ist so alt wie Gott -
Und seine Konstruktion -
Die Planken ausprobiert - und fest
Hat sie genannt - sein Sohn.

Wie grausam sind die Sanften -
Wie hart die Netten sind -
Gott brach Verträge mit dem Lamm
Es zählt nur noch der Wind -

Geheiltes Herz weist flache Narben
Vertraulich ächzend vor -
Doch flickt kein Sterblicher die echt
Geborstene Struktur -
So schamlos wirkt - ihm zuzusehn
Wie es zur Heilung schritt
Aufrichtiger als solche Treu
Wäre der Verrat -

Tod ist der sanfte Freier
Der siegt am End -
Verstohlenes Umgarnen
Das erst sich zeigt

By pallid innuendoes
And dim approach
But brave at last with Bugles
And a bisected Coach
It bears away in triumph
To Troth unknown
And Kinsmen as divulgeless
As Clans of Down -

Your thoughts dont have words every day   1476
They come a single time
Like signal esoteric sips
Of the communion Wine
Which while you taste so free seems
So affable so to be
You cannot comprehend it's price -
Nor it's infrequency

We knew not that we were to live -   1481
Nor when we are to die -
Our ignorance our Cuirass is -
We wear Mortality
As lightly as an Option Gown
Till asked to take it off -
By his intrusion, God is known -
It is the same with Life -

1878

Mit blassen Anmutungen
Und mattem Nahn
Dann kühn mit Hörnerblasen
Und zweigeteiltem Karrn
Entführt er im Triumph
Zu fremdem Schwur
Verwandtschaft still und stumpf
Ein Daunenschwarm -

Dein Denken hat nicht täglich Worte
Sie kommen nur ein Mal
Wie zeichenhaft geheime Schlückchen
Des Weins beim Abendmahl
Den du als so entgegenkommend
Frei zugänglich genießt
Daß du den Preis nicht recht verstehst -
Noch daß er selten ist

Wir wußten nichts von künftgem Leben -
Und nichts von Todeszeit -
Unwissenheit ist unser Harnisch -
Wir tragen Sterblichkeit
Leicht wie die Robe unsrer Wahl
Bis man uns sagt: Ablegen -
Durch seinen Eingriff, spürt man Gott
Und so ist's mit dem Leben -

1879

Forbidden Fruit a flavor has   1482
That lawful Orchards mocks -
How luscious lies within the Pod
The Pea that Duty locks -

Summer is shorter than any one -   1483
Life is shorter than Summer -
Seventy Years is spent as quick
As an only Dollar -

Sorrow - now - is polite - and stays -
See how well we spurn him -
Equally to abhor Delight -
Equally retain him -

A Route of Evanescence,   1489
With a revolving Wheel -
A Resonance of Emerald
A Rush of Cochineal -
And every Blossom on the Bush
Adjusts it's tumbled Head -
The Mail from Tunis - probably,
An easy Morning's Ride -

To see the Summer Sky   1491
Is Poetry, though never in a Book it lie -
True Poems flee -

Verbotne Frucht hat ein Aroma
Das höhnt legale Gärten -
Wie lecker liegen in der Schote
Von Pflicht verschlossne Erbsen -

Nichts ist kürzer als der Sommer -
Allenfalls das Leben -
Siebzig Jahr sind rascher als
Ein Dollar ausgegeben -

Kummer bleibt - jetzt - höflich da -
Wie man ihm entgeht?
Lust bewahrt man in dem Maß -
Wie man sie verschmäht -

Ein Fahrweg der Verflüchtigung,
Mit einem Kreiselrad -
Ein Nachhall von Smaragd -
Von Koschenill ein Schwall -
Und jede Blüte im Gesträuch
Strafft sachte jedes Blatt -
Die Post aus Tunis - ist es wohl,
Auf leichtem Morgenritt -

Den Sommerhimmel sehn
Ist Poesie, mag sie auch nie in Büchern stehn -
Echte Gedichte fliehn -

Hope is a subtle Glutton - 1493
He feeds opon the Fair -
And yet - inspected closely
What Abstinence is there -

His is the Halcyon Table -
That never seats but One -
And whatsoever is consumed
The same amount remain -

So gay a Flower 1496
Bereaves the mind
As if it were a Woe -
Is Beauty an Affliction - then?
Tradition ought to know -

It stole along so stealthy 1497
Suspicion it was done
Was dim as to the wealthy
Beginning not to own -

His Cheek is his Biographer - 1499
As long as he can blush
Perdition is Opprobrium -
Past that, he sins in peace -

»Heavenly Father« - take to thee 1500
The supreme iniquity
Fashioned by thy candid Hand
In a moment contraband -

1879

Von Schönem nährt sich Hoffnung -
Sie ist ein heikler Prasser -
Und doch - genau besehen - herrscht
Enthaltsamkeit beim Essen -

Ihr Tisch ist der Halkyons -
Wo stets nur Einer sitzt -
Was auch verzehrt wird, ständig bleibt
Das gleiche Quantum Rest -

So heitre Blume
Drückt den Geist
Als wäre sie uns Fron -
Ist Schönheit also Heimsuchung?
Befragt die Tradition -

Es stahl sich fort so heimlich
Die Ahnung 's ist vorbei
Tagt trüb wie einem Reichen
Daß er besitzlos sei -

Die Wange ist sein Biograf -
Solang er kann erröten
Ist ihm die Hölle Schmach - danach,
Sündigt er in Frieden -

»Himmelsvater« - nimm auf dich
Diese höchste Niedertracht
Freimütig von dir bewirkt
Ohne unser Augenmerk -

Though to trust us - seem to us
More respectful - »We are Dust« -
We apologize to thee
For thine own Duplicity -

Fame is the one that does not stay - 1507
It's occupant must die
Or out of sight of estimate
Ascend incessantly -
Or be that most insolvent thing
A Lightning in the Germ -
Electrical the embryo
But we demand the Flame

His voice decrepit was with Joy - 1508
Her words did totter so
How old the News of Love must be
To make Lips elderly
That purled a moment since with Glee -
Is it Delight or Woe -
Or Terror - that do decorate
This livid - interview -

The fascinating chill that Music leaves 1511
Is Earth's corroboration
Of Ecstasy's impediment -
'Tis Rapture's germination
In timid and tumultuous soil
A fine - estranging creature -
To something upper wooing us
But not to our Creator -

Hättest du uns doch vertraut -
Höflich wär das - »Wir sind Staub« -
Um Verzeihung bitten wir
Für dein Doppelspiel, oh Herr -

Der Ruhm ist einer der nicht bleibt -
Wer ihn besitzt muß sterben
Hinüber muß er und hinaus
Aus unserem Bewerten -
Oder sich hoch verschulden
Ein Blitzen noch im Keimen -
Elektrisch ist der Embryo
Doch uns verlangt nach Flammen

Die Stimme ihm vor Freude brach -
Ein Stammeln war ihr Reden
Wie alt muß Liebesnachricht sein
Die so bejahrt macht Lippen
Die eben fröhlich sich geschürzt -
Ist's Freude ist es Schrecken -
Ist's Weh - die jene bläßliche
Unterhaltung schmücken -

Der Fröstelreiz der von Musik ausgeht
Ist die Bestätigung der Erde
Für Hindernisse der Ekstase -
Es ist in scheuem, wildem Grund
Der Raptuskeim - ein fein
Entfremdendes Geschöpf - das lockt
Uns hin zu Höherem, doch nicht
Zum Schöpfergott -

A Counterfeit - a Plated Person -   1514
I would not be -
Whatever Strata of Iniquity
My Nature underlie -
Truth is good Health - and Safety, and the Sky -
How meagre, what an Exile - is a Lie,
And Vocal - when we die -

One thing of thee I covet -   1516
The power to forget -
The pathos of the Avarice
Defrays the Dross of it -

One thing of thee I borrow
And promise to return -
The Booty and the Sorrow
Thy sweetness to have known -

Gefälscht - ein Talmi-Mensch -
Mag ich nicht sein -
Auf welcher Schicht von Niedertracht
Mein Wesen auch mag stehn -
Wahrheit ist Wohlsein - Sicherheit, der Himmel -
Welch ein Verbannungsort ist Lüge - dürftig,
Und wird - im Tod - gesprächig -

Von dir begehr ich Eines
Vergeßlichkeitstalent -
Der Überschwang des Habenwollens
Für Unrat grade steht -

Eins leih ich mir von dir
Mit Rückgabeversprechen -
Gewinn und Leiden, deine
Weichherzigkeit zu kennen -

1880

The Robin is a Gabriel   1520
In humble circumstances -
His Dress denotes him socially,
Of Transport's Working Classes -
He has the punctuality
Of the New England Farmer -
The same oblique integrity,
A Vista vastly warmer -
A small but sturdy Residence,
A Self denying Household,
The Guests of Perspicacity
Are all that cross his Threshold -
As covert as a Fugitive,
Cajoling Consternation
By Ditties to the Enemy
And Silvan Punctuation -

A Dimple in the Tomb   1522
Makes that ferocious Room
A Home -

How soft a Caterpillar steps -   1523
I find one on my Hand
From such a Velvet world it came -
Such plushes at command
It's soundless travels just arrest
My slow - terrestrial eye -
Intent opon it's own career -
What use has it for me -

Ein Gabriel in anspruchsloser
Lage ist die Drossel -
Sozial gezeichnet durch ihr Kleid,
Transportarbeiterklasse -
In ihrer Pünktlichkeit gleicht sie
Dem neuenglischen Farmer -
Dieselbe schiefe Redlichkeit,
Ein Ausblick weitaus wärmer -
Ein sittenstrenger Haushalt
Klein, doch stabil der Sitz,
Über die Schwelle kommt ihr bloß
Der scharfsinnigste Gast -
So heimlich wie ein Flüchtling,
Umschmeichelt die Bestürzung
In Liedchen an den Feind
Mit Waldeszeichensetzung -

Im Grab ein Grübchen
Macht diesen grimmen Raum
Zum Heim -

Wie sanften Schritts die Raupe geht -
Hab eine auf der Hand
Sie kam aus solcher Sammetwelt -
Mit so viel Plüsch im Bund
Daß lautlos reisend sie fixiert
Mein langsam - irdisch Aug -
Bedacht auf eignen Werdegang -
Was sie wohl für mich taugt -

Love is done when Love's begun, 1526
Sages say -
But have Sages known?
Truth adjourn your Boon
Without Day.

All that I do 1529
Is in review
To his enamored mind
I know his eye
Where e'er I ply
Is pushing close behind

Not any Port
Not any flight
But he doth there preside
What omnipresence lies in wait
For her to be a Bride

More than the Grave is closed to me - 1532
The Grave and that Eternity
To which the Grave adheres -
I cling to nowhere till I fall -
The Crash of nothing, yet of all -
How similar appears -

Of whom so dear 1533
The name to hear
Illumines with a Glow
As intimate - as fugitive
As Sunset on the snow -

Fängt sie erst an, dann geht sie schon
Die Liebe, sagen Kenner -
Doch wußten Kenner was?
Vertage Treue deinen Segen
Datumslos.

Was ich auch tu
Ich blick auf seinen
Erglühten Geist zurück
Was ich auch treib
Ich weiß in meinem
Dahinten seinen Blick

Da ist kein Hafen
Keine Flucht
Dies ist sein Machtgebiet
Welche Allgegenwart belauert
Die zukünftige Braut -

Mehr als das Grab ging zu für mich -
Das Grab und jene Ewigkeit
Von der das Grab ein Teil -
Am Nirgends häng ich bis zum Fallen -
Das Nichts zerbrach, und ist doch alles -
Wie ähnlich beides scheint -

Wes Namen man
Mit so viel Lieb
Gehört - erleuchtet sich
So innig - und so flüchtig
Wie Schnee im Abendlicht -

Mine Enemy is growing old - 1539
I have at last Revenge -
The Palate of the Hate departs -
If any would avenge

Let him be quick -
The Viand flits -
It is a faded Meat -
Anger as soon as fed - is dead -
'Tis Starving makes it fat -

Mein Feind wird alt - mein Rachedurst
Wird endlich so gestillt -
Des Hasses Gusto zieht schon ab -
Wenn einer Rache will

So sei er schnell -
Geschmack verfliegt -
Der Braten ist schon bleich -
Ein Ärger kaum genährt - ist tot -
Erst Hungern macht ihn reich -

1881

We never know we go when we are going -   1546
We jest and shut the Door -
Fate - following - behind us bolts it -
And we accost no more -

A faded Boy - in sallow Clothes   1549
Who drove a lonesome Cow
To pastures of Oblivion -
A statesman's Embryo -

The Boys that whistled are extinct -
The Cows that fed and thanked
Remanded to a Ballad's Barn
Or Clover's Retrospect -

Oh give it motion - deck it sweet   1550
With Artery and Vein -
Upon it's fastened Lips lay words -
Affiance it again
To that Pink stranger we call Dust -
Acquainted more with that
Than with this horizontal one
That will not lift it's Hat -

The Life that tied too tight escapes   1555
Will ever after run
With a prudential look behind

Wir wissen nie beim Fortgehn daß wir gehen -
Ein Scherz - und zu die Tür -
Das Fatum - folgt - schiebt hinter uns den Riegel -
Wir sprechen nicht mehr vor -

Verblichner Bub - in fahlen Kleidern
Der eine Kuh allein
Zu Weiden des Vergessens trieb -
Ein Staatsmann erst im Keim -

Erloschen Buben, die einst pfiffen -
Das Vieh das dankbar fraß
In Haft in Moritatenscheunen
Ein Andenken von Gras -

Oh gebt ihm Regung - schmückt ihn schön
Mit Adern und mit Venen -
Legt Wörter auf geschlossne Lippen -
Laßt ihn sich anvermählen
Noch mal dem Frischen Fremdling Staub
Der jenen besser kennt
Als dieses hingestreckte Ding
Das nicht den Hut abnimmt -

Das Leben - festgezurrt - entwischt
Und später läuft es stets
Vorsichtig mit dem Blick zurück

And spectres of the Rein -
The Horse that scents the living Grass
And sees the Pastures smile
Will be retaken with a shot
If he is caught at all -

How fleet - how indiscreet an one -   1557
How always wrong is Love -
The joyful little Deity
We are not scourged to serve -

Am Zügel ein Gespenst -
Das Roß, das Weiden lächeln sieht
Und riecht das frische Gras
Erobert man zurück - wenn je -
Dann nur mit einem Schuß -

Wie flink - wie unbedacht - wie falsch
Ist dieser Jemand - Liebe -
Der kleine frohe Gott, dem wir
Nicht unter Qualen dienen -

1882

How happy is the little Stone   1570
That rambles in the Road alone,
And does'nt care about Careers
And Exigencies never fears -
Whose Coat of elemental Brown
A passing Universe put on,
And independent as the sun,
Associates or glows alone,
Fulfilling absolute Decree
In casual simplicity -

The Bible is an antique Volume -   1577
Written by faded Men
At the suggestion of Holy Spectres -
Subjects - Bethlehem -
Eden - the ancient Homestead -
Satan - the Brigadier -
Judas - the Great Defaulter -
David - the Troubadour -
Sin - a distinguished Precipice
Others must resist -
Boys that »believe« are very lonesome -
Other Boys are »lost« -
Had but the Tale a warbling Teller -
All the Boys would come -
Orpheu's Sermon captivated -
It did not condemn -

My Wars are laid away in Books -   1579
I have one Battle more -

Wie glücklich ist der kleine Stein
Der durch die Straßen streift allein,
Der Aufstiegswege nicht beachtet
Vor keiner Dringlichkeit sich fürchtet -
Den Mantel vom Naturstoff Braun
Hängt ihm das All im Gehen um,
Selbständig wie die Sonne, scheint
Er einsam oder im Verein,
Hält sich ans oberste Dekret
In nachlässiger Einfachheit -

Die Bibel ist ein alter Band -
Aus blasser Männer Hand
Von Heilgen Geistern angeregt -
Die Themen - Bethlehem -
Eden - die alte Heimstatt -
Satan - der General -
Judas - der Große Bösewicht -
David - der Troubadour -
Die Sünde - wohlbekannter Felshang
An dem sich andre plagen -
»Gläubige« Buben sind sehr einsam -
Die anderen »verloren« -
Hätt man das je fidel erzählt -
So würden alle kommen -
Des Orpheus Predigt schlug in Bann -
Ohne zu verdammen -

In Büchern lagern meine Kämpfe -
Noch eine Schlacht steht an -

A Foe whom I have never seen
But oft has scanned me o'er -
And hesitated me between
And others at my side,
But chose the best - Neglecting me - till
All the rest have died -
How sweet if I am not forgot
By Chums that passed away -
Since Playmates at threescore and ten
Are such a scarcity -

The pattern of the sun   1580
Can fit but him alone
For sheen must have a Disk
To be a sun -

Those - dying then,   1581
Knew where they went -
They went to God's Right Hand -
That Hand is amputated now
And God cannot be found -

The abdication of Belief
Makes the Behavior small -
Better an ignis fatuus
Than no illume at all -

»Go tell it« - What a Message -   1584
To whom - is specified -
Not murmur - not endearment -
But simply - we obeyed -

Ein nie getroffner Feind, der mich
Schon oft scharf angesehen -
Unschlüssig zögernd zwischen mir
Und anderen daneben,
Die besten griff er - Ließ mich aus -
Bis keiner mehr am Leben -
Schön wenn ich nicht vergessen bin
Von Lieben, schon begraben -
Weil - biblisch siebzigjährig hat
Man selten Kameraden -

Das Modell der Sonne
Entspricht nur ihr allein
Denn Schein braucht eine Scheibe
Zum Sonne-Sein -

Die damals starben,
Wußten wohin's ging -
Zu Gottes Rechter Hand -
Doch jene Hand ist amputiert -
Von Gott sich nichts mehr fand -

Die Abdankung des Glaubens
Macht das Verhalten klein -
Besser als keinerlei Beleuchtung
Mag da ein Irrlicht sein -

»Erzähl es« - Welche Botschaft -
Und Wem - wird präzisiert -
Kein Murren und kein Kosen -
Bloß - folgsam waren wir -

Obeyed - a Lure - a Longing?
Oh Nature - none of this -
To Law - said Sweet Thermopylae
I give my dying Kiss -

Image of Light, Adieu -
Thanks for the interview -
So long - so short -
Preceptor of the whole -
Coeval Cardinal -
Impart - Depart -

Lives he in any other world
My faith cannot reply
Before it was imperative
'Twas all distinct to me -

Elysium is as far as to
The very nearest Room
If in that Room a Friend await
Felicity or Doom -

What fortitude the Soul contains,
That it can so endure
The accent of a coming Foot -
The opening of a Door -

Folgten wir Lockung - oder Sehnsucht?
Natur - Ach - davon nichts -
Nach Thermopyläs Vorbild - küß ich
Im Tod noch das Gesetz -

Adieu, Du Bild aus Licht -
Hab Dank für das Gespräch -
So lang - so knapp -
Als Lehrmeister umfassend -
Purpurzeitgenosse -
Teilt mit - geht ab -

Lebt er in einer andern Welt
Mein Glaube reagiert nicht
Eh es war dringlich, unabdinglich
Da war mir alles deutlich -

Elysium ist so weit weg
Wie's Zimmer nebenan
Wenn da ein Freund erwartet
Glück oder Untergang -

Wie tapfer doch die Seele ist,
Daß sie es so erträgt
Zu hören wie ein Fuß sich naht -
Wie eine Tür aufgeht -

He ate and drank the precious Words -   1593
His Spirit grew robust -
He knew no more that he was poor,
Nor that his frame was Dust -
He danced along the dingy Days
And this Bequest of Wings
Was but a Book - What Liberty
A loosened Spirit brings -

Er aß und trank die teuren Worte -
Sein Geist ward stark und derb -
Vergaß daß er besitzlos war,
Und sein Gerüst aus Staub -
Er tanzte durch die trüben Tage
Und sein Legat von Schwingen
War nur ein Buch - welch eine Freiheit
Gelöste Geister bringen -

1883

Who has not found the Heaven - below - 1609
Will fail of it above -
For Angels rent the House next our's,
Wherever we remove -

Witchcraft was hung, in History, 1612
But History and I
Find all the Witchcraft that we need
Around us, Every Day -

Pass to thy Rendezvous of Light, 1624
Pangless except for us -
Who slowly ford the Mystery
Which thou hast leaped across!

Wer nicht den Himmel fand - hier unten -
Der geht auch oben fehl -
Denn Engel mieten nebenan,
Wohin wir auch verziehn -

Einst hing die Hexenkunst am Galgen,
Doch ich und die Geschichte
Wir finden rings an Hexenkunst
Was wir, pro Tag, so bräuchten -

Zum lichten Stelldichein geh schmerzlos
Außer dem Schmerz um uns -
Die waten durch die Rätselfurt
Die du schon übersprangst!

1884

'Tis not the swaying frame we miss -   1631
It is the steadfast Heart,
That had it beat a thousand years,
With Love alone had bent -
It's fervor the electric Oar,
That bore it through the Tomb -
Ourselves, denied the privilege,
Consolelessly presume -

Each that we lose takes part of us;   1634
A crescent still abides,
Which like the moon, some turbid night,
Is summoned by the tides.

Though the great Waters sleep,   1641
That they are still the Deep,
We cannot doubt.
No vacillating God
Ignited this Abode
To put it out.

We send the wave to find the wave,   1643
An errand so divine
The messenger enamored too
Forgetting to return,
We make the sage decision still
Soever made in vain,

Uns fehlt der schwanke Rahmen nicht -
Das Herz fehlt uns, das treue,
Das auch nach tausend Jahren Schlagen,
Nur Liebe niederbeugte -
Sein Eifer hat - elektrisch steuernd
Es durch das Grab gebracht -
Wie wir vermuten, trostlos,
Weil ohne dieses Recht -

Wen wir verlieren, nimmt ein Stück
Von uns; ein halbes Rund
Bleibt stehn, das nächtliche Gezeiten
Anrufen wie den Mond.

Wenn große Wasser schlafen,
So haben sie doch Tiefen,
Das drängt sich auf.
Kein launenhafter Gott
Entzündete den Ort
Und löscht ihn aus.

Wir schicken Welle nach der Welle,
Göttlicher Botengang
Sodaß der Laufbursch nicht mehr kommt
Weil er so angetan,
Und doch beschließen wir das klug
Wenn auch ergebnislos,

The only time to dam the sea
Is when the sea is gone.

The Auctioneer of Parting   1646
His »Going, going, gone«
Shouts even from the Crucifix,
And brings his Hammer down -
He only sells the Wilderness,
The prices of Despair
Range from a single human Heart
To Two - not any more -

Back from the Cordial Grave I drag thee   1649
He shall not take thy Hand
Nor put his spacious Arm around thee
That none can understand

Oh Future! thou secreted peace   1652
Or subterranean Wo -
Is there no wandering route of grace
That leads away from thee -
No circuit sage of all the course
Descried by cunning men
To balk thee of thy sacred Prey -
Advancing to thy Den -

So give me back to Death -   1653
The Death I never feared
Except that it deprived of thee -

Das Meer dämmt man am besten ein
Sobald es sich verzog.

Abschiedsversteigerung - »Zum Ersten
Zum Zweiten, Dritten« brüllt
Der Auktionator selbst vom Kreuz,
Indes der Hammer fällt -
Verkauft wird nichts als Wüstenei
Verzweiflung kostet hier
Ein einzig Menschenherz bis höchstens
Zwei Herzen - und nicht mehr -

Ich schleife dich vom Grab zurück
Das Herzliche, es fass dich
Nicht bei der Hand, umarm dich nicht
Weiträumig und unfaßlich

O Zukunft! du verborgner Friede
Du unterirdisch Weh -
Ist da kein Gnadenwanderweg
Der wegführte von dir -
Noch kluger Umweg unter Fährten
Die nur der Schlaue weiß
Dich von der Beute wegzuscheuchen -
Wenn du zum Bau sie schleifst -

So gib dem Tod mich wieder -
Vorm Tod war mir nie bang
Nur daß er mich um dich beraubte -

And now, by Life deprived,
In my own Grave I breathe
And estimate it's size -
It's size is all that Hell can guess -
And all that Heaven was -

Still own thee - still thou art   1654
What Surgeons call alive -
Though slipping - slipping - I perceive
To thy reportless Grave -

Which question shall I clutch -
What answer wrest from thee
Before thou dost exude away
In the recallless sea?

Talk not to me of Summer Trees   1655
The foliage of the mind
A Tabernacle is for Birds
Of no corporeal kind
And winds do go that way at noon
To their Etherial Homes
Whose Bugles call the least of us
To undepicted Realms

Betrothed to Righteousness might be   1657
An Ecstasy discreet
But Nature relishes the Pinks
Which she was taught to eat -

Beraubt ums Leben, nun,
Hol Atem ich in meinem Grab
Und schätze seine Kammer -
Nichts als ihr Maß kann Hölle raten -
Und nichts als das war Himmel -

Dich haben noch - noch bist du
Im Blick des Arzts am Leben -
Doch rutschend - rutschend - spüre ich
Dem stummen Grab entgegen -

Nach welcher Frage fass ich -
Welch Wort entring ich dir
Eh du dich aus dir selbst verströmst
Ins echolose Meer?

Sprich nicht von sommerlichen Bäumen
Belaubung des Gemüts
Kann Tabernakel sein von Vögeln
Der körperlosen Art
Und Wind fährt so ins luftige
Daheim zur Mittagsstund
Noch die Geringsten ruft sein Horn
Ins nie beschriebne Land

Verlobt mit Redlichkeit kann sein
Diskreter Rausch indessen
Liebt die Natur die Leckerbissen
Die man sie lehrte essen -

I held it so tight that I lost it   1659
Said the Child of the Butterfly
Of many a vaster Capture
That is the Elegy -

Not Sickness stains the Brave,   1661
Nor any Dart,
Nor Doubt of Scene to come,
But an adjourning Heart -

The going from a world we know   1662
To one a wonder still
Is like the child's adversity
Whose vista is a hill,
Behind the hill is sorcery
And everything unknown,
But will the secret compensate
For climbing it alone?

Apparently with no surprise   1668
To any happy Flower
The Frost beheads it at it's play -
In accidental power -
The blonde Assassin passes on -
The Sun proceeds unmoved
To measure off another Day
For an Approving God -

Ich hielt's so fest, daß ich's verlor
Das Kind vom Falter sagt
Um manchen ansehnlichern Fang
Wird auch derart geklagt -

Nicht Krankheit fleckt den Tapfern,
Auch kein Pfeil,
Noch Zweifel dran, was zu erwarten steht,
Nur Herzensmattigkeit -

Fortgehn aus der vertrauten Welt
In eine voller Fragen
Ist wie das Unglück eines Kinds
Dem Hügel stehn vor Augen,
Dahinter Hexerei und alles
Was sich noch nie gezeigt,
Doch macht dann das Geheimnis wett
Daß man's allein ersteigt?

Es wunderte die Blume nicht
Die auf der Wiese lacht
Der Nachtfrost köpft sie spielerisch -
Mit zufälliger Macht -
Der blonde Mörder zieht davon -
Die Sonne weiterrückt
Mißt einen Tag ab ungerührt
Und Gott sieht zu und Nickt -

1885

Take all away from me, but leave me Ecstasy, 1671
And I am richer then, than all my fellow men -
Is it becoming me, to dwell so wealthily,
                      when at my very door
Are those possessing more,
                      in boundless poverty?

A Letter is a joy of Earth - 1672
It is denied the Gods -

Of God we ask one favor, 1675
    that we may be forgiven -
For what, he is presumed to know -
The Crime, from us, is hidden -
Immured the whole of Life
Within a magic Prison
We reprimand the Happiness
That too competes with Heaven -

Their dappled importunity 1677
Disparage or dismiss -
The Obloquies of Etiquette
Are obsolete to Bliss -

Nimm alles fort, doch laß mir die Ekstase,
Dann bin ich reicher, als die Zeitgenossen -
Steht mir mein Reichsein an,
                wenn just vor meinem Heim
Die Mehrbesitzenden so übermäßig arm
                      beisammen stehn?

Ein Brief ist eine Erdenfreude -
Den Göttern vorenthalten -

Gott bitten wir um eines,
   daß uns vergeben werde -
Wofür, das weiß vermutlich er -
Wir können das Delikt
Nicht sehn - verschlossen lebenslang
Im Zauberkerker - rügt
Man noch das Glück das mit dem Himmel
Zu sehr im Wettstreit liegt -

Sie sind so bunt, so aufdringlich
Steh drüber, tu es ab -
Bei Seligkeit wird unmodern
Was Etikette schalt -

Undatiert

Volcanoes be in Sicily 1691
And South America
I judge from my Geography
Volcano nearer here
A Lava step at any time
Am I inclined to climb
A Crater I may contemplate
Vesuvius at Home

Speech is one symptom of affection 1694
And Silence one -
The perfectest communication
Is heard of none

Exists and it's indorsement
Is had within -
Behold said the Apostle
Yet had not seen!

I see thee clearer for the Grave 1695
That took thy face between
No mirror could illumine thee
Like that impassive stone -

I know thee better for the act
That made thee first unknown
The stature of the empty nest
Attests the Bird that's gone

Vulkane gibt es in Sizilien
Und Südamerika
Ich glaube aber ein Vulkan
Liegt geographisch nah
Zu allen Zeiten steig ich gern
Die Lavatreppe rauf
Ein Krater den ich anschaun darf
Ist der Vesuv zu Haus

Symptom der Zuneigung ist Sprache
Wie Schweigen -
Vollkommenste Verständigung
Hört keiner

Es gibt sie und im Innern
Wird sie bestätigt -
Seht, sprach einst der Apostel
Und sah nicht!

Ich seh dich klarer dank dem Grab
Das dein Gesicht umfing
Kein Spiegel könnte dich erhellen
Wie jener starre Stein -

Ich kenn dich besser dank dem Akt
Der dich erst fremd gemacht
Die Form des leeren Nests bezeugt
Den Vogel der entwich

Lightly stepped a yellow star   1698
To it's lofty place
Loosed the Moon her silver hat
From her lustral Face
All of evening softly lit
As an Astral Hall
Father I observed to Heaven
You are punctual -

Fame is a fickle food   1702
Upon a shifting plate
Whose table once a
Guest but not
The second time is set
Whose crumbs the crows inspect
And with ironic caw
Flap past it to the
Farmer's corn
Men eat of it and die

A word made Flesh is seldom   1715
And tremblingly partook
Nor then perhaps reported
But have I not mistook
Each one of us has tasted
With ecstasies of stealth
The very food debated
To our specific strength -

A word that breathes distinctly
Has not the power to die
Cohesive as the Spirit
It may expire if He -

Leichthin trat ein gelber Stern
An den hohen Ort
Zog der Mond den Silberhut
Vom Strahlenantlitz fort
Sanft erhellt der ganze Abend
Wie ein Sternenraum
Vater sagte ich zum Himmel
Du triffst pünktlich ein -

Ruhm ist die wechselhafte Kost
Auf einem schwanken Teller
Vor dem als Gast
Man einmal sitzt
Ein zweites Mal gibt's nimmer
Und seine Krümel prüfen
Ironisch krächzend Krähen
Und flattern hin
Zum Korn der Farm
Die Menschen sterben dran

Ein Wort ward selten Fleisch
Und nahm dran teil mit Zittern
Auch ward's wohl nicht berichtet
Doch wenn ich mich nicht irre
Hat doch von uns schon jeder
Verstohlen hingerissen
Die so umstrittne Kost
Zur Stärkung schon genossen -

Ein Wort das deutlich atmet
Dem fehlt die Macht zu gehn
Anhänglich wie der Geist
Haucht es erst aus mit Ihm -

»Made Flesh and dwelt among us«
Could condescension be
Like this consent of Language
This loved Philology

That she forgot me was the least   1716
I felt it second pain
That I was worthy to forget
Was most I thought upon

Faithful was all that I could boast
But Constancy became
To her, by her innominate
A something like a shame

Guest am I to have   1717
Light my northern room
Why to cordiality so averse to come
Other friends adjourn
Other bonds decay
Why avoid so narrowly
My fidelity -

Rather arid delight   1718
If Contentment accrue
Make an abstemious ecstasy
Not so good as joy -

But Rapture's Expense
Must not be incurred
With a tomorrow knocking
And the Rent unpaid -

Undatiert

»Ward Fleisch und wohnte unter uns«
Herabkunft - wäre die
Wie dieses Ja der Sprache, diese
Geliebte Philologie

Daß sie mich nicht mehr kannte, war
Die zweite Pein, die kleinste
Doch daß ich dies Vergessen wert war
Bedachte ich am meisten

Ich konnt mich nur der Treue rühmen
Doch Stetigkeit bekam
Für sie, da sie ihr unbekannt
Den Ruch von Schand und Scham

Besuch soll ich bekommen
Ins Nordzimmer mit ihm
Warum für eine Herzlichkeit, die ungern nur erschien
Andere Freundschaften vertagen
Andere Bande kappen
Warum so knausrig meine Treu
Entziehen und verknappen -

Lust wird eher dürr
Wenn entsteht Genügen
Das Ekstase mäßig macht
Nicht wie ein Vergnügen -

Doch die Kosten des Raptus
Wagt man besser nicht
Hört man das Morgen klopfen
Und schuldet noch die Pacht -

Winter under cultivation   1720
Is as arable as Spring

Down Time's quaint stream   1721
Without an oar
We are enforced to sail
Our Port a secret
Our Perchance a Gale
What Skipper would
Incur the Risk
What Buccaneer would ride
Without a surety from the Wind
Or schedule of the Tide -

The right to perish might be thought   1726
An undisputed right
Attempt it, and the Universe
Upon the opposite
Will concentrate it's officers -
You cannot even die
But nature and mankind must pause
To pay you scrutiny -

The Look of thee, what is it like   1731
Hast thou a hand or Foot
Or mansion of Identity
And what is thy Pursuit

Thy fellows are they realms or Themes
Hast thou Delight or Fear
Or Longing - and is that for us
Or values more severe -

Undatiert

Winter untern Pflug genommen
Wird so urbar wie der Lenz

Den Zeitstrom runter
Steuerlos
So haben wir zu segeln
Geheim der Hafen
Sturm um uns
Und welcher Kapitän
Wagt so etwas und welcher
Freibeuter hißt sein Tuch
Ohne den Wind zu kennen und
Den Stundenplan der Flut -

Das Recht auf Untergang hält man
Vielleicht für unbestritten
Versuch es, und das Weltall wird
In Gegenrichtung schicken
All seine Polizisten -
Du kannst nicht mal entschlafen
Ohne daß Menschheit und Natur
Still stehn um dich zu prüfen -

Dein Anblick, wem mag er wohl gleichen
Hast du Hand oder Fuß
Und Wohnsitz deiner Eigenart
Worauf willst du hinaus

Begleiten dich Bereiche, Themen
Kennst du die Angst, die Freude
Ein Sehnen - das nach uns fragt oder
Nach strengern, ernstern Werten -

Let change transfuse all other Traits
Enact all other Blame
But deign this least certificate
That thou shalt be the same -

Eden is that old fashioned House 1734
We dwell in every day
Without suspecting our abode
Until we drive away

How fair on looking back the Day
We sauntered from the Door
Unconscious our returning
But discover it no more

Advance is Life's condition 1736
The Grave but a Relay
Supposed to be a terminus
That makes it hated so -

The Tunnel is not lighted
Existence with a wall
Is better we consider
Than not exist at all -

When we have ceased to care 1737
The Gift is given
For which we gave the Earth
And mortgaged Heaven
But so declined in worth
'Tis ignominy now
To look upon -

Gieß Wandel über alle Züge
Führ alle Fehler ein
Geruh nur zu bescheinigen
Du wirst derselbe sein -

Eden ist jenes alte Haus
In dem wir täglich sind
Es kommt uns unverdächtig vor
Bis wir von dannen ziehn

Wie schön im Rückblick auf den Tag
Da schlendernd von der Tür
Wir nicht an Heimkehr dachten
Doch finden wir's nicht mehr

Im Leben kann's bloß vorwärts gehn
Das Grab ist nur Station
Doch nimmt man es als Kopfbahnhof
Wird's uns verhaßt davon -

Kein Licht gibt es im Tunnel
Und besser ist, wir ziehn
Ein Sein mit Mauer in Betracht
Als überhaupt nicht sein -

Wenn es uns nicht mehr schert
Dann wird's geschenkt
Wofür man Erde gab
Und Himmelspfand
Doch so im Wert herabgebracht
Daß es jetzt peinlich ist
Hat man drauf Acht -

On my volcano grows the Grass　　　　1743
A meditative spot -
An acre for a Bird to choose
Would be the general thought -

How red the Fire rocks below
How insecure the sod
Did I disclose
Would populate with awe my solitude

By a departing light　　　　1749
We see acuter, quite,
Than by a wick that stays.
There's something in the flight
That clarifies the sight
And decks the rays

God is indeed a jealous God -　　　　1752
He cannot bear to see
That we had rather not with Him
But with each other play.

He was my host - he was my guest,　　　　1754
I never to this day
If I invited him could tell,
Or he invited me.

So infinite our intercourse
So intimate, indeed,
Analysis as capsule seemed
To keeper of the seed.

Undatiert

Auf meinem Feuerberg sprießt Gras
Ein nachdenklicher Ort -
Ein guter Platz für einen Vogel
So hätte man gedacht -

Wie rot das Feuer rüttelt drunten
Wie unsicher der Grund
Enthüllt ich's
Mein Alleinsein würde respektvoll angestaunt -

Ein Licht läßt im Vergehn
Uns intensiver sehn
Als mancher stete Docht.
Es steckt was in der Flucht
Das steigert klare Sicht
Und Strahlenpracht

Freilich ist Gott neidisch -
Er kann es nicht ertragen
Daß wir uns lieber miteinander
Als mit Ihm selbst abgeben.

Er war mein Wirt - er war mein Gast,
Weiß heute noch nicht recht,
Ob ich zu mir ihn einlud oder
Ob er mich lud zu sich.

So grenzenlos war unser Umgang
So innig, so vertraut,
Daß Auswertung als Kapsel schien
Dem der die Saat verwahrt.

Love can do all but raise the Dead   1758
I doubt if even that
From such a giant were withheld
Were flesh equivalent

But love is tired and must sleep,
And hungry and must graze
And so abets the shining Fleet
Till it is out of gaze.

That it will never come again   1761
Is what makes life so sweet.
Believing what we dont believe
Does not exhilirate.

That if it be, it be at best
An ablative estate -
This instigates an appetite
Precisely opposite.

The mob within the heart   1763
Police cannot suppress
The riot given at the first
Is authorized as peace

Uncertified of scene
Or signified of sound
But growing like a hurricane
In a congenial ground.

Liebe kann alles, nur nicht Tote
Erwecken, doch selbst das
Man solcher Macht nicht vorenthielt
Wär auch das Fleisch danach

Doch Lieb ist müde und braucht Schlaf,
Hat Hunger und muß weiden
So steigert sie der Flotte Glanz
Bis sie dem Blick entgleitet.

Daß es nie wiederkehrt, das macht
Den Reiz des Lebens aus.
Nicht weil man sich berauscht im Glauben
An das was man nicht glaubt.

Daß, wenn er käme, dieser Zustand
Eh ablativisch sei -
Das stachelt ein Verlangen an
Das zielt aufs Gegenteil.

Gegen den Mob im Herzen
Hilft keine Polizei
Was da zuerst ein Aufruhr war
Legt man als Friede bei

Kein Hinweis auf Geräusch
Die Gegend - nicht erfaßt -
Doch wächst er wie ein Hurrikan
Auf Grund der dazu paßt.

There comes an hour when begging stops,   1768
When the long interceding lips
Perceive their prayer is vain.
»Thou shalt not« is a kinder sword
Than from a disappointing God
»Disciple, call again.«

Through those old grounds of memory,   1770
The sauntering alone
Is a divine intemperance
A prudent man would shun.
Of liquors that are vended
'Tis easy to beware
But statutes do not meddle
With the internal bar.
Pernicious as the sunset
Permitting to pursue
But impotent to gather,
The tranquil perfidy
Alloys our firmer moments
With that severest gold
Convenient to the longing
But otherwise withheld.

'Twas here my summer paused   1771
What ripeness after then
To other scene or other soul
My sentence had begun.

To winter to remove
With winter to abide
Go manacle your icicle
Against your Tropic Bride

Die Stunde kommt da ruht das Bitten,
Und seine Fürsprecher, die Lippen
Sehn, es hat keinen Sinn.
»Du sollst nicht« sanfter uns durchbohrt
Als von dem Gott, der uns nicht hört
»Komm noch mal, Schülerin.«

Einsames Schlendern durch das alte
Erinnerungsgelände
Ist göttliche Unmäßigkeit
Die sich kein Kluger gönnte.
Vor Schnäpsen die verkäuflich sind
Nimmt man sich leicht in Acht
Doch die Gesetze kümmern sich
Um innre Theken nicht.
Schädlich wie Sonnenuntergang
Der Anschaun wohl gestattet
Doch nicht gesammelt werden kann,
Legiert die stille Tücke
Unsre gefestigtern Momente
Mit jenem ernsten Gold
Das nur für Sehnsuchtkranke taugt
Und sonst ist es versagt.

Hier stand mein Sommer still
Was dann an Reife kam
Galt andrem Ort, galt andrer Seel
Mein Urteil wirkte schon.

Sollst in den Winter umziehn
Der Winter sei dein Haus
Los, fessle deinen Eiszapfen
An deine Tropenbraut

Softened by Time's consummate plush, 1772
How sleek the woe appears
That threatened childhood's citadel
And undermined the years.

Bisected now, by bleaker griefs,
We envy the despair
That devastated childhood's realm,
So easy to repair.

My life closed twice before it's close; 1773
It yet remains to see
If Immortality unveil
A third event to me,

So huge, so hopeless to conceive
As these that twice befell.
Parting is all we know of heaven,
And all we need of hell.

A face devoid of love or grace, 1774
A hateful, hard, successful face,
A face with which a stone
Would feel as thoroughly at ease
As were they old acquaintances -
First time together thrown.

To lose thee - sweeter than to gain 1777
All other hearts I knew.
'Tis true the drought is destitute,
But then, I had the dew!

Undatiert

Plüschüberzogen durch die Zeit,
Wie wirkt das Weh nun glatt
Das unsrer Kindheitsfestung drohte
Und Jahre untergrub.

Gespalten heut, durch kahlern Gram,
Sehn wir nun scheel auf Not
Die einst das Kinderreich zerstörte,
So leicht instand gestellt.

Mein Leben fiel schon zwei Mal zu;
Doch bleibt mir noch zu sehn
Ob die Unsterblichkeit mir mag
Ein Drittes zugestehn,

So übergroß, unvorstellbar
Wie was mir widerfuhr.
Den Himmel kennen wir vom Abschied,
An Hölle braucht's nicht mehr.

Gesicht von Lieb und Anmut leer,
Erfolgreich, hart und hassenswert,
Gesicht, bei dem ein Stein
Sich ganz zu Hause fühlen könnt
Als wären er und es gut Freund -
Zum ersten Mal vereint.

Dich zu verlieren - Herz - war süßer
Als andre zu gewinnen.
Schon wahr, die Dürre brachte Not,
Doch mir war Tau beschieden!

The Caspian has it's realms of sand,
It's other realm of sea.
Without the sterile perquisite,
No Caspian could be.

To make a prairie it takes a clover and one bee,   1779
One clover, and a bee,
And revery.
The revery alone will do,
If bees are few.

The distance that the dead have gone   1781
Does not at first appear;
Their coming back seems possible
For many an ardent year.

And then, that we have followed them,
We more than half suspect,
So intimate have we become
With their dear retrospect.

Fame is a bee.   1788
It has a song -
It has a sting -
Ah, too, it has a wing.

Ein Sandreich hat die Kaspische See
Ihr andres Reich ist Meer.
Ohne die taube Mitgift bliebe
Vom Kaspischen nichts mehr.

Für eine Wiese braucht es Klee und Bienen,
Je eins von ihnen,
Und Träumerei.
Die Träumerei tut's auch allein,
Bei wenig Bienen.

Wie fern die Toten uns gerückt sind
Wird erst nicht offenbar;
Ihr Wiederkommen scheint noch möglich
In manchem heftigen Jahr.

Und später, dämmert es uns, wir
Sind ihnen nachgegangen,
So innig wurde unser Umgang
Mit liebem Angedenken.

Ruhm ist wie Bienen
Kann singen -
Kann stechen -
Ah ja, auch fliegen.

Nachwort

> *I dwell in Possibility -*
> *A fairer House than Prose -*

Am Abend des 15. Mai 1886 starb in Amherst, Massachusetts, im Alter von 55 Jahren eine zierliche Frau mit rotbraunem Haar, von der man in der kleinen neuenglischen Collegestadt nicht viel mehr wußte, als daß sie menschenscheu und stets weiß gekleidet war. Nicht einmal ihre engsten Angehörigen und Freunde ahnten, daß die Nachwelt sie zu den Größten unter den englischsprachigen Dichtern zählen würde. Zwar war bekannt geworden, daß Emily Dickinson Lyrik schrieb, immerhin hatte sie etwa sechshundert Gedichte – rund ein Drittel ihres nach jüngsten Zählungen 1789 Gedichte umfassenden Werks – über Jahrzehnte hin ihren Briefen beigelegt. Indes waren nur ganze zehn Gedichte zu ihren Lebzeiten gedruckt worden, noch dazu anonym und ohne ihre Zustimmung. Weit über tausend Gedichte hatte sie jedoch entweder heute verschollenen Briefwechseln beigelegt oder, was wahrscheinlicher ist, für sich selbst behalten und niemandem gezeigt.

Die Trauerfeier fand im Bibliothekszimmer des Familiensitzes statt, den ihr Großvater 1813 am Hang über der »Main Street« von Amherst hatte bauen lassen. Das von einer Hecke gegen die Straße hin abgeschirmte und von Wiesen umgebene Gebäude aus dunkelrotem Backstein war ihr Geburtshaus gewesen, in dem sie fast vierzig Jahre lang gelebt hatte, zunächst mit den Eltern, dem älteren Bruder Austin und der jüngeren Schwester Lavinia, zuletzt nur noch mit Lavinia, die wie sie selber unverheiratet geblieben war. Auf Wunsch der Verstorbenen wurde der Sarg nach der Trauerfeier durch die Hintertür ins Freie gebracht und von sechs irischen Arbeitern, die sie selber bestimmt hatte, durch den Garten, die Scheune und über die blühenden Wiesen zum nahen Friedhof getragen.

In den folgenden Tagen verbrannte Lavinia auf Wunsch der Toten deren umfangreiche Korrespondenz, dabei machte sie im Zimmer ihrer Schwester eine Entdeckung: In einer Kommodenschublade lagerten Hunderte von Gedichten in allen Stadien der Entstehung vom flüchtigen Notat über den mit zahlreichen Varianten versehenen Entwurf bis hin zum ins Reine geschriebenen, fertigen Text. Mehr als achthundert Gedichte hatte Emily Dickinson in ihren frühen Jahren zwischen 1858 und 1864 in insgesamt vierzig Manuskriptbüchlein (»Fascicles«) eingetragen, die sie selber mithilfe von Nadel und Zwirn aus Briefbögen hergestellt hatte. Fast zweihundert weitere Gedichte waren später auf ähnliche Bögen geschrieben, aber nicht mehr gebündelt worden. Der Rest – zwischen sieben- und achthundert Gedichte – stammte mehrheitlich aus den letzten zwanzig Lebensjahren der Dichterin und war teils auf Briefpapier festgehalten, teils auf fliegenden Blättern, Briefumschlägen, Abrissen von Einwickelpapier, Reklamezettelchen.

Entschlossen, ihren Fund ans Licht der Öffentlichkeit zu bringen, wandte sich Lavinia an Susan Gilbert Dickinson. Mit ihr war die Verstorbene von Jugend auf befreundet gewesen und hatte ihr insgesamt 250 Gedichte gewidmet und zugeschickt, mehr als allen übrigen Briefpartnern. Durch die Heirat mit Austin war Susan 1856 ihre Schwägerin geworden und lebte seitdem mit ihrer Familie in der nur wenige Schritte entfernten Nachbarvilla »The Evergreens«. Susan zeigte indes so wenig Einsatz für eine Publikation, daß die enttäuschte Lavinia zwei Jahre später einen weiteren Freund der Dichterin, den im Literaturbetrieb der Zeit versierten Thomas W. Higginson, hinzuzog. Für die Arbeit, eine Abschrift zu erstellen, gewann sie die junge Mabel Todd. Lavinia trug ihr eine Schachtel mit Gedichten ins Haus, ohne Susan davon zu unterrichten.

Das sollte sich rächen. Mabel Todd war einige Jahre zuvor mit ihrem Mann, der eine Professur am College antrat, nach Amherst gekommen. Sie war mehrmals im Haus der Dichterin gewesen, hatte sie mit Gesang und Klavierspiel unterhalten und dafür Blumen und Gedichte erhalten. Zudem war sie in eine heimliche Liebesaffäre mit Austin Dickinson verstrickt, die zwar von ihrem eigenen Ehemann geduldet und auch von Lavinia und Emily stillschweigend akzeptiert wurde, ihr aber die Feindschaft von Susan und ihren Kindern zuzog.

Der über Generationen hin nicht nachlassende Haß zwischen denen, die sich in die Erbschaft ihrer Manuskripte teilten, überschattete die Herausgabe des Lebenswerks der Dichterin von Anfang an. Zwar machte Mabel Todd sich mit Hingabe an die Arbeit, und brachte 1890 zusammen mit Higginson eine erste Auswahl von 116 Gedichten heraus, die auf so großes Interesse stieß, daß die beiden Herausgeber bis 1896 noch zwei weitere Auswahlbände mit Gedichten publizierten und Todd allein noch einen Band mit ausgewählten Briefen Emily Dickinsons vorlegte. Doch nach Austins Tod (1895) entbrannte zwischen Mabel und Lavinia ein Rechtsstreit um ein Stück Land, das Austin seiner Geliebten als Dank für ihre Arbeit als Herausgeberin hatte schenken wollen. Der Prozeß, den Lavinia gewann, machte die Feindschaft und Rachsucht der Beteiligten öffentlich.

Vor der Kleinstadt gedemütigt, räumte Mabel Todd danach ihr gesamtes Dickinson-Material für mehr als dreißig Jahre auf die Seite. Erst ein Jahr vor ihrem Tod 1932 gab sie einen weiteren Briefband heraus und nahm ihrer Tochter Millicent das Versprechen ab, alle einst weggepackten Dickinson-Manuskripte zu publizieren, was weitere dreiundzwanzig Jahre in Anspruch nahm. Indessen hortete auch die Gegenpartei – Susan Dickinson und ihre Tochter Martha Dickinson Bianchi – Hunderte von Briefen und Gedichten. Nach dem Tod ihrer Mutter veröffentlichte Bianchi 1914 zunächst einen Band mit Lyrik, dann Erinnerungen an die berühmte Tante, ausgewählte Briefe, und ließ nach und nach weitere Gedichtbände erscheinen, darunter einen mit dem Titel »Complete Poems« (1924), der alles andere als vollständig war.

So wuchs, was Anzahl und Textgestalt der Gedichte anging, mit jedem neuen Dickinson-Band die Verwirrung. Erst nachdem die beiden Parteien ihre Manuskriptanteile teils in die Harvard Library und teils ans Amherst College gegeben hatten, kam mit Thomas H. Johnsons dreibändiger »Variorum Edition« von 1955 Ordnung in die Hinterlassenschaft. Erstmals wurden die Gedichte ungekürzt veröffentlicht, in Dickinsons Schreibweise und mit allen Varianten.

Johnsons Ausgabe trat 1981 mit Ralph W. Franklins vollständiger Rekonstruktion von Dickinsons Manuskriptbüchlein eine weitere grundlegende Publikation an die Seite. Franklins eigene »Variorum Edition« (1998) schuf mit ausgeklügelten Untersuchungsmethoden noch präzisere Versionen der Texte und schlug eine plausible Chronologie der Gedichte vor, die zu einer eigenen Numerierung führte. Seine »Reading Edition« (1999) behält diese Numerierung bei, druckt aber jedes Gedicht nur einmal ab und zwar in seiner letzten, von der Autorin selber revidierten Form. Auf dieser Edition fußt die vorliegende deutsche Ausgabe. Nur selten erlaubt sie sich, aus Freude an der Farbigkeit einer älteren Formulierung auf Varianten zurückzugreifen. Die Nummern der betreffenden Gedichte sind mit einem Sternchen bezeichnet.

Daß Emily Dickinson auf die Veröffentlichung ihrer Lyrik verzichtete, hat Folgen für die Art, wie sie von der Nachwelt bis heute aufgenommen, gelesen, verstanden und eingeschätzt wird. Dickinsons literarischer Hinterlassenschaft ist anzumerken, daß manches, was darin unfertig stehen blieb, nicht systematisch ausgesondert wurde. Es umfaßt von vollendeten poetischen Schöpfungen bis zum Gelegenheitsnotat mithin auch das, was wohl einem selbstkritischen Kehraus der Dichterin vor einer Publikation zum Opfer gefallen wäre.

Rasch setzte darum eine Sichtung durch Herausgeber und Kritiker ein, die dazu führte, daß in Dickinson-An-

thologien – auch gerade in denen, die eine Auswahl von
Gedichten in Übersetzung einem deutschsprachigen Publikum zugänglich machen – von den bei Franklin aufgeführten insgesamt 1789 hinterlassenen Gedichten nur immer
dieselben hundertfünfzig bis maximal dreihundert abgedruckt und übersetzt werden, die mittlerweile den Dickinson-Kanon bilden, obwohl über den engen Kreis des Bekannten hinaus eine Fülle von Entdeckungen zu machen ist.

Veritable Zaubersprüche sind darunter (168), trocken
humorvolle Bekundungen neuenglischen Selbstbewußtseins (256), knappe witzige Selbstgespräche (299) und vielstrophige Grübeleien über die Minimalvoraussetzungen
für Lebensglück (362) und für das Entstehen von Heimatgefühl (891). Es gibt explizit weibliche Formen der Selbstermahnung zur Vernunft (522), unerwartet realistisch
skizzierte Szenen (537), poetische Prahlereien (557) und
übermütige Geschlechtsrollenspiele (856). Es gibt herrliche, mit weit ausholenden Strichen entworfene und philosophisch reflektierte Natursinnbilder (849) und solche
mit Haiku-Qualität (958), bittere Lebensresümees (1265),
sarkastisch-säkulare Balladen (1332) und blasphemische
Gebete (1500). Und es gibt eine Fülle von prägnant funkelnden Sentenzen wie die über den Rausch unmöglichen
Verlangens (939), über die Wertsteigerung eines Liebesobjekts durch Entzug (1228) und über das Erschauern beim
Anhören von Musik (1511).

Die als schwierig geltende Autorin hat viele leicht zugängliche Gedichte hinterlassen. Was sie jedoch einzig für
sich selber schrieb, ist oft überfrachtet mit Erinnerungen,
die nicht erklärt werden und die kein Außenstehender
erraten kann. Hinzu kommt Dickinsons Freude an der Vielsinnigkeit. Im Extremfall führt das zu lyrischen Kippfiguren, bei denen quasi aus den Knopflöchern eines konventionellen Satzes sein zorniges Unterfutter hervorblitzt.
So kann man den Zweizeiler »Society for me my misery /
Since Gift of Thee« (1195) als eine Bekräftigung von
Freundschaftsgefühlen lesen (»Elend kommt mir die Ge-

sellschaft vor / Beschenkt mit Dir«), aber auch als Vorwurf (»Als Gesellschaft ich mein Elend habe / Weil Deine Gabe«). Viele Gedichte lassen offen, wovon sie eigentlich reden. Vom Geliebten? Von Gott? Vom Tod? Vom dichterischen Furor? Oder von allem zugleich (wie 477)? Gleich den alten Mystikern überblendet Dickinson in ihrer Lyrik erotische Bilder und Erfahrungen mit religiösen und umgekehrt.

Genauso verrätselnd spricht sie vom eigenen Dichtertum. Meint das »von Hoffnung freie Dienen« (880) die Treue im Liebesdienst an einem Abwesenden? Oder ist hier vom eigenen Schreiben die Rede? Auch was über Näharbeiten gesagt wird, kann sich auf die dichterische Arbeit beziehen (681). Das Farbenspiel in einer Landschaft wird zum Gleichnis für die Wirkung von Poesie auf einen davon kaum beeindruckbaren Adressaten (787). Und hinter einem Vogel kann sich ein Freund verstecken. Nie wird sich entscheiden lassen, ob in einem Sechszeiler aus Dickinsons letzten Lebensjahren vom Kardinalvogel die Rede ist oder nicht doch von jenem fernen Geliebten, über dessen Identität so viel spekuliert worden ist. Da einer der Kandidaten für diese Rolle im Entstehungsjahr des Gedichts gestorben ist, kann man den kleinen Text auch als ein in seiner Neigung zum Verstummen ergreifendes Abschiedsgedicht lesen (1586).

In ihrer Vielsinnigkeit widersetzen sich Dickinsons Gedichte jeder thematischen Bündelung. Doch schon die ersten Herausgeber haben sich – in Ermangelung einer zuverlässigen Datierung dieser Texte – damit beholfen, sie in ihren Anthologien nach inhaltlichen Kategorien wie Leben, Liebe, Natur, Zeit und Ewigkeit anzuordnen, und damit viele Nachahmer gefunden. Eine Folge davon ist, daß noch immer die Vorstellung kursiert, Dickinson sei eine »statische« Autorin. Oft heißt es, an ihrem Werk ließen sich keine Entwicklung, keine Reifungsphasen ablesen. Die chronologische Anordnung der Gedichte macht jedoch sofort deutlich, daß Dickinsons lyrisches Werk eine frappierende Entwicklung nimmt, die – wie Alfred Habegger auf Grund seiner gewissenhaften Recherchen belegen konnte[1] – auf charakteristische Weise im Einklang steht mit ihrer Biografie.

Die am 10. Dezember 1830 in Amherst geborene Emily Dickinson wuchs in einer angesehenen Familie auf. Ihr Großvater war einer der Gründer, Vater und Bruder waren Finanzverwalter des renommierten Amherst College. In diesen Kreisen engagierte man sich auch für die Bildung von Frauen, weswegen die als hoch intelligent bewunderte Emily und ihre Schwester Lavinia eine hervorragende Schul- und Collegeausbildung bekamen, die Naturwissenschaften und Fremdsprachen wie Latein und Deutsch einschloß. Emily war eine aufgeweckte, hervorragende Schülerin, an die sich ihre Lehrer noch nach Jahrzehnten erinnerten. Sie selber empfand allerdings ihre Ausbildung als ungenügend, weswegen sie sich später unter den profilierten Intellektuellen ihrer Zeit auf eigene Faust »Mentoren« suchte.

Ihr Vater Edward, puritanisch steifer und pflichtbewußter Patriarch, Jurist und zeitweiliger Kongreßabgeordneter der Konservativen, gehörte zu den prominenten Bürgern der Kleinstadt, die den Ausbau des Eisenbahnnetzes in Massachusetts vorantrieben und dafür sorgten, daß Amherst 1853 einen Bahnhof bekam. Im »Homestead« der Dickinsons verkehrten einflußreiche Politiker und namhafte Gelehrte. Edward hatte eine ganze Reihe von Tageszeitungen und Zeitschriften abonniert und hielt Bücher in hohen Ehren, wollte aber seinen Kindern zunächst nichts als Bibellektüre erlauben. Vom väterlichen Lesegeschmack abweichende Bücher versteckten die Geschwister daher im Klavier oder sie ließen sie von Freunden in einem Busch vor der Haustür deponieren. »Meine Mutter hält nichts vom Denken«, schrieb Emily Dickinson später in einem Brief, »und Vater ist zu sehr beschäftigt mit seinen Gerichtsakten - um darauf zu achten, was wir tun - Er kauft mir viele

Bücher - bittet mich aber, sie nicht zu lesen - weil er befürchtet, sie rütteln am Geist.«

Mit den Jahren trug Edward Dickinson eine umfangreiche Bibliothek zusammen, in deren Bänden sich viele seiner Tochter Emily zugeschriebene Lesespuren, wie eingeknickte Seiten und Anstreichungen, finden. So etwa in einem Gedichtband von Elizabeth Barrett Browning, der sie drei eigene Gedichte widmete (das längste und bedeutendste ist 627). Mit vielen Bleistiftstrichen markiert ist auch Bettina von Arnims Briefroman über »Die Günderode«, jene junge deutsche Dichterin, die sich 1806 aus unglücklicher Liebe im Rheingau selbst erdolcht hatte.

Nach dem Ende von Emilys schulischer Ausbildung 1848 warteten wegen der Kränklichkeit ihrer Mutter Pflege- und Hausarbeiten auf sie. In Briefen an den in Harvard studierenden Bruder Austin beklagt sie sich über das strenge häusliche Regiment ihres Vaters, der ihre Korrespondenz kontrollierte, zürnte, wenn sie von einem Besuch bei Freunden nicht pünktlich nach Hause kam, und darauf bestand, einzig von ihr selbst gebackenes Brot zu essen. Für dieses Brot wurde sie denn auch lokal berühmt und mit einem Preis ausgezeichnet. Dazu paßt, daß in ihrem heute als Museum eingerichteten Elternhaus ein simpler hölzerner Hocker mit einer kleinen Schublade als »Schreibtisch« der Dichterin gezeigt wird. Es heißt, sie habe ihre Einfälle in der Küche zu Papier gebracht oder aber bis tief in die Nacht in ihrem Zimmer geschrieben.

Edward Dickinson und seine Tochter hatten kein Vertrauensverhältnis zueinander. Doch scheint er Verständnis dafür gehabt zu haben, daß sie häufig allein sein wollte, und besorgte ihr, als sie zwanzig war, den großen Hund Carlo, der sie sechzehn Jahre lang auf ihren einsamen Spaziergängen begleitete. Daß sie Gedichte schrieb, scheint sie ihm verborgen zu haben. Es war kein Geheimnis, wie wenig er von schreibenden Frauen hielt, die eine literarische Karriere machen wollten. Seiner Meinung nach vertrug sich weibliche Selbstachtung nicht mit öffentlichen Auftritten.

Emily Dickinsons Jugend war überschattet von Todesfällen in Familie und Freundeskreis. Zeitlebens litt sie unter der Angst vor dem Verlust geliebter Menschen. Besonders heftig traf sie 1853 der Tod des neun Jahre älteren Benjamin Newton, eines Juristen aus der Kanzlei ihres Vaters, mit dem sie die Liebe zur Literatur und die Aversion gegen kirchliche Orthodoxie geteilt hatte. Mehrere Wellen von religiösen Erweckungsbewegungen zogen in jenen Jahren über Neuengland hinweg. Nach und nach waren alle ihre engsten Angehörigen und Freundinnen mit dem Bekenntnis, wiedergeborene Christen zu sein, vor die Gemeinde getreten. Es brauchte viel Standfestigkeit, dem Erwartungsdruck nicht nachzugeben. Doch Emily Dickinson blieb unbeirrt. »Alle sind religiös - außer mir - und beten jeden Morgen zu einer Eklipse - die sie ›Vater‹ nennen«, schrieb sie an Thomas Higginson, den sie 1862 zu ihrem Lehrmeister in literarischen Dingen erkor.

1862 war ein entscheidendes Jahr in ihrem Leben. Eine emotionale Krise, über deren Ursachen viel gerätselt worden ist, brachte ihr das Verlassensein von allen, an die sie sich am innigsten angeschlossen hatte, qualvoll zum Bewußtsein. Plötzlich schien ihre ganze bisherige Welt fahl zu werden, eine Erfahrung, die sie für sich selber in Bilder von unerwarteten Eklipsen, vom Kopfstehen der Natur, einem Sonnenuntergang am Morgen, Mitternacht am Mittag und vom Tod zu Lebzeiten faßte (427). Unter diesem Leidensdruck erreichte ihr einsames poetisches Schaffen einen Höhepunkt. Sie hatte von Jugend auf Gedichte geschrieben, aber nur vier davon überlebten ein vermutliches »Autodafé« im Jahr 1858, bei dem sie alles bisher Entstandene gesichtet und Vorstufen vernichtet hatte. Von diesem Zeitpunkt an verstand sie sich selber als Lyrikerin und begann, ihre Gedichte in Manuskriptheften zu bündeln.

Im April 1862 veröffentlichte der als politisch progressiver Redner und Essayist bekannte Thomas Wentworth Higginson in der Zeitschrift »Atlantic Monthly« einen Artikel mit Ratschlägen für literarische Anfänger, worauf

Dickinson sich spontan in einem Brief an ihn wandte, vier eigene Gedichte zur Beurteilung beilegte (darunter 124 und 282) und ihn bat, sie durch kritische »chirurgische Eingriffe« zu verbessern. Eine der wichtigsten, lebenslang gepflegten Korrespondenzen der Dichterin war damit eröffnet.

Higginson ging bereitwillig auf ihre Bitte ein und erhielt mit jedem folgenden Brief einige Gedichte. »Sind diese ordentlicher?« fragte sie den sieben Jahre Älteren und versprach, seinen Weisungen nachzukommen, wenn sie sie auch nicht immer verstehe. Ihre Briefe an ihn unterschrieb sie als fügsame Schülerin häufig mit »Your Scholar«. Die beigelegten Gedichte unterhöhlten jedoch subversiv die ihm zugeschobene Mentorenposition. Aus ihnen spricht ihre erstaunliche Selbstsicherheit als Dichterin.[2] Besonders schön zeigt sich das in einem längeren Gedicht, das sie im August 1862 an Higginson schickte (381). In der ersten Strophe tritt eine Ballett-Elevin auf, unbelehrt und daher unbeholfen. Doch kurz danach beginnt ein Feuerwerk von komisch bis grotesk wirkenden Bildern und Szenen, in das so viele Fachkenntnisse über die stilisierten Bewegungen des Balletts eingearbeitet sind, daß eines klar wird: Die da spricht, ist längst eingeweiht in die akademische *danse d'école* und macht sich lustig über deren Künstlichkeit. Dabei dienen ihr die Konventionen des Tanzes als Metapher für dichterische Konventionen. Die Art wie sie ihre Klage, eine Elevin zu sein, vorbringt, beweist schlagend, daß sie keine ist. Auf dieser Nadelspitze tanzt der kleine Text.

Higginson war ein versierter Leser, aber Dickinsons Gedichte – in Denken und Ton kompakt, provozierend und vieldeutig schillernd – mußten ihn überfordern. Obwohl sie sich in Metrik und Reimschema ans traditionelle Kirchenlied anlehnen, sind diese Gedichte bis in die einzelnen Verse hinein brüchig, ja zerklüftet. Davon zeugen die den Text gliedernden Gedankenstriche, die eine Lektüre zugleich stützen und verlangsamen, einzelne Wörter herausheben, die Spannung steigern und wie ein Atemholen vor dem nächsten Überraschungscoup wirken. Ungewöhnlich auch Dickinsons Großschreibung, ihre unreinen Reime, ihr Spiel mit altmodischen Wendungen und Neologismen, ihre Verzerrung von Syntax und Grammatik, die gezielten Frechheiten ihrer umgangssprachlichen, bisweilen sogar lokal eingefärbten Diktion und nicht zuletzt ihre konsequente Abkehr von der Institution der Gedichtüberschrift.

Ihren kühnen lyrischen Stil hatte Dickinson längst für sich allein entwickelt, bevor sie Higginson um Nachhilfeunterricht bat. Weniger Belehrung als Bestätigung erwartete sie von ihm. Seine Beiträge erschöpften sich indes in konventioneller technischer Kritik, er riet ihr zu reineren Reimen und längeren Verszeilen. Und er lud sie ein, ab und zu nach Boston zu kommen, um am dortigen Salonleben teilzunehmen, was sie entschieden ablehnte. »Ich gehe nicht über den Grund und Boden meines Vaters hinaus zu einem andren Haus oder einer Stadt«, schrieb sie ihm, lud ihn aber mehrfach ein, sie in Amherst zu besuchen.

Daß er sie schließlich traf (wozu es erst 1870 und 1873 kam), brachte sie ihm als Person nicht näher, hielt aber seine Faszination wach. Erschüttert zeigte er sich von der Lebenssituation der nun Vierzigjährigen: »Ich war diesen Morgen ein wenig mit Herrn Dickinson zusammen - dünn, trocken & sprachlos - ich sah, was ihr Leben war.« Die Dichterin selber, die ihm mit zwei Lilien in der Hand und fast atemlos vor Aufregung entgegengekommen war, erschien ihm auch später noch wie von »feurigem Dunst« umhüllt. »Nie war ich mit jemandem zusammen, der meine Nervenkraft so erschöpfte. Ohne daß ich sie angerührt hätte, zehrte sie an mir. Ich bin froh, daß ich nicht in ihrer Nähe lebe«, schrieb Higginson über das bedeutsame Treffen an seine Frau.

Im Krisensommer von 1862 stärkte Higginsons Interesse an ihren Gedichten Dickinsons Selbstbewußtsein als Lyrikerin. Allerdings empfahl er auch, ihre so heftig gegen den Zeitgeschmack verstoßende Lyrik unveröffentlicht zu lassen. Sie machte sich seine Auffassung zu eigen, begründete sie aber anders, wie sich in einer Reihe von Gedichten zeigt, die sich mit dem Phänomen des Ruhms kritisch auseinandersetzen (260, 481, 788, 1507, 1702). Poetisch ging sie weiter auf eigenen Wegen, hörte indes nicht auf, mit Higginson Briefe zu wechseln und ihm Gedichte zu schicken.

Die den ersten Briefkontakten mit Higginson folgenden Jahre waren ihre produktivste Zeit. Zwischen 1862 und Ende 1865 entstanden nach Franklins Zählung insgesamt 849 Gedichte. Dann kam ein markanter Einschnitt. In ihren folgenden zwanzig Lebensjahren schrieb sie zwar weiterhin Gedichte, aber wesentlich weniger, in manchem Jahr knapp ein Dutzend, gewöhnlich etwa zwanzig oder dreißig, gelegentlich mehr als vierzig. Sie machte nur noch sporadisch Reinschriften und fing an, sorglos mit ihren Texten umzugehen. Von manchem an Freunde verschickten Gedicht behielt sie noch nicht einmal für sich selber eine Kopie.

Einiges spricht dafür, daß der in der Forschung umstrittene Adressat der drei leidenschaftlichen, in ihrer quälerischen Selbstentblößung erschreckenden Liebesbriefe an einen unbekannten »Master«, die Emily Dickinson zwischen 1858 und 1861 als Konzepte zu Papier brachte, Reverend Charles Wadsworth war, ein brillanter, von Mark Twain wegen seines schrägen, trockenen Humors gerühmter Kanzelredner, sechzehn Jahre älter als sie und verheiratet. Als Jugendlicher hatte er selber Gedichte geschrieben, dann aber damit aufgehört und seitdem auf Lyrik als eine verächtliche Form der Gefühlsschwelgerei herabgesehen. Emily Dickinson muß ihn 1855 bei einem Besuch in Philadelphia als Prediger gehört haben. Fünf Jahre später, als er ohnehin in der Gegend war, besuchte er sie in Amherst ein erstes Mal. Aus ihrer vermutlich jahrelangen Korrespondenz mit ihm hat sich nur ein einziger pastoral besorgter Brief in seiner Handschrift erhalten.

Wadsworth nahm Ende 1861 die Einladung einer Pfarrei in San Francisco an und zog mit seiner Familie nach Kalifornien. Daß dieser Abschied, der wohl auch vorübergehend zu einem Abbruch der Korrespondenz führte, Dickinsons Lebenskrise ausgelöst hat, wird sich nicht zweifelsfrei beweisen lassen. Aber es spricht auch nichts gegen die Annahme, daß es diese qualvolle Beziehung und erst recht diese Trennung war, die bei Dickinson jene überwältigende Flut von Gedichten ausgelöst hat.[3] In ihnen erkundet sie ihre Verlusterfahrung mit einer verzweifelten Radikalität, die bis ins Kosmische ausgreift und − kreisend um eine grundsätzliche Leere, den Tod Gottes, das Nichts − viel zur Modernität ihres Werkes beigetragen hat.

Ihre Freundschaften hat Emily Dickinson mit großer Intensität gepflegt und war dabei eine überaus anhängliche Partnerin. In ihren Jugendjahren klammerte sie sich heftig an ihre Freundinnen und klagte, von ihnen vergessen worden zu sein. Auch später konnte sie es kaum ertragen, daß Freundschaften auseinandergingen, weil die Partner sich auseinandergelebt hatten. Fast 1200 Briefe umfaßt ihre heute bekannte Korrespondenz, die nach Ansicht ihres frühesten Biografen Richard B. Sewall nur einen Bruchteil des gesamten Briefœuvres darstellt.[4] Sorgfältig komponiert, verdichtet und stellenweise rhythmisiert, sind ihre Briefe mit ihrer Lyrik verwandt. Adressiert sind sie an mehr als neunzig Korrespondenzpartner und belegen, wie eng Dickinsons Verbundenheit mit Nahestehenden auch noch in ihrer strengsten Abgeschiedenheit war. Das Gerücht von der »Eremitin von Amherst« ist eine Legende. Dickinson verkehrte mit ihren Freunden, jedoch unter Bedingungen, die ihr seelisches Gleichgewicht nicht gefährdeten. »Wenn ich an meine Lieben denke«, schrieb sie an Susan, »dann verläßt mich meine Vernunft vollständig, und ich fürchte manchmal, daß ich ein Spital für hoffnungslos Geisteskranke aufmachen und mich dort anketten muß in solchen Zeiten, damit ich dich nicht verletze.«

Passionierte, auch erotische Frauenfreundschaften waren im 19. Jahrhundert nicht nur akzeptiert, sie wurden auch gefördert. Kein Zweifel, daß Susan (oder »Sue«) sowohl vor wie nach ihrer Heirat mit Dickinsons Bruder Austin die engste Freundin der Dichterin war. Susan machte die »Evergreens« zu einem Treffpunkt von Literaten und Künstlern, wovon Emily im »Homestead« nebenan profitierte. Susan war die erste und wichtigste Leserin vieler Gedichte, ja sogar Ansätze einer künstlerischen Debatte zwischen den beiden Frauen lassen sich nachweisen – auf Susans Wunsch schrieb Emily eine »frostigere« zweite Strophe für das Gedicht »Safe in their Alabaster Chambers« (124).

Der vier Jahre ältere Samuel Bowles, Schriftsteller, Sozialreformer und Herausgeber der Tageszeitung »The Springfield Republican«, die sich unter seiner Leitung von einem Provinzblatt zu einer der wichtigsten Zeitungen der USA entwickelte, galt lange als möglicher Adressat der Master-Letters, kommt aber, wie die neueste Datierung dieser drei Briefe belegt, nicht in Frage. Bowles war ein unabhängiger Kopf, in Fragen der Frauenemanzipation seiner Zeit weit voraus und förderte eine Reihe von Schriftstellerinnen. Emily Dickinson lernte ihn im Haus ihres Bruders kennen und machte ihn bald zu ihrem Vertrauten: Sie schickte ihm zwei Gedichte (227 und 194), in denen von tödlicher Verlassenheit und einem eheähnlichen Pakt mit einem bereits gebundenen Mann die Rede war. Der prominente, weltoffene Journalist, der in keinen Zug steigen konnte, ohne neue Freundschaften zu schließen, erwies sich jedoch nicht als die Stütze, die Dickinson – zwischen September 1863 und Oktober 1865 noch zusätzlich durch ein Augenleiden belastet – so sehr vermißte.

Dickinsons Krisenjahre fielen mit den Jahren des amerikanischen Bürgerkriegs zusammen. Zwar hielten sich Vater und Bruder in der nationalen Zerreißprobe abseits. Austin kaufte sich frei und bezahlte 500 Dollar für einen Ersatzmann. Doch seine Schwester trauerte mit den betroffenen Amherster Familien um Gefallene und bangte um den an der Spitze eines Regiments von befreiten Schwarzen gegen die Südstaaten ins Feld gezogenen Higginson. Mehrere Gedichte (453, 480, 524) berichten von Soldaten und von den Kämpfen. An vielen anderen ist ablesbar, wie weit die militärische Sprache in Dickinsons poetischen Bilderhaushalt eingedrungen ist. Sie fühlte sich einbezogen in den Krieg, auch wenn sie sich weigerte, an Hilfskampagnen zur Herstellung von Verbandsmaterial und Decken teilzunehmen.

Wenig ist über Dickinsons Lebensalltag bekannt, da sie ihren Briefpartnern kaum davon erzählte und ihre Auskünfte unzuverlässig sind. So ließ sie, obwohl sie damals mit Eltern und Schwester im Vaterhaus wohnte, Higginson wissen, ihre einzige Gesellschaft seien die Hügel, der Sonnenuntergang, ihr Hund Carlo, Dichter wie John Keats, Robert und Elizabeth Browning, die Offenbarung des Johannes und Noam Websters Wörterbuch. (Sie hätte auch Shakespeare, Emerson, George Eliot und die Brontë-Schwestern nennen können, die sie alle nachweislich besser kannte als Keats.) Seine Bitte um ein Porträt wies sie ab. Lieber malte sie sich selber mit Worten: »Könnten Sie mir glauben - ohne? Ich hatte kein Porträt, gerade, bin aber klein wie der Zaunkönig, und mein Haar ist keck wie die Stachelfrucht der Kastanie - und meine Augen wie der Sherry im Glas, das der Gast stehen läßt - Geht es auch so?«

Anfang der sechziger Jahre fing sie an, schlichte weiße Hauskleider zu tragen, die damals unmodisch und für sie nicht standesgemäß waren — ein guter Vorwand, sich von niemandem sehen zu lassen, auch nicht von den Gästen, die etwa für ein Hauskonzert in den »Homestead« kamen. In ihrem letzten Lebensjahrzehnt verkehrte sie mit Besuchern nur noch durch den Spalt ihrer angelehnten Zimmertür und hielt auch enge Freunde wie Bowles und selbst Familienmitglieder auf Distanz.

Alle, die sie in den siebziger und achtziger Jahren beim Wässern ihrer Topfpflanzen oder im Garten überraschten, berichten von ihrer kindlichen Sprechweise, ihrer zarten Gestalt und ihrem lockigen, noch immer rotbraunen Haar, das von einem braunen Seidennetz mit Quasten hinter jedem Ohr zusammengehalten wurde. Über ihre Menschenscheu verbreitete sich der Kleinstadtklatsch. Einzig zu den Kindern aus der Nachbarschaft hatte sie immer ein gutes Verhältnis. Von den Eckfenstern ihres Zimmers im ersten Stock pflegte sie ihnen ein Körbchen mit selbstgebackenem Ingwerbrot herunterzulassen.

1874 erlitt ihr Vater bei einem Aufenthalt in Boston einen Schlaganfall und starb. Dickinson erlebte seinen Tod als niederschmetternd. Noch zwei Jahre später schrieb sie, sie träume jede Nacht von ihm. Was der Vater für sie bedeutete, spiegelt sich in einigen knappen Gedichten (1339, 1428). Mit ihm war ein Bollwerk, hinter dem sie sich zeitlebens sicher gefühlt hatte, verschwunden. Fast auf den Tag genau ein Jahr nach dem Tod des Vaters hatte auch ihre Mutter einen Schlaganfall und war bis zu ihrem Tod sieben Jahre später bettlägerig.

1878 starb Samuel Bowles und im April 1882 Reverend Charles Wadsworth, mit dem sie nach seiner Rückkehr nach Philadelphia ihre diskrete Korrespondenz über Deckadressen wieder aufgenommen hatte. An einem Sommerabend zwei Jahre vor seinem Tod und bereits von seiner Krankheit gezeichnet, hatte er Emily Dickinson einen zweiten und letzten Besuch abgestattet. Überraschend war er vor ihrer Haustür erschienen und eingelassen worden. Nach seinem Tod beschrieb Dickinson das bedeutsame Wiedersehen in einem Brief an seinen Freund. Auf ihre Frage, warum er sich nicht angekündigt habe, so daß sie sich auf sein Kommen hätte freuen können, hatte er geantwortet: »Weil ich es selbst nicht wissen konnte. Ich stieg von meiner Kanzel herab und in den Zug.«

Die schlimmste Erfahrung in Dickinsons letzten Lebensjahren war jedoch der Tod eines Kindes. Im Herbst 1883 erkrankte ihr innig geliebter achtjähriger Neffe Gilbert an Typhus und starb wenige Tage später. Mehrfach und bewegend erzählt sie in Briefen von seinem Sterben und seinen letzten Worten. Es war ein Verlust, über den sie nicht hinwegkam. Ein Jahr danach starb Richter Otis Phillips Lord, ein achtzehn Jahre älterer verwitweter Freund ihres Vaters, der in seinen letzten Lebensjahren um sie geworben hatte, worauf sie – wie ihre Briefe zeigen – freudig, ja passioniert, wenn auch hinhaltend eingegangen war.

Mit dem Tod von Helen Hunt Jackson, einer als Schriftstellerin berühmt gewordenen Jugendfreundin, verlor Dickinson 1885 eine Briefpartnerin, mit der sie während Jahren eine auf gegenseitige Anerkennung, den Austausch von Texten und freundliches Wetteifern gegründete Autoren-Freundschaft verband. Hunt Jackson war die einzige unter Dickinsons Zeitgenossen, die die singuläre Qualität und Bedeutung ihrer Lyrik zu Lebzeiten erkannt und sie so inständig wie vergeblich zur Publikation ihrer Gedichte gedrängt hatte: »Du bist eine große Dichterin - und Du tust dem Tag Unrecht, an dem Du lebst, wenn Du nicht laut singen willst«.

Es ist ein atemberaubendes Unterfangen, sich in Dickinsons lyrisches Gesamtwerk zu versenken. Erst recht, wenn man sich dabei auf die Chronologie der Texte stützen und beobachten kann, wie sich dieses Œuvre Zug um Zug entfaltet. Bald nach den ersten Gedichten, die mit ihrer einfachen Metrik noch fast wie Kinderliedchen klingen, zeigt sich Dickinsons Hang zu antithetischen Strukturen, zum Paradoxen, ihre Lust an akustischen Finessen. Die lyrische Rede wird bereits vieldeutig und zeitigt damit jenen »anarchischen Überschuß«, der rätselhaft und dennoch evident wirkt und nach einem Wort von Peter von Matt jenen »feinen Horizont von unbegriffener Bedeutung« schafft, der genuine Lyrik konstituiert.[5] Kurz, es ist sehr früh alles da, was die Zauberspruchqualität von Emily Dickinsons Lyrik ausmacht.

Anfang der sechziger Jahre verlassen die Gedichte das enge, vierzeilige Strophen- und Reimschema, werden länger, rhythmisch freier. Die jetzt mitunter heftig von kurzen Gedankenstrichen durchsetzten Texte wirken wie unter großem inneren Druck aufs Blatt geworfen. Bild auf Bild wird fixiert und vom nächsten überboten. So kommt es zu einem erregten, atemlosen lyrischen Sprechen, das sich nur mühsam selber bändigen und ernüchtern kann und erst gegen Ende der Krisenjahre, ungefähr 1865, ein spannungsvolles Gleichgewicht findet.

Die Datierung der Gedichte zeigt, daß sich auch bei Dikkinson – wie bei vielen großen Dichtern – die stürmische Produktion von Gedichten auf relativ wenige Jahre ihres Lebens beschränkte. Dennoch sollte man sich hüten, die Gedichte aus Dickinsons späterer Lebenszeit zu unterschätzen. Diese lakonischen Texte haben bisher noch viel zu wenig Beachtung gefunden. Gerade in ihrer äußersten Verdichtung sind sie echte, herrliche Dickinsonsche Lyrik und alles andere als »die Arbeit eines Nachahmers der großen Dickinson«, wie Harold Bloom unlängst meinte.[6]

Vor dem Hintergrund der dramatischen Entwicklung von Dickinsons Lyrik kann der Versuch wieder lohnend werden, thematische Fährten durch diese Gedichte zu legen, zum Beispiel was Dickinsons Erforschung der Seele oder ihr von jeder religiösen Dogmatik freies Nachdenken über Leben, Tod, Gott und Unsterblichkeit angeht. Aufschlußreich ist es auch schon, einige Gedichte Revue passieren zu lassen, in denen über die Jahre hin von Einsamkeit die Rede ist. Auf einen wie mit fliegendem Stift festgehaltenen Sturm hochdramatischer Bilder (619) folgen kraftvolle Projektionen einer spirituellen Einsamkeitserfahrung nach Außen ins leere Weltall (633, 743) und sodann nach Innen in die dunklen Kavernen des eigenen Bewußtseins (877). Später wird diese Bilderfülle reduziert auf eine einzige kleine Szene, in der nur eine Tür aufgeht und wieder ins Schloß fällt (914). Und schließlich wird alles weitere Klagen über »Loneliness« knapp beschieden mit der überraschenden Auskunft, es sei dies eine Erfahrung, mit deren Kostbarkeit nichts auf Erden vergleichbar sei (1138).

Nicht zufällig führt der Bogen von einer sich selbst als wahnsinnig verdächtigenden Aufgewühltheit zur ruhigen Selbstbehauptung. Derselben Dramaturgie folgen Aber-hunderte von Liebesgedichten, denen in dieser Ausgabe endlich der breite Raum eingeräumt werden soll, der ihnen von Umfang und Bedeutung her zusteht. Um 1861 fällt eine Serie von lyrischen Ich-Erzählungen auf, die Brautstand, Hochzeit und Ehe ausrufen und ekstatisch feiern (185, 194, 225). Unüberhörbar befinden sich diese Gedichte im Dialog mit einem fernen Geliebten, beseligt, weil er einmal die uralte Liebesformel benutzt hat (333), aber viel öfter in psychischer Not, zerrissen von Sehnsucht und vom Neid auf alle, die in unangefochtener Besitzergewißheit mit dem Unerreichbaren leben (368, 418, 761), dann wieder ernüchtert, mit Ansätzen von heilsamer Selbstironie, jedoch auf halber Gedichtstrecke schon die Fassung verlierend (292), zum Selbstmord bereit (305, 372), verzweifelnd an der Liebe und am Leben (706).

Manche Gedichte rechnen ab mit diesem »schoflen Einen« (827), wehren sich gegen seine Zweifel, seine Abwertung der Poesie, seine wie mit dem Tropfenzähler zugemessene Freundlichkeit (324, 332, 444, 905). Noch und noch umkreisen sie intensive Schmerz-, Trennungs-, Verlust- und Mangelerfahrungen. Eines davon faßt das Thema Trennung in eine Szene von ungeheurer sexueller Brutalität: Ein gesichtloser Richter überantwortet das in einen ewigen Winter verbannte Ich seinen Handlangern mit dem Befehl »Go manacle your icicle / Against your Tropic Bride« – sie sollen ihren Eiszapfen als dauerhaftes Marterwerkzeug bei der Braut in Stellung bringen. Eine groteske Vergewaltigungsfantasie, wobei das Wortspiel, das im Hinweis auf das »Tropische« steckt, sowohl auf die Körpertemperatur dieser besonderen Braut als auch auf ihr Besessensein mit Poesie anspielt (1771).

Liebesglück gibt es fast nur in der Erinnerung oder als Vorstellung – etwa vom wunderbaren nächtlichen Zugedecktsein der Getrennten unter einem gemeinsamen Himmel (765) oder als Rendezvous der Liebenden im Jenseits – eine Lieblingsfantasie, die das Diesseits ertragen helfen soll (325, 691, 841). Nach 1865 kommt diese Fantasie seltener vor, kann sogar mit Ironie behandelt werden (1001). Neu geht es nun um »Schicksalsüberlegenheit« und um Selbstvergewisserung im eigenen Dichtertum (1043, 1265). Mehrere Gedichte verarbeiten die Erfahrung, daß Leidensdruck produktiv macht (862, 1043, 1265). Dann heißt es, die Liebe sei ausgebrannt, aus der Mode gekommen, das Herz vernarbt (1094, 1466).

Aus Schmerz, Verzicht und Ernüchterung entsteht in späteren Jahren eine trotzige Liebesphilosophie, die den Mangel feiert. Hatte das Liebesobjekt je einen Wert an sich? Wer es nicht besaß, wird es nie erfahren (1228). In der Liebe herrscht die Ökonomie des Kapitalismus: ein allzu großzügiges Angebot läßt die Nachfrage gegen Null sinken (1330). Auch Erfüllung brächte nichts als Trübsinn und Langeweile, wie ein berühmtes Rätselgedicht aus dem Jahr 1872 behauptet, wo sich die Vereinigung der beiden Liebenden im stummen Weiß zwischen zwei Strophen vollzieht (1275).

Am Wandel dessen, was Dickinsons lyrische Ich-Stimmen in und nach den Krisenjahren erzählen, läßt sich ihre Lebensleistung ablesen – eine äußerste Gefährdung der Existenz mit den Mitteln der Sprache immer wieder neu zu rekonstruieren, zu bearbeiten, zu transformieren und zu bannen. Entstanden sind so Hunderte von heute noch bewegenden Gedichten über menschliches Hoffen und Begehren, über Liebesfreude und -leid, Trauer, Ernüchterung, Selbstbescheidung und Selbstbehauptung. Sie bezeugen, wie es Dickinson gelungen ist, ihre inneren Kämpfe »in Büchern« ad acta zu legen, sie im doppelten Wortsinn aufzuheben. Vier Jahre vor ihrem Tod hat sie eben diese poetische Leistung in einem leise ironischen Rückblick festgehalten – »My wars are laid away in books« / »In Büchern lagern meine Kämpfe« (1579).

Mit dem Blick auf das lyrische Gesamtwerk Dickinsons läßt sich noch eine andere verblüffende Entdeckung machen: Ein zentrales Sujet dieser physisch so weltabgeschieden lebenden Dichterin sind über die Jahrzehnte hinweg die menschlichen Beziehungen. Schon die frühesten Gedichte erzählen unter der Maske von Hinweisen auf Vögel, Blumen, Sterne von der Innigkeit einer Mädchenfreundschaft und – besonders wo sich Elemente des alten Tageliedes mit Todesvorahnungen verschränken – zugleich von Verlustängsten (18). Später reden die Gedichte davon, wie sich Sympathie zwischen Menschen Bahn bricht (219); wie flüchtiger Eros aufblitzt und wieder verschwindet (792); wie wichtig beim Auseinandergehen von Freunden ein angemessener Abschied ist (503); wie es sich anfühlt, wenn eine Freundin sich zurückzieht (752); wie Freundschaft auch als erloschene noch brennt (751); wie plötzliche Gleichgültigkeit alte Bekannte bis nach Timbuktu entrückt (801); wie die Liebe zu einem gealterten Gesicht mit dem Vergehen der Zeit aussöhnt (1367); wie sich nach dem Tod eines Feindes alter Haß verliert (1539).

Menschen beschäftigen sich lieber mit einander als mit Gott, das muß den mit Neid erfüllen (1752). Dabei machen sie nicht nur erfreuliche Erfahrungen untereinander. In der Welt dieser Gedichte gibt es dünkelhafte, ja zickige Ladies (675 und 684), bitterböse Gesichter (1774), Klatsch, der wie Blätter raschelnd Gerüchte streut (1098) und messerscharfe weibliche Zungen (458). Häufiger als von der wunderbaren geistigen Befruchtung durch einen andern Menschen (770, 1754) ist von der Angst vor dem Ende von Beziehungen die Rede. Da sie selber sich auch in zerfallenen Freundschaften dauerhaft gebunden fühlt, erscheint ihr ein »Vergeßlichkeitstalent« als besonders begehrenswert (1516, 1334).

Ist es schön oder furchtbar, Freunde zu haben? fragt ein Gedicht und antwortet in der nächsten Strophe mit einer Abwandlung der frühen Vogelmetapher: Wenn sie sich bei uns satt fressen, bloß um wegzufliegen, ist Freundschaft eine schlimme Erfahrung (1224). Ungewöhnlich auch die Gleichnisse, in denen das Freundschaftsthema gefaßt wird – in der Beschreibung von geographischen Gegebenheiten, von schroffen Bergen, der Bewegung von Bächen und Flüssen, von Schiffen, im Vergehen von Jahreszeiten, Verklingen von Tönen in Pausen (129, 219, 752, 898, 1142).

Selbst der Tod setzt dem dringlichen Zusammenseinwollen kein Ende. Ihr ganzes Leben lang war Dickinson eine genaue, auch überraschend kühle Beobachterin dessen, was in den letzten Lebensmomenten passiert, und hat sich in ihrer Lyrik mehrfach selber aufs Sterbebett fantasiert. Nicht der Tod selber scheint dem Ich ihrer Gedichte Angst einzujagen, zumal er mehrfach als Liebhaber vorgestellt wird (479, 1470). Unermüdlich wird jedoch die Erfahrung des Verlusts von lieben Menschen umkreist – traurig, verzweifelt, einmal auch in panischer Angst um einen Todkranken (461, 1653, 1654). Den Tod zu verhindern, den Freund auch noch hinab ins Grab zu begleiten oder wieder daraus hervorzuziehen, wird zu einer fixen Idee (431, 1550, 1649, 1652). In einem knappen Gedicht aus den letzten Lebensjahren wird die Universalität dieses unerfüllbaren Begehrens in ein großartiges Bild gefaßt, das die Gesetze der Gravitation ausdeutend auch noch die jahrhundertealte Bildtradition vom Schnitter Tod versteckt ins Spiel bringt. In sturmdurchbrauster Dunkelheit ruft das Meer unablässig nach der Mondsichel (1634).

Vielfach ist davor gewarnt worden, das »Du« der Liebes- und Freundschaftsgedichte gleichzusetzen mit den Adressaten der Briefe, denen sie beigelegt waren. Und in der Tat sind Dickinsons Freundschaftsgedichte oft nicht für eine bestimmte Freundschaft konzipiert, sondern thematisch breiter angelegt, was sich auch daran zeigt, daß Dickinson sie – nur geringfügig verändert – mehreren Adressaten zugleich zugestellt hat.

Und wer spricht, wenn Dickinson im Gedicht »Ich« schreibt? »Wenn ich mich selber als Repräsentantin meiner Verse vorstelle - meint das nicht - mich - sondern eine fiktive Person«, warnte sie 1862 Thomas Higginson, um zu verhindern, daß er die ihm zugeschickten Gedichte (325 und 418) als Selbstauskünfte las. Das wäre Verharmlosung und Verrat an der Dichterin wie am Gedicht, das biographische Realien im Spannungsfeld seiner eigenen Logik ordnet. Aber heißt das auch, daß was Dickinsons Ich-Stimmen erzählen mit den zentralen Erfahrungen ihres Lebens nichts zu tun hat? Eine Schlüsselfrage.

Dickinson war ein Genie der Verwandlung dessen, was sie bewegte, in lyrische Ich-Erzählungen. Ihre zahlreichen Ich-Stimmen (darunter auch kindliche, männliche, ja sogar bereits tote) umkreisen das innere Drama ihres Lebens. Nicht jedes angeführte Detail ist dabei biografisch zu deuten. »Ich wohne in der Möglichkeit« (466), das bedeutet für diese Dichterin auch, das Vergangene mit der Wahrheit des Imaginierten zu konfrontieren und dadurch jene Freiheit vom Faktischen, jene »Omnipotenz«, zu erringen, die sie einmal als mörderische Wonne – »A Bliss like Murder« – beschrieben hat (664).

Und dennoch enthüllen Dickinsons Ich-Stimmen viel vom Neigungswinkel des Daseins (Paul Celan[7]), unter dem diese Dichterin sprach. Gedichte, heißt es bei Celan, würden – »n'en déplaise à Mallarmé« (Mallarmé zum Trotz) – »nicht aus Worten« gemacht.« Aus was sonst? könnte man fragen. Mallarmé hatte sich einst mit seinem Diktum, Verse mache man aus Worten, gegen die Meinung verwahrt, Gedichte entstünden aus Ideen. »Wer das Gedicht schreibt, bleibt ihm mitgegeben«, konstatierte dagegen Celan in seiner berühmten Büchnerpreis-Rede. Emily Dickinson hätte sich von ihm bestätigt gefühlt. »Sang aus dem Herzen, Sire / Tauchte den Schnabel ein« heißt es bei ihr (1083). »Singend« zerreißt sich die Dichterin das eigene Herz. Der ganze Vorgang ist überdies kultisch aufgeladen durch die versteckte Anspielung auf die spätantike Bildtradition vom Pelikan, der seine Jungen mit dem eigenen Herzblut ernährt, ein Symbol Christi.

Was Emily Dickinson erlebt hat und wofür sie sprachliche Entsprechungen sucht, wird in ihren Gedichten verwandelt. Das gestattet ihr, sich zugleich zu zeigen und bedeckt zu halten. »Sie werden es niemand anderem erzählen? Ehre - ist sich selber Unterpfand«, schrieb sie an Bowles in einem Brief, dem sie eine ihrer Hochzeitsfantasien beilegte (194). Die Angst vor dem so dringlich gesuchten Blick der anderen muß der entscheidende Grund gewesen sein sowohl für Dickinsons charakteristische sprachliche Verzerrungen sowie für ihren Verzicht auf eine Publikation zu Lebzeiten.

In einem ihrer bekanntesten Gedichte stellt sich Emily Dickinson als bescheidene Schreiberin vor, die einzig die Nachwelt als Adressaten im Blick hat für ihre schlichten Berichte von der Natur (519). In der Tat war die Natur eine der vielen Quellen, die sie für den Aufbau ihres Bilderhaushalts, ihrer Symbole und Gleichnisse nutzte – neben Literatur und Kunst, Religion, Naturwissenschaft und Technik, Jurisprudenz und Ökonomie. Früh erforschte sie die bunte Außenseite der Natur und legte in ihren Gedichten entsprechende Listen an (90). Mit Vorliebe konzentrierte sie sich dabei auf das Echo, das natürliche Vorgänge – wie der Gesang eines Vogels oder ein Lichtwechsel im Frühjahr – im eigenen Innern finden (962). Dies galt ihr als Offenbarung von etwas, das von Philosophie und Wissenschaft nicht eingeholt und definiert werden kann.

Eine konsistente Theorie der Natur wird sich aus Dickinsons Gedichten kaum ableiten lassen. Natur bleibt ihr ein »Spukhaus«. Bloß ein Narr kann behaupten, in Gottes »Feldversuch in Grün« eingeweiht zu sein (1356, 1433). Doch als Beispiel und Vorgabe kann die Natur der eigenen Kreativität durchaus dienen. Der spektakulären Pracht des Nordlichts stellt Dickinson die eigene Arbeit gegenüber, die sich im Vergleich dazu wie ein Wanderzirkus ausnimmt, aber trotzdem Dauer beanspruchen darf. Der Weltenschöpfer steht Modell für den Dichter (319). Dichtung wird Religionsersatz.

Von den zahlreichen Gedichten, in denen Emily Dickinson über den dichterischen Vorgang spricht, handelt eines der berühmtesten von der Parfumherstellung (772). Wie schon in Shakespeares 54. Sonett wird hier der dichterische

Prozeß als ein Triumph über die Vergänglichkeit mit der Duftgewinnung aus Rosen verglichen. Solche Technik führt das Gedicht auch gleich selber vor. Der Vorgang des Dichtens verschwindet fast hinter dem des Auspressens, wobei die Berührungspunkte zwischen den Zeilen liegen: Einmal im assoziativen Reichtum der »Rose«, die für Weiblichkeit und Poesie steht; dann im Spiel mit der Mehrdeutigkeit des Verbs »ausgedrückt« und im Hinweis auf die »Schrauben« als Verursacher von schmerzlichen Erfahrungen, die produktiv machen. Und zuletzt als biographische »Schmuggelware« (Peter Szondi[8]) aus der Realität — bloß verständlich für den, der weiß, daß Dickinson ihre Gedichte in ihrer Schlafzimmerkommode zu horten pflegte.

Dickinsons poetische Kompressionstechnik ist schuld daran, daß man ihren Gedichten ihre »Wahrheiten« förmlich entwinden muß. Das steht im Einklang mit ihrem poetischen Credo (1263), Wahrheit auf indirekte, »schräge« Weise vorzubringen

> Tell all the truth but tell it slant -
> Success in Circuit lies
> Too bright for our infirm Delight
> The Truth's superb surprise (...)

> Sag Wahrheit ganz doch sag sie schräg -
> Erfolg liegt im Umkreisen
> Zu strahlend tagt der Wahrheit Schock
> Unserem Begreifen (...)

»Circuit / Umkreisen« steht hier synonym für »Circumference«, Dickinsons vieldeutig gebrauchten Lieblingsbegriff, der streng genommen den Kreisumfang bezeichnet, aber von ihr dynamisiert wird, um ihr poetisches Tun als eine Bewegung zu veranschaulichen: Umkreisen als ein Sich-Annähern an Geheimnisvolles oder Geoffenbartes, ein Ausgreifen vom Bekannten ins Unbekannte, vom

Konkreten ins Abstrakte, vom Überschaubaren ins Kosmische.

Diese Dichterin will nicht »auf Anhieb« verstanden sein. Dickinsons »schräge« Sprechweise verschafft ihr die gewünschte Distanz zum Publikum. Zudem dient sie als Schutz für ihre Zuhörer, die vor dem Blitz einer zu grellen Enthüllung bewahrt werden sollen – etwa vor dem Schock einer Blasphemie in der Schlußstrophe von 533. »So schützt sie sich davor, so radikal und rebellisch zu klingen, wie sie sehr oft ist«, schreibt Cristanne Miller.[9] Dickinson zu verstehen, fordert Komplizenschaft vom Leser.

Zu den Finessen ihrer Kunst des »schrägen« Sprechens gehört die Gewohnheit, in die Manuskripte ihrer Gedichte Alternativen einzutragen, Einzelwörter, Sätze, ganze Strophen. Als unpublizierte blieb ihre Lyrik bis zuletzt offen für Revisionen. Varianten umspielen ihre Texte, mal deren Sinn erhellend, mal verdunkelnd, mal vertiefend. Mitunter führen sie auch ein allmähliches Umdenken vor, wie in 1356, wo Dickinson auf über zwei Seiten Briefpapier neue Wörter als Kandidaten für die fünfte Gedichtzeile getestet hat von »This sudden legacy of Green«, über »fair (gay, fleet, sweet, quick, whole) Apocalypse (Experience, Astonishment) of Green«, bis zu »wild Experiment of Green«. Erst in den beiden Abschriften, die sie für Freunde herstellte, hat sie sich dann für »This whole Experiment of Green« entschieden. An die Stelle einer Metapher mit religiösen trat damit eine mit wissenschaftlichen Obertönen. Natur als Labor.

Dickinsons originalen Manuskripten werden wohl einzig Variorum-Ausgaben wie die von Franklin gerecht oder, noch besser, die digitalisierten Faksimiles eines elektronischen Archivs mit allen Flecken, Nadellöchern, Spuren beigelegter Blumen etc. Jede Edition mit vereinheitlichtem Textbild ist streng genommen bereits Verrat am Werk, so daß man in Abwandlung des alten Wortspiels schon vom »Editore« als »Traditore« sprechen kann.

Um so heftiger muß solcher Vorwurf den »Traduttore«

selber treffen. Dickinson übersetzen zu wollen, das heißt auf Schritt und Tritt jene Art von Unmöglichkeit erfahren, die sie selber einmal (in 939) als rauschhaft beschrieben hat.

Die Unmöglichkeit, Dickinsons elaboriertes Spiel mit angelsächsischen Einsilbern und den Vielsilbern des normannischen Worterbes im Deutschen nachzubilden, gehört dabei noch zu den landläufigen Übersetzungsproblemen. Viel schwieriger ist es, Dickinsons Vielsinnigkeit im Deutschen zu bewahren. Das größte Hindernis sind die Ambivalenzen, die durch Homonyme erzeugt werden. Kein deutsches Wort enthält beispielsweise wie das englische »lie« die beiden Bedeutungsbereiche von »liegen« und »lügen«, die die Schlußzeile des frühen Gedichts 68 vieldeutig machen und den in derselben Strophe vertretenen Glaubenssatz von der Auferstehung der Toten insgeheim Lügen strafen. Unübersetzbar sind Einfälle wie der, die englische Auktionsformel »Going, going, gone« wörtlich zu nehmen und anläßlich einer »Versteigerung des Abschieds« zum Inhalt einer Auktion zu machen (1646). Und vermutlich in keine andere Sprache zu retten ist auch jenes vieldeutige Schimmern der Schlußzeile des berühmten Gedichts vom »Besucher im Mergel« (558), wo drei unterschiedliche Lesarten in sechs Einsilbern – »Is as it has not been« – verdichtet sind: sie verweisen entweder auf den Tod der Blumen im Frost oder auf eine frühlingshaft erotisierte Verwandlung der Natur oder darauf, daß der ganze Besuch Fiktion ist.

Wo Mehrdeutigkeiten die Frucht von Unklarheit in der Beziehung zwischen Substantiven und Pronomina sind, erzwingen Widerstände des Sprachsystems im Deutschen, das drei grammatische Geschlechter kennt, mitunter Eindeutigkeit, wo im Englischen alles vielsinnig bleiben kann. Auch die teils spekulative, teils sentenziöse Wirkung von Dickinsons Verwendung flexionsfreier Verben, die, wie Cristanne Miller meint, auf einem ihren Zeitgenossen noch vertrauten Umgang mit dem Konjunktiv beruht, hat im Deutschen keine Entsprechung. Von Fall zu Fall lösbar ist dagegen die Schwierigkeit, daß Dickinson den Jahreszeiten, Himmelskörpern oder Elementen ein vom deutschen Sprachgebrauch abweichendes Geschlecht verleiht, woraus sich mitunter spielerische oder bedrohliche Liebesbeziehungen ergeben (387, 656).

Und was geschieht bei der Übersetzung mit Dickinsons gezielten Fehlern? »A hay (= »ein Heu«) is not possible in English«, kritisiert Cristanne Miller (zu 379) und beschreibt, was passiert, wenn die Autorin sich über diese Regel hinwegsetzt: Dieses Ich will sich vom Kollektiv unterscheiden, selbst wenn es weiß, daß die Differenz nur eine eingebildete ist. Ähnliches gilt für eine Wendung wie »two Heart« (= »zwei Herz«, in 362). Solche »Schnitzer« haben Methode und einen Hintersinn, der nicht verloren gehen soll, zumal er im Deutschen nach demselben Muster nachgebaut werden kann.

Einiges mag sich auf Deutsch verständlicher anhören auf Grund der jeder Übersetzung inhärenten Erklärungsmechanik. Anderes muß so dunkel bleiben, wie es auch für amerikanische Leser ist. Ihnen hat Charles R. Anderson[10] schon vor vierzig Jahren empfohlen, »ein Loch in die Seite zu starren, bis diese offensichtlich kryptischen Notate ihre ganze Bedeutung hergeben.« Das gilt besonders für formale Dunkelheiten, die als Niederschlag des Inhalts dazu beitragen, die Magie eines im Gedicht beschriebenen Moments in der Schwebe zu halten (wie in der letzten Strophe von 895). Bewahrt werden sollen überdies Dickinsons charakteristische Tonschwankungen, dieses eigentümliche Hin und Her zwischen Ekstase und Ironie, zwischen hohen und umgangssprachlichen Tonlagen. Denn es sind nicht zuletzt diese Registerwechsel, die Dickinsons kraftvolles Pathos heute noch möglich und glaubhaft machen.

Die Dichterin hat es darauf angelegt, den Wörtern, Versen und Strophen ihren ureigenen »Dreh« zu geben. Den spürt man beim Lesen ihrer Gedichte als ständige Aufforderung zum Mitdenken, Mitraten. Nicht umsonst war »to guess« (im Sinn von »sich vorstellen, imaginieren, raten«)

eines ihrer Lieblingswörter. Auch die hier vorliegende Übertragung ist in diesem Sinn Interpretation. Dankbar stützt sie sich ab auf die vitale und überaus reiche amerikanische Dickinson-Sekundärliteratur. Aber zuletzt kann und will sie nichts anderes sein als eine zutiefst persönliche Lektüre, aufgezeichnet in der Hoffnung, möglichst vielen Lesern den Weg zu diesen singulären Originalen zu ebnen.

Wäre es nicht klüger, Dickinsons Gedichte in Prosa zu übersetzen, statt Metrum, Rhythmus, Reimschema und sonstige akustische Finessen im Deutschen nachbilden zu wollen? Denn das ist ja nicht nur eine hoffnungslose Aufgabe, sondern geht auch nicht ohne semantische Verluste ab. Und doch ist es kein Zufall, daß bisherige deutsche Dickinson-Übersetzer wie Lola Gruenthal, Werner von Koppenfels, vor allem aber Paul Celan in seinen zehn Übertragungen von Gedichten Dickinsons, sich für eine wirkungsäquivalente Übersetzung entschieden haben. Deutsche Übersetzer sind im Vergleich mit französischen oder italienischen in einer günstigen Lage. Dem jambischen Metrum der englischen Verse kommt das ebenso stark akzentuierte Deutsche mit seiner langen jambischen Lyriktradition entgegen. Und Dickinsons bewußt unreiner Reim, der sich oft schon mit dem Gleichlaut von Endkonsonanten begnügt, erlaubt bei der Suche nach deutschen Assonanzen eine Freiheit, die das Ohr erfrischt.

Diese Gedichte sind sprachlich aufgeladen nach allen Regeln der Suggestionskunst, sodaß noch der gewagteste Gedanke und die verstiegenste Metapher logisch und zwingend erscheinen. Wenn es auch unmöglich ist, Dickinsons ganzen Zauber ins Deutsche zu retten, so wird hier doch nicht von dem Versuch abgelassen. Denn Lyrik – n'en déplaise à Celan – besteht *auch* aus Wörtern, und mit deren Klang steht und fällt ihre Plausibilität, ihre Berührungskraft.

»Wenn ich ein Buch lese und dabei mein ganzer Körper so kalt wird, daß mich kein Feuer mehr aufwärmen kann, weiß ich, *das* ist Dichtung. Wenn ich körperlich etwas spüre wie, daß mir die Schädeldecke abgenommen wird, weiß ich, *das* ist Dichtung. Nur auf diese Weise wird es mir klar. Gibt es eine andere?«, fragte Emily Dickinson einst ihren alten Freund Higginson. An der Intensität ihrer eigenen physischen Reaktion erkannte sie das Poetische.

Diese Erfahrung einer beinah körperlich spürbaren Intoxikation macht unweigerlich, wer sich in Dickinsons Lyrik vertieft. Noch bevor sie ganz vom Bewußtsein verstanden sind, ziehen diese Texte ihre Leser in einen inneren Dialog, der das Gedicht über den Abgrund seiner zeitlichen Entrücktheit hinweg aus dem Vorrat des persönlichen Erlebens ergänzt. Was erfrischend wirkt auf die eigenen Erfahrungskräfte und eine Steigerung der Lebensintensität mit sich bringt. Wir leben heute in schnellen, kühlen Zeiten. Nicht nur ist uns jede Art von Pathos verdächtig geworden. Unsere Sprachen sind dabei, sich langsam zu entleeren. Was Edward Hirsch für das Amerikanische beklagt,[11] gilt auch für das Deutsche. Ein Wort wie »Seele« ist außerhalb des Bereichs der organisierten Religion heute kaum mehr benutzbar. Mit einer derartig entleerten Sprache über den Tagesbereich hinauszukommen, wird immer schwieriger.

Dickinsons Dichtung ist *das* Gegenmittel gegen solche Entwicklungen. Ihre Methode der »Circumference« als eine Kunst des Umkreisens und Sich-Annäherns an etwas Geheimnisvolles kann auch vom einzelnen Leser als eine intensive Möglichkeit der Aneignung ihrer Gedichte praktiziert werden. Es wäre eine Art, sich mit-imaginierend, teilnehmend, ja passioniert Dickinsons einzigartigem poetischem Kosmos auszusetzen und dabei achtsam zu sein auf jedes einzelne Gedicht. Nach einem Wort Celans sind Gedichte »Flaschenpost« an einen unbekannten, zukünftigen Adressaten. Auch die von Emily Dickinson sind auf solche Art unterwegs, um an Land gespült zu werden – »an Herzland vielleicht.«

*

Meine langjährige Arbeit an diesem Buch wurde von einer Anzahl von Freunden, Übersetzerkolleginnen und Dickinson-Experten begleitet, die Teile davon in verschiedenen Stadien gelesen und hilfreich kommentiert haben. Ich vertraue darauf, daß ihnen allen mein privater Dank gezeigt hat, wie wertvoll mir ihre Hinweise, Einwände und Anregungen waren. Namentlich nennen möchte ich jedoch Sabine Doerlemann, die meine Arbeit von Beginn an ermutigend und mit nicht nachlassender Freude begleitet hat, Walter Helmut Fritz, Silvia Bovenschen und Heinz Schafroth, die mir in schwierigen Phasen des Projekts mit Rat und Tat beistanden, und meinen Lektor Kristian Wachinger, der ihr mit schönsten Inspirationen und seinem untrüglichem Gespür für metrische Erfordernisse zu einem guten Abschluß verholfen hat. Für finanzielle Unterstützung und gezieltes professionelles Training danke ich dem Literarischen Colloquium Berlin, und Elizabeth Bernhard, Amherst, für eine unvergeßliche persönliche Führung durch den winterlich geschlossenen und von einem Blizzard umheulten »Dickinson Homestead«.

Unschätzbar bereichert hat mich fünf Jahre lang der elektronische Kontakt zu Alfred Habegger, dem heute zurückgezogen in Oregon lebenden Dickinson-Biographen und -Interpreten. In Hunderten von e-mails, aus denen inzwischen eine eigene Publikation[12] hervorgegangen ist, hat er mich intellektuell großzügig, verantwortungsbewußt und humorvoll an seinem tiefen Verständnis von Emily Dickinsons Lyrik teilhaben lassen. Ihm gilt mein besonders herzlicher Dank.

Gunhild Kübler

---

1 Alfred Habegger: My Wars are Laid away in Books. The Life of Emily Dickinson. Random House, New York 2001.
2 Wie Dickinsons Briefe und Gedichte als Elemente eines spannungsreichen Dialogs mit den jeweiligen Empfängern gelesen werden

können, beschreibt Marietta Messmer in: A Vice for Voices. Reading Emily Dickinson's Correspondence. University of Massachusetts Press, Amherst 2001.
3 Für Habegger ist Wadsworth der wahrscheinlichste Kandidat unter Dickinsons heute bekannten Briefpartnern.
4 Richard B. Sewall: The Life of Emily Dickinson, 2 Bände. Harvard University Press, Cambridge (Mass.) 1980. II, S. 750 f.
5 Peter von Matt: Die verdächtige Pracht. Über Dichter und Gedichte. Hanser, München 1998. S. 77 f.
6 Harold Bloom: Genius. A Mosaic of one Hundred Exemplary Creative Minds. Fourth Estate, London 2002. S. 351.
7 Dieses und die folgenden Celan-Zitate in: Paul Celan: Der Meridian. Endfassung – Entwürfe – Materialien, hrsg. von Bernhard Böschenstein u.a. Suhrkamp, Frankfurt a. M. 1999. S. 9 und 74. Und in: Paul Celan, Gesammelte Werke in fünf Bänden, hrsg. von Beda Allemann u.a., Suhrkamp, Frankfurt a. M. 1983. Band III, S. 186.
8 Peter Szondi: Schriften II. Suhrkamp, Frankfurt a. M. 1978. S. 430 f.
9 Cristanne Miller: Emily Dickinson. A Poet's Grammar. Harvard University Press, Cambridge (Mass.) 1987. S. 62.
10 Charles R. Anderson: Emily Dickinson's Poetry. Stairway of Surprise. Heinemann, London 1963. S. XIV.
11 Edward Hirsch: How to Read a Poem and Fall in Love with Poetry. Harcourt, Brace & Co, New York 1999. S. 257.
12 Alfred Habegger and Gunhild Kübler: Reading Emily Dickinson for Translation into German: A Dialogue. In: The Emily Dickinson-Journal, Vol. XVI, No 2, S. 53–80, The Johns Hopkins University Press, Fall 2007.

Verzeichnis der Gedichte

mit Nummernkonkordanz
der Ausgaben von Franklin und Johnson

A Charm invests a face Fr430 (J421) 142	A Pit - but Heaven over it - Fr508 (J1712) 176
A Clock stopped - Fr259 (J287) 58	A Route of Evanescence Fr1489 (J1463) 456
A Counterfeit - a Plated Person - Fr1514 (J1453) 462	A Secret told - Fr643 (J381) 220
A Deed knocks first at Thought Fr1294 (J1216) 420	A sepal - petal - and a thorn Fr25 (J19) 10
A Dimple in the Tomb Fr1522 (J1489) 464	A Sickness of this World Fr993 (J1044) 342
A Door just opened on a street - Fr914 (J953) 326	A Solemn thing within the Soul Fr467 (J483) 160
A Doubt if it be Us Fr903 (J859) 322	A something in a summer's Day Fr104 (J122) 24
A face devoid of love or grace Fr1774 (J1711) 510	A South Wind - has a pathos Fr883 (J719) 312
A faded Boy - in sallow Clothes Fr1549 (J1524) 470	A spider sewed at Night Fr1163 (J1138) 386
A great Hope fell Fr1187 (J1123) 392	A Stagnant pleasure like a Pool Fr1258 (J1281) 410
A House opon the Hight - Fr555 (J399) 198	A still - Volcano - Life - Fr517 (J601) 182
A Letter is a joy of Earth - Fr1672 (J1639) 492	A Visitor in Marl - Fr558 (J309) 200
A Light exists in Spring Fr962 (J812) 338	A Wife - at Daybreak - I shall be - Fr185 (J461) 44
A little Bread - A crust - a crumb - Fr135 (J159) 32	A Wind that rose though not a Leaf Fr1216 (J1259) 400
A little East of Jordan Fr145 (J59) 36	A Word dropped careless on a Page Fr1268 (J1261) 412
A little Madness in the Spring Fr1356 (J1333) 432	A word is dead, when it is said Fr278 (J1212) 68
A little Road - not made of Man - Fr758 (J647) 262	A Word made Flesh is seldom Fr1715 (J1651) 496
A Man may make a Remark - Fr913 (J952) 326	A *wounded* Deer - leaps highest - Fr181 (J165) 42
A narrow Fellow in the Grass Fr1096 (J986) 366	Abraham to kill him Fr1332 (J1317) 426
A not admitting of the wound Fr1188 (J1123) 392	Absence disembodies - so does Death Fr904 (J860) 322

Absent Place - an April Day Fr958 (J927)	336	
Advance is Life's condition Fr1736 (J1652)	502	
After a hundred years Fr1149 (J1147)	384	
After great pain, a formal feeling comes - Fr372 (J341)	114	
Again - his voice is at the door - Fr274 (J663)	66	
Ah, Necromancy Sweet! Fr168 (J177)	40	
Ah, Teneriffe - Receding Mountain - Fr752 (J666)	258	
All forgot for recollecting Fr827 (J966)	292	
All that I do Fr1529 (J1496)	466	
All the letters I can write Fr380 (J334)	120	
Ample make this Bed - Fr804 (J829)	286	
An altered look about the hills - Fr90 (J140)	20	
An antiquated Grace Fr1367 (J1345)	434	
An Everywhere of Silver Fr931 (J884)	330	
An Hour is a Sea Fr898 (J825)	320	
Apparently with no surprise Fr1668 (J1624)	490	
Are Friends Delight or Pain? Fr1224 (J1199)	402	
Art thou the thing I wanted? Fr1311 (J1282)	424	
As by the dead we love to sit - Fr78 (J88)	18	
As Frost is best conceived Fr911 (J951)	324	
As imperceptibily as Grief Fr935 (J1540)	332	
As One does Sickness over Fr917 (J957)	326	
As Sleigh Bells seem in Summer Fr801 (J981)	286	
Ashes denote that Fire was - Fr1097 (J1063)	368	
At Half past Three Fr1099 (J1084)	370	
At last - to be identified - Fr172 (J174)	40	
At leisure is the Soul Fr683 (J618)	234	
Autumn overlooked my Knitting - Fr786 (J748)	276	
Back from the Cordial Grave I drag thee Fr1649 (J1625)	486	
Banish Air from Air - Fr963 (J854)	338	
Beauty - be not caused - It Is - Fr654 (J516)	224	
Because 'twas Riches I could own Fr1053 (J1093)	356	
Because I could not stop for Death - Fr479 (J712)	168	
Bee! I'm expecting you! Fr983 (J1035)	340	
Bees are Black - with Gilt Surcingles - Fr1426 (J1405)	444	
Before I got my eye put out - Fr336 (J327)	94	
Behind Me - dips Eternity - Fr743 (J721)	254	
Bereavement in their death to feel Fr756 (J645)	260	
Best gains - must have the Losses' test - Fr499 (J684)	174	
Best things dwell out of Sight Fr1012 (J998)	346	
Betrothed to Righteousness might be Fr1657 (J1641)	488	
Between My Country - and the Others - Fr829 (J905)	292	
Between the form of Life and Life Fr1123 (J1101)	376	
Blazing in gold and quenching in Purple Fr321 (J228)	86	
Bloom opon the Mountain stated - Fr787 (J667)	278	

Bring me the summer in a cup - Fr140 (J128)	32
By a departing light Fr1749 (J1714)	504
By a flower - By a letter Fr163 (J109)	38
By my window have I for Scenery Fr849 (J797)	298
Color - Caste - Denomination - Fr836 (J970)	294
Come slowly - Eden! Fr205 (J211)	46
Contained in this short Life Fr1175 (J1165)	388
Could I but ride indefinite Fr1056 (J661)	356
Could mortal Lip divine Fr1456 (J1409)	450
Crumbling is not an instant's Act Fr1010 (J997)	346
Dare you see a Soul at the »White Heat«? Fr401 (J365)	128
Death is the supple Suitor Fr1470 (J1445)	452
Death leaves Us homesick, who behind Fr1066 (J935)	358
Delight's Despair at setting Fr1375 (J1299)	434
Deprived of other Banquet Fr872 (J773)	308
Did we abolish Frost Fr1024 (J1014)	348
Did we disobey Him? Fr299 (J267)	74
Did you ever stand in a Cavern's Mouth - Fr619 (J590)	214
Distance - is not the Realm of Fox Fr1128 (J1155)	378
Dominion lasts until obtained - Fr1299 (J1257)	422
Don't put up my Thread & Needle - Fr681 (J617)	232
Doubt Me! My Dim Companion! Fr332 (J275)	90
Down Time's quaint stream Fr1721 (J1656)	500
Dreams are the subtle Dower Fr1401 (J1376)	438
Each that we lose takes part of us Fr1634 (J1605)	484
Eden is that old fashioned House Fr1734 (J1657)	502
Elysium is as far as to Fr1590 (J1760)	478
Empty my Heart, of Thee - Fr393 (J587)	126
Ended, ere it begun - Fr1048 (J1088)	354
Endow the Living - with the Tears - Fr657 (J521)	226
Essential Oils - are wrung - Fr772 (J675)	270
Except the smaller size Fr606 (J1067)	210
Exhiliration - is within - Fr645 (J383)	220
Exhiliration is the Breeze Fr1157 (J1118)	386
Experiment escorts us last - Fr1181 (J1770)	390
Experiment to me Fr1081 (J1073)	360
Exultation is the going Fr143 (J76)	34
»Faith« is a fine invention Fr202 (J185)	46
Falsehood of Thee, could I suppose Fr1007 (J1007)	344
Fame is a bee Fr1788 (J1763)	510
Fame is a fickle food Fr1702 (J1659)	496
Fame is the one that does not stay Fr1507 (J1475)	460
Fame of Myself, to justify Fr481 (J713)	170

549

Father - I bring thee - not myself Fr295 (J217)	74
Finding is the first Act Fr910 (J870)	324
For each extatic instant Fr109 (J125)	26
Forbidden Fruit a flavor has Fr1482 (J1377)	456
Forever at His side to walk - Fr264 (J246)	60
Four Trees - opon a solitary Acre - Fr778 (J742)	272
From his slim Palace in the Dust Fr1339 (J1330)	428
Further in Summer than the Birds - Fr895 (J1068)	318
Go slow, my soul to feed thyself Fr1322 (J1297)	426
»Go tell it « - What a Message - Fr1584 (J1554)	476
God is indeed a jealous God Fr1752 (J1719)	504
Good Morning - Midnight - Fr382 (J425)	122
Good to hide, and hear 'em hunt! Fr945 (J842)	334
Growth of Man - like Growth of Nature - Fr790 (J750)	280
Guest I am to have Fr1717 (J1661)	498
Had we known the Ton she bore Fr1185 (J1124)	392
Had we our senses Fr1310 (J1284)	424
He ate and drank the precious Words - Fr1593 (J1587)	480
He fought like those Who've nought to lose - Fr480 (J759)	168
He found my Being - set it up - Fr511 (J603)	178
He fumbles at your Soul Fr477 (J315)	166
He put the Belt around my life - Fr330 (J273)	90
He was my host - he was my guest Fr1754 (J1721)	504
Heart not so heavy as mine Fr88 (J83)	18
Heart! We will forget him! Fr64 (J47)	14
»Heaven« - is what I cannot reach! Fr310 (J239)	80
»Heavenly Father« - take to thee Fr1500 (J1461)	458
Her sweet Weight on my Heart at Night Fr611 (J518)	210
His Cheek is his Biographer Fr1499 (J1460)	458
His voice decrepit was with Joy Fr1508 (J1476)	460
Hope is a strange invention - Fr1424 (J1392)	442
Hope is a subtle Glutton Fr1493 (J1547)	458
»Hope« is the thing with feathers - Fr314 (J254)	82
How brittle are the Piers Fr1459 (J1433)	452
How fleet - how indiscreet an one - Fr1557 (J1771)	472
How happy I was if I could forget Fr1080 (J898)	360
How happy is the little Stone Fr1570 (J1510)	474
How noteless Men, and Pleiads, stand Fr342 (J282)	98
How ruthless are the gentle - Fr1465 (J1439)	452
How soft a Caterpillar steps - Fr1523 (J1448)	464
How the Waters closed above Him Fr941 (J923)	334
I am afraid to own a Body - Fr1050 (J1090)	354
I am alive - I guess - Fr605 (J470)	208

I am ashamed - I hide - Fr705 (J473)	240
I breathed enough to take the Trick - Fr308 (J272)	78
I cannot be ashamed Fr977 (J914)	340
I cannot dance opon my Toes - Fr381 (J326)	120
I cannot live with You - Fr706 (J640)	242
I cannot meet the Spring - unmoved - Fr1122 (J1051)	376
I cannot want it more - Fr1228 (J1301)	404
I could die - to know - Fr537 (J570)	190
I could not prove the Years had feet - Fr674 (J563)	230
I died for Beauty - but was scarce Fr448 (J449)	152
I dwell in Possibility - Fr466 (J657)	160
I envy Seas, whereon He rides - Fr368 (J498)	110
I fear a Man of frugal speech - Fr663 (J543)	228
I felt a Cleaving in my Mind - Fr867 (J937)	304
I felt a Funeral, in my Brain Fr340 (J280)	96
I fit for them - I seek the Dark Fr1129 (J1109)	378
I gave Myself to Him - Fr426 (J580)	140
I got so I could take his name - Fr292 (J293)	72
I had no time to Hate - Fr763 (J478)	264
I have a King, who does not speak - Fr157 (J103)	36
I have no Life but this - Fr1432 (J1398)	444
I heard a Fly buzz - when I died - Fr591 (J465)	206
I held it so tight that I lost it Fr1659 (J -)	490
I hide myself - within my flower Fr80 (J903)	18
I know lives, I could miss Fr574 (J372)	200
I know that He exists Fr365 (J338)	108
I learned - at least - what Home could be - Fr891 (J944)	314
I like the look of Agony Fr339 (J241)	96
I like to see it lap the Miles - Fr383 (J585)	122
I live with Him - I see His face - Fr698 (J463)	238
I lived on Dread - Fr498 (J770)	172
I many times thought Peace had come Fr737 (J739)	252
I meant to find Her when I Came - Fr881 (J718)	310
I measure every Grief I meet Fr550 (J561)	194
I never felt at Home - Below - Fr437 (J413)	146
I never hear the word »Escape« Fr144 (J77)	34
I never lost as much but twice - Fr39 (J49)	12
I never saw a Moor Fr800 (J1052)	284
I play at Riches - to appease Fr856 (J801)	300
I prayed, at first, a little Girl Fr546 (J576)	192
I read my sentence - steadily - Fr432 (J412)	144
I reason, Earth is short - Fr403 (J301)	130
I reckon - When I count at all - Fr533 (J569)	188
I saw no Way - The Heavens were stitched Fr633 (J378)	218
I see thee better - in the Dark - Fr442 (J611)	148

I see thee clearer for the Grave Fr1695 (J1666)	494	I've nothing Else - to bring, You know - Fr253 (J224)	56
I send Two Sunsets - Fr557 (J308)	198	I've seen a Dying Eye Fr648 (J384)	222
I shall not murmur if at last Fr1429 (J1410)	444	If ever the lid gets off my head Fr585 (J1727)	204
I should not dare to be so sad Fr1233 (J1197)	406	If He were living - dare I ask - Fr719 (J734)	248
I started Early - Took my Dog - Fr656 (J520)	224	If I may have it, when it's dead Fr431 (J577)	142
I stepped from Plank to Plank Fr926 (J875)	328	If I should die - Fr36 (J54)	12
I suppose the time will come Fr1389 (J1381)	438	If I should'nt be alive Fr210 (J182)	48
I taste a liquor never brewed - Fr207 (J214)	46	If I'm lost - now - Fr316 (J256)	82
I think I was enchanted Fr627 (J593)	216	If recollecting were forgetting Fr9 (J33)	8
I think that the Root of the Wind is Water - Fr1295 (J1302)	420	If you were coming in the Fall Fr356 (J511)	104
I tie my Hat - I crease my Shawl - Fr522 (J443)	184	Image of Light, Adieu - Fr1586 (J1556)	478
I took my Power in my Hand - Fr660 (J540)	228	Immortal is an ample word Fr1223 (J1205)	402
I took one Draught of Life - Fr396 (J1725)	126	Impossibility, like Wine Fr939 (J839)	332
I was the slightest in the House - Fr473 (J486)	164	In Ebon Box, when years have flown Fr180 (J169)	40
I worked for chaff and earning Wheat Fr1217 (J1269)	400	In lands I never saw - they say Fr108 (J124)	26
I would not paint - a picture - Fr348 (J505)	98	In thy long Paradise of Light Fr1145 (J1145)	384
I'm »wife« - I've finished that - Fr225 (J199)	50	Is Heaven a Physician? Fr1260 (J1270)	410
I'm ceded - I've stopped being Their's - Fr353 (J508)	100	It always felt to me - a wrong Fr521 (J597)	184
I'm Nobody! Who are you? Fr260 (J288)	60	It came at last but prompter Death Fr1221 (J1230)	402
I've got an arrow here Fr56 (J1729)	14	It dropped so low - in my Regard - Fr785 (J747)	276
I've heard an Organ talk, sometimes - Fr211 (J183)	48	It feels a shame to be Alive - Fr524 (J444)	186
I've known a Heaven, like a Tent - Fr257 (J243)	56	It is a lonesome Glee - Fr873 (J774)	308
		It is easy to work when the soul is at play - Fr242 (J244)	54

It sounded as if the Streets were running - Fr1454 (J1397)	448
It stole along so stealthy Fr1497 (J1457)	458
It was not Death, for I stood up Fr355 (J510)	102
It will be Summer - eventually Fr374 (J331)	116
It would have starved a Gnat - Fr444 (J612)	148
It's coming - the postponeless Creature - Fr556 (J390)	198
It's easy to invent a Life - Fr747 (J724)	254
It's like the Light - Fr302 (J297)	76
It's thoughts - and just One Heart - Fr362 (J495)	106
Its Hour with itself Fr1211 (J1225)	398
Lay this Laurel on the one Fr1428 (J1393)	444
Lest they should come Fr1204 (J1169)	398
Lest this be Heaven indeed Fr1000 (J1043)	344
Let down the Bars, Oh Death - Fr1117 (J1065)	374
Let me not mar that perfect Dream Fr1361 (J1335)	432
Let my first knowing be of thee Fr1254 (J1218)	408
Let us play Yesterday - Fr754 (J728)	258
Life, and Death, and Giants - Fr777 (J706)	272
Lift it - with the Feathers Fr1362 (J1348)	434
Lightly stepped a yellow star Fr1698 (J1672)	496
Like some Old fashioned Miracle Fr408 (J302)	132
Lives he in any other world Fr1587 (J1557)	478
Long Years apart - can make no Fr1405 (J1383)	440
Longing is like the Seed Fr1298 (J1255)	422
Love - thou art high - Fr452 (J453)	154
Love can do all but raise the Dead Fr1758 (J1731)	506
Love is done when Love's begun Fr1526 (J1485)	466
Love reckons by itself - alone - Fr812 (J826)	288
Make me a picture of the sun - Fr239 (J188)	52
Many a phrase has the English language - Fr333 (J276)	92
March is the Month of Expectation. Fr1422 (J1404)	442
Me from Myself - to banish - Fr709 (J642)	246
Me, change! Me, alter! Fr281 (J268)	68
Mine - by the Right of the White Election! Fr411 (J528)	134
Mine Enemy is growing old - Fr1539 (J1509)	468
More than the Grave is closed to me - Fr1532 (J1503)	466
Morns like these - we parted - Fr18 (J27)	8
Much Madness is divinest Sense - Fr620 (J435)	214
My Cocoon tightens - Colors teaze - Fr1107 (J1099)	372
My friend attacks my friend! Fr103 (J118)	22
My friend must be a Bird - Fr71 (J92)	16
My Garden - like the Beach - Fr469 (J484)	162
My Heart opon a little Plate Fr1039 (J1027)	350
My life closed twice before it's close Fr1773 (J1732)	510

553

My Life had stood - a Loaded Gun - Fr764 (J754)	264
My nosegays are for Captives - Fr74 (J95)	16
My River runs to Thee - Fr219 (J162)	48
My Wars are laid away in Books - Fr1579 (J1549)	474
Myself can read the Telegrams Fr1049 (J1089)	354
Myself was formed - a Carpenter - Fr475 (J488)	166
»Nature« is what We see - Fr721 (J668)	250
Nature - sometimes sears a Sapling - Fr457 (J314)	156
Nature affects to be sedate Fr1176 (J1170)	388
No other can reduce Fr738 (J982)	252
No Passenger was known to flee Fr1451 (J1406)	448
No Romance sold unto Fr590 (J669)	204
Nobody knows this little Rose - Fr11 (J35)	8
None can experience stint Fr870 (J771)	306
Not Sickness stains the Brave Fr1661 (J1613)	490
Not what We did, shall be the test Fr972 (J823)	340
Not with a Club, the Heart is broken Fr1349 (J1304)	430
Now I knew I lost her - Fr1274 (J1219)	414
Of all the Souls that stand create - Fr279 (J664)	68
Of Bronze - and Blaze - Fr319 (J290)	84
Of Course - I prayed - Fr581 (J376)	202
Of God we ask one favor, that we may be forgiven - Fr1675 (J1601)	492
Of Paradise' existence Fr1421 (J1411)	442
Of so divine a Loss Fr1202 (J1179)	396
Of whom so dear Fr1533 (J1504)	466
Oh Future! thou secreted peace Fr1652 (J1631)	486
Oh give it motion - deck it sweet Fr1550 (J1527)	470
Oh Shadow on the Grass - Fr1237 (J1187)	406
On my volcano grows the Grass Fr1743 (J1677)	504
On the Bleakness of my Lot - Fr862 (J681)	304
On this wondrous sea - Fr3 (J4)	6
One and One - are One - Fr497 (J769)	172
One Blessing had I than the rest Fr767 (J756)	268
One need not be a Chamber - to be Haunted - Fr407 (J670)	130
One thing of thee I covet - Fr1516 (J1464)	462
One Year ago - jots what? Fr301 (J269)	74
Our journey had advanced - Fr453 (J615)	156
Our little Kinsmen - after Rain Fr932 (J885)	330
Our lives are Swiss - Fr129 (J80)	30
Our share of night to bear - Fr116 (J113)	28
Pain - has an Element of Blank - Fr760 (J650)	262
Paradise is of the Option - Fr1125 (J1069)	378
Partake as doth the Bee - Fr806 (J994)	288
Pass to thy Rendezvous of Light Fr1624 (J1564)	482

Peace is a fiction of our Faith - Fr971 (J912)	340
Perception of an Object costs Fr1103 (J1071)	370
Prayer is the little implement Fr623 (J437)	216
Precious to Me – She still shall be – Fr753 (J727)	256
Publication - is the Auction Fr788 (J709)	278
Purple - is fashionable twice - Fr896 (J980)	320
Put up my lute! Fr324 (J261)	86
Rather arid delight Fr1718 (J1679)	498
Rearrange a »Wife's« Affection! Fr267 (J1737)	60
Rehearsal to Ourselves Fr664 (J379)	228
Remembrance has a Rear and Front. Fr1234 (J1182)	406
Remorse - is Memory - awake - Fr781 (J744)	274
Renunciation - is a piercing Virtue - Fr782 (J745)	274
Revolution is the Pod Fr1044 (J1082)	352
Safe Despair it is that raves - Fr1196 (J1243)	396
Safe in their Alabaster Chambers - Fr124 (J216)	30
Said Death to Passion Fr988 (J1033)	342
Sang from the Heart, Sire Fr1083 (J1059)	362
September's Baccalaureate Fr1313 (J1271)	424
Severer Service of myself Fr887 (J786)	312
Shall I take thee, the Poet said Fr1243 (J1126)	408
She dealt her pretty words like Blades - Fr458 (J479)	156
She rose to His Requirements - dropt Fr857 (J732)	302
She staked Her Feathers - Fr853 (J798)	300
Shells from the Coast mistaking - Fr716 (J693)	248
Silence is all we dread Fr1300 (J1251)	422
So bashful when I spied her! Fr70 (J91)	16
So gay a Flower Fr1496 (J1456)	458
So give me back to Death - Fr1653 (J1632)	486
So has a Daisy vanished Fr19 (J28)	10
So I pull my Stockings off Fr1271 (J1201)	412
So much Summer Fr761 (J651)	262
So proud she was to die Fr1278 (J1272)	418
So the Eyes accost - and sunder Fr792 (J752)	282
So well that I can live without - Fr682 (J457)	234
Society for me my misery Fr1195 (J1534)	396
Softened by Time's consummate plush Fr1772 (J1738)	510
Some keep the Sabbath going to Church - Fr236 (J324)	52
Some things that fly there be - Fr68 (J89)	14
Some Wretched creature, savior take Fr1132 (J1111)	380
Somehow myself survived the Night Fr1209 (J1194)	398
Somewhat, to hope for Fr998 (J1041)	344
Somewhere opon the general Earth Fr1226 (J1231)	402
South winds jostle them - Fr98 (J86)	22
Speech is one symptom of affection Fr1694 (J1681)	494

Split the Lark - and you'll find the Music Fr905 (J861)	322
Still own thee - still thou art Fr1654 (J1633)	488
Strong Draughts of Their Refreshing Minds Fr770 (J711)	270
Struck, was I, not yet by Lightning - Fr841 (J925)	296
Success is counted sweetest Fr112 (J67)	26
Summer is shorter than any one Fr1483 (J1520)	456
Sunset at Night - is natural - Fr427 (J415)	140
Superiority to Fate Fr1043 (J1081)	352
Surgeons must be very careful Fr156 (J108)	36
Suspense - is Hostiler than Death - Fr775 (J705)	272
Sweet - safe - Houses - Fr684 (J457)	234
Sweet skepticism of the Heart - Fr1438 (J1413)	448
Take all away from me, but leave me Ecstasy Fr1671 (J1640)	492
Talk not to me of Summer Trees Fr1655 (J1634)	488
Tell all the truth but tell it slant - Fr1263 (J1129)	410
That Distance was between Us Fr906 (J863)	322
That first Day, when you praised Me, Sweet Fr470 (J659)	162
That I did always love Fr652 (J549)	222
That is solemn we have ended Fr907 (J934)	324
That it will never come again Fr1761 (J1741)	506
That sacred Closet when you sweep - Fr1385 (J1273)	436
That she forgot me was the least Fr1716 (J1683)	498
That Such have died Fr1082 (J1059)	362
That this should feel the need of Death Fr1189 (J1112)	394
The Admirations - and Contempts - of time - Fr830 (J906)	292
The Auctioneer of Parting Fr1646 (J1612)	486
The Beggar at the Door for Fame Fr1291 (J1240)	420
The Bible is an antique Volume - Fr1577 (J1545)	474
The Birds begun at Four o'clock - Fr504 (J783)	176
The Brain, within it's Groove Fr563 (J556)	200
The Bustle in a House Fr1108 (J1078)	372
The Chemical conviction Fr1070 (J954)	360
The Daisy follows soft the Sun - Fr161 (J106)	38
The distance that the dead have gone Fr1781 (J1742)	510
The Dying need but little, Dear Fr1037 (J1026)	348
The Face we choose to miss - Fr1293 (J1141)	420
The fascinating chill that Music leaves Fr1511 (J1480)	460
The fist Day's Night had come - Fr423 (J410)	138
The Future never spoke - Fr638 (J672)	220
The going from a world we know Fr1662 (J1603)	490
The good Will of a Flower Fr954 (J849)	334
The Grass so little has to do Fr379 (J333)	118
The hallowing of Pain Fr871 (J772)	306

The healed Heart shows it's shallow scar Fr1466 (J1440)	452
The Heart asks Pleasure - first - Fr588 (J536)	204
The Heart has narrow Banks Fr960 (J928)	336
The Leaves like Women, interchange Fr1098 (J987)	368
The Life that tied too tight escapes Fr1555 (J1535)	470
The Life we have is very great Fr1178 (J1162)	390
The Loneliness One dare not sound - Fr877 (J777)	310
The Look of thee, what is it like Fr1731 (J1689)	500
The Love a Life can show Below Fr285 (J673)	70
The lovely flowers embarrass me Fr808 (J -)	288
The Luxury to apprehend Fr819 (J815)	290
The Mind lives on the Heart Fr1384 (J1355)	434
The missing All, prevented Me Fr995 (J985)	342
The mob within the heart Fr1763 (J1745)	506
The Months have ends - the Years - a knot - Fr416 (J423)	134
The Moon is distant from the Sea - Fr387 (J429)	124
The morns are meeker than they were - Fr32 (J12)	10
The most pathetic thing I do Fr1345 (J1290)	430
The Mountains - grow unnoticed - Fr768 (J757)	268
The murmuring of Bees, has ceased Fr1142 (J1115)	382
The Night was wide, and fur-nished scant Fr617 (J589)	212
The only news I know Fr820 (J827)	290
The Opening and the Close Fr1089 (J1047)	362
The Outer - from the Inner Fr450 (J451)	152
The Overtakelessness of Those Fr894 (J1691)	318
The Past is such a curious Creature Fr1273 (J1203)	412
The pattern of the sun Fr1580 (J1550)	476
The Pile of Years is not so high Fr1337 (J1507)	428
The Poets light but Lamps - Fr930 (J883)	330
The Products of my Farm are these Fr1036 (J1025)	348
The Props assist the House Fr729 (J1142)	250
The Province of the Saved Fr659 (J539)	226
The rainbow never tells me Fr76 (J97)	18
The Red - Blaze - is the Morning - Fr603 (J469)	206
The Riddle we can guess Fr1180 (J1222)	390
The right to perish might be thought Fr1726 (J1692)	500
The Robin is a Gabriel Fr1520 (J1483)	464
The Robin is the One Fr501 (J828)	174
The Robin's my Criterion for Tune - Fr256 (J285)	56
The Sea said »Come« to the Brook - Fr1275 (J1210)	416
The Service without Hope - Fr880 (J779)	310
The Sky is low - the Clouds are mean Fr1121 (J1075)	376
The smouldering embers blush - Fr1143 (J1132)	384
The Soul has Bandaged moments - Fr360 (J512)	104

The Soul selects her own Society - Fr409 (J303)	132
The Soul unto itself Fr579 (J683)	202
The Soul's distinct connection Fr901 (J974)	320
The Spider holds a Silver Ball Fr513 (J605)	180
The spry Arms of the Wind Fr802 (J1103)	286
The Stars are old, that stood for me - Fr1242 (J1249)	408
The Stimulus, beyond the Grave Fr1001 (J1001)	344
The Suburbs of a Secret Fr1171 (J1245)	388
The Sunrise runs for Both - Fr765 (J710)	266
The Sweetest Heresy received Fr671 (J387)	230
The things we thought that we should do Fr1279 (J1293)	418
The thought beneath so slight a film - Fr203 (J210)	46
The Tint I cannot take - is best - Fr696 (J627)	236
The Veins of other Flowers Fr798 (J811)	284
The Voice that stands for Floods to me Fr1207 (J1189)	398
The Way I read a Letter's - this - Fr700 (J636)	240
The Well opon the Brook Fr1051 (J1091)	356
The Whole of it came not at once - Fr485 (J762)	170
The Zeros taught Us - Phosphorus - Fr284 (J689)	70
Their dappled importunity Fr1677 (J1611)	492
Themself are all I have - Fr1054 (J1094)	356
There are two Ripenings - Fr420 (J332)	138
There came a Day - at Summer's full - Fr325 (J322)	88
There comes an hour when begging stops Fr1768 (J1751)	508
There is a finished feeling Fr1092 (J856)	364
There is a Languor of the Life Fr552 (J396)	196
There is a pain - so utter - Fr515 (J599)	180
There is another Loneliness Fr1138 (J1116)	380
There is no Frigate like a Book Fr1286 (J1263)	418
There's a certain Slant of light Fr320 (J258)	86
These are the days when Birds come back - Fr122 (J130)	28
They say that »Time assuages« - Fr861 (J686)	304
They shut me up in Prose - Fr445 (J613)	150
This Consciousness that is aware Fr817 (J822)	288
This is a Blossom of the Brain - Fr1112 (J945)	372
This is my letter to the World Fr519 (J441)	182
This Merit hath the Worst - Fr844 (J979)	298
This quiet Dust was Gentlemen and Ladies Fr1090 (J813)	364
This was a Poet - Fr446 (J448)	150
This World is not conclusion Fr373 (J501)	116
Those - dying then, Fr1581 (J1551)	476
Those fair - fictitious People - Fr369 (J499)	110
Those who have been in the Grave the longest - Fr938 (J922)	332
Though the great Waters sleep Fr1641 (J1599)	484

Through those old grounds of memory Fr1770 (J1753)	508
Through what transports of Patience Fr1265 (J1153)	410
Tie the strings to my Life, My Lord Fr338 (J279)	94
Till Death - is narrow Loving - Fr831 (J907)	294
'Tis good - the looking back on Grief - Fr472 (J660)	162
'Tis not the swaying frame we miss - Fr1631 (J1597)	484
'Tis Opposites - Entice Fr612 (J355)	210
Title divine, is mine Fr194 (J1072)	44
To be alive - is Power - Fr876 (J677)	308
To die - takes just a little while - Fr315 (J255)	82
To die - without the Dying Fr1027 (J1017)	348
To fill a Gap Fr647 (J546)	222
To hear an Oriole sing Fr402 (J526)	128
To help our Bleaker Parts Fr1087 (J1064)	362
To lose One's faith - surpass Fr632 (J377)	218
To lose thee - sweeter than to gain Fr1777 (J1754)	510
To love thee Year by Year - Fr618 (J434)	212
To make a pairie it takes a clover and one bee Fr1779 (J1755)	512
To my quick ear the Leaves - conferred - Fr912 (J891)	326
To own a Susan of my own Fr1436 (J1401)	448
To own the Art within the Soul Fr1091 (J855)	364
To pile like Thunder to it's close Fr1353 (J1247)	432
To see the Summer Sky Fr1491 (J1472)	456
Too few the mornings be Fr1201 (J1186)	396
Too happy Time dissolves itself Fr1182 (J1774)	390
Touch lightly Nature's sweet Guitar Fr1403 (J1389)	438
Truth - is as old as God - Fr795 (J836)	284
'Twas awkward, but it fitted me - Fr900 (J973)	320
'Twas fighting for his Life he was - Fr1230 (J1188)	404
'Twas here my summer paused Fr1771 (J1756)	508
'Twas my one Glory - Fr1040 (J1028)	350
Two swimmers wrestled on the spar - Fr227 (J201)	50
Uncertain lease - developes lustre Fr1059 (J857)	358
Undated	
Unit, like Death, for Whom? Fr543 (J408)	190
Unto my Books - so good to turn - Fr512 (J604)	178
Up Life's Hill with my little Bundle Fr1018 (J1010)	346
Volcanoes be in Sicily Fr1691 (J1705)	494
Water, is taught by thirst Fr93 (J135)	22
We Cover Thee - Sweet Face - Fr461 (J482)	158
We do not know the time we lose Fr1139 (J1106)	380
We introduce ourselves Fr1184 (J1214)	390
We knew not that we were to live - Fr1481 (J1462)	454
We learn in the Retreating Fr1045 (J1083)	352

We learned the Whole of Love - Fr531 (J568)	188
We met as Sparks - Diverging Flints Fr918 (J958)	328
We never know we go when we are going - Fr1546 (J1523)	470
We outgrow love, like other things Fr1094 (J887)	366
We play at Paste - Fr282 (J320)	68
We send the wave to find the wave Fr1643 (J1604)	484
We talked as Girls do - Fr392 (J586)	124
We thirst at first - 'tis Nature's Act - Fr750 (J726)	256
We'll pass without the parting Fr503 (J996)	174
Were it to be the last Fr1165 (J1164)	388
What I see not, I better see - Fr869 (J939)	306
What if I say I shall not wait! Fr305 (J277)	78
What Inn is this Fr100 (J115)	22
What is - »Paradise« - Fr241 (J215)	54
What mystery pervades a well! Fr1433 (J1400)	446
What Soft - Cherubic Creatures - Fr675 (J401)	230
When a Lover is a Beggar Fr1330 (J1314)	426
When I have seen the Sun emerge Fr1095 (J888)	366
When Night is almost done - Fr679 (J437)	232
When One has given up One's life Fr961 (J853)	336
When they come back - if Blossoms do - Fr1042 (J1080)	350
When we have ceased to care Fr1737 (J1706)	502
Whether they have forgotten Fr1334 (J1329)	428
Who goes to dine must take Feast Fr1219 (J1223)	400
Who has not found the Heaven - below - Fr1609 (J1544)	482
"Why do I love" You, Sir? Fr459 (J480)	158
Why - do they shut me out of Heaven? Fr268 (J248)	62
Why make it doubt - it hurts it so - Fr697 (J462)	238
Wild nights - Wild nights! Fr269 (J249)	64
Winter under cultivation Fr1720 (J1707)	500
Witchcraft was hung, in History Fr1612 (J1583)	482
Within my Garden, rides a Bird Fr370 (J500)	112
You cannot put a Fire out - Fr583 (J530)	202
You constituted Time - Fr488 (J765)	172
You left me - Sire - two Legacies - Fr713 (J644)	248
You said that I »was Great« - one Day - Fr736 (J738)	252
You see I cannot see - your lifetime - Fr313 (J253)	80
You taught me Waiting with Myself - Fr774 (J740)	270
You'll find - it when you try to die - Fr441 (J610)	146
Your Riches - taught me - Poverty Fr418 (J299)	136
Your thoughts don't have words every day Fr1476 (J1452)	454

Inge Schober

Zweisamkeiten
Roman

Bibliografische Information der Deutschen Nationalbibliothek:
Die Deutsche Nationalbibliothek verzeichnet diese Publikation in der Deutschen Nationalbibliografie; detaillierte bibliografische Daten sind im Internet über http://dnb.dnb.de abrufbar.

© 2016 Inge Schober

Umschlaggestaltung: Trang Le

Herstellung und Verlag: BoD – Books on Demand, Norderstedt

ISBN: 978-3-7412-0761-7

I

"Du brauchst einen Mann", sagte Marc zu seiner Schwester Maja, die es sich auf dem Sofa bequem gemacht hatte, "dann bleibst du vielleicht verschont von dieser ständigen Anmacherei." Sie hatte sich wieder einmal über einen Liebhaber beschwert, der, kaum war er in ihrem Bett, sie wie zufällig nach dem Konzern ihres Vaters fragte.

Er betrachtete sie nachdenklich, wie sie so dasaß, eine zierliche Gestalt, den Blick auf das Glas gerichtet, das sie in der Hand hielt, lange Wimpern verdeckten die dunklen, glänzenden Pupillen. Er widerstand dem Drang, sie in den Arm zu nehmen, wandte sich ab, "an der Uni gibt es doch genug Männer", bemerkte er mit einem leicht ironischem Unterton.

"Meine Fächer sind eine Fundgrube für Männer, 80% weiblich", Maja schnippte verächtlich mit den Fingern, "du solltest die wenigen männlichen Studenten einmal sehen, sie laufen wie abwesend, wie vergeistigt herum, nichts für mich, ich brauche Handfesteres."

Belustigt schüttelte er den Kopf, "Juristen kenne ich zur Genüge, unter denen suchst du besser nicht, die haben wirklich nur Karriere im Kopf, vielleicht bei den Wirtschaftlern? Ein solcher

Schwiegersohn würde auch Papa gefallen."

Maja seufzte, veränderte ein wenig ihre Lage, „diese Hochzeit in drei Wochen wird wieder so eine Art Schaulaufen, alle Singles, vor allem die Männer positionieren sich, plustern sich auf, schleichen herum, wie Katzen um die Maus."

„Die Vielumschwärmten beben vor Zorn, ob des ungebührlichen Betragens", zitierte Marc spöttisch.

„Und Maman hat auch nichts zu lachen, sie ist ständig diesen indiskreten Fragen ausgesetzt, wen und wann ich denn endlich heirate. Du bist fein heraus, wie hast du es nur geschafft, solche Gerüchte zu streuen, zukünftiger Galerist, da ist nicht viel Geld drin, wahrscheinlich ein Homo, also kein Heiratskandidat."

Marc lachte, „Papa setzt seine ganze Hoffnung auf dich, er will wenigstens einen ordentlichen Schwiegersohn im Konzern, wenn er schon mit mir nicht rechnen kann. Ich habe meine Ruhe, wenn ich eine Frau fände wie dich, würde ich sie sofort heiraten! Übrigens als Kunsthändler kannst du sehr viel Geld verdienen, das weiß nur keiner. Denk an Onkel Jean." Marc stand auf, „viel Glück Schwesterchen, ich muss arbeiten."

Maja tauchte nun öfters in den Vorlesungen auf, schlenderte durch alle Bibliotheken, aß mit Widerwillen in der Mensa, setzte sich in das Uni-Café und beobachtete das Verhalten der männlichen Spezies. Sie hielt mit einigem Erfolg in den

Seminaren ihre Pflichtreferate, die sie sich hatte schreiben lassen, und wartete.

Eines Tages, kaum zu glauben, saß doch in der Seminarbibliothek des französischen Instituts ein Mann am Fenster. Dem Rücken nach zu schließen handelte es sich um einen sportlichen, großen, dunklen Typ. Es gab keine Möglichkeit ihn von vorne zu betrachten, ohne unangenehm aufzufallen, deshalb setzte sie sich in seine Nähe, nahm willkürlich einige Bücher aus dem Regal, irgendwann musste er ja aufstehen. Tatsächlich, nach einer Weile brachte er Bücher zurück, packte seine Sachen zusammen und ging zur Aufsicht. Maja beobachtete staunend diesen jungen, gutaussehenden Mann, hatte er sich hierher verirrt? Sie stand schnell auf, nahm eines der Bücher und stellte sich neben ihn.

Die weibliche Seminaraufsicht himmelte ihn an, zog das Abstempeln seiner Seminarkarte in die Länge.

„Entschuldigung, ich habe eine Bitte", Maja handelte sich einen bitterbösen Blick der Aufsichtskraft ein.

„Ich habe meine Bibliothekskarte vergessen, könnte ich ausnahmsweise dieses Buch ausleihen? Ich brauche es für mein Referat."

„Nein", wurde sie angeschnauzt, „das geht überhaupt nicht."

Das Seminarfräulein hätte Maja am liebsten zur Hölle fahren lassen, diese unverschämte Person, wie kam sie dazu, ihren Flirtversuch mit dem einzigen Mann weit und breit derartig brutal zu unterbrechen?

„Auch nicht, wenn ich Ihnen meinen Führerschein als Pfand dalasse?"

Maja gab ihrer Stimme einen schmeichelnden Beiklang, bog sich etwas in Richtung des jungen Mannes. Er musste sie bemerken.

„Nein, nur die Bibliothekskarte geht", sagte die weibliche Aufsicht genervt.

Peter betrachtete interessiert diese junge Frau neben sich, halblange schwarze Haare umrahmten ein fast klassisches Gesicht, Schneewittchentyp, dachte er.

Maja wechselte auf einen verzweifelten Ton: „Aber ich brauche das Buch wirklich dringend, sonst wird mein Referat nicht rechtzeitig fertig."

„Wie oft soll ichs noch wiederholen, lesen Sie es hier."

Peter amüsierte sich, ein kleiner Zickenkrieg?

Er wandte sich an Maja: „Und wenn ich für Sie das Buch ausleihe und Sie bringen es später auf meinen Namen wieder zurück?"

„Das geht schon gleich gar nicht!"

„Oh doch, das geht", charmant lächelte er die Hilfskraft an und gab ihr wieder seinen Ausweis.

„Das würden Sie wirklich für mich tun?" Maja warf ihm einen strahlenden Blick zu, legte ihre ganze Dankbarkeit hinein.

Im Augenblick trug sie flache Sandalen, mit

High Heels würde sie ihm bis zu diesem sinnlichen Mund reichen, eine ideale Größe.

Peter griff entschlossen nach dem Buch, besah sich den Titel, was will sie mit diesem alten Schinken, vorsintflutlich, in welchem Seminar wird das denn verlangt. Er reichte es der Hilfskraft, die es ihm zornig aus der Hand riss, sichtlich wütend alles stempelte.

Maja bedankte sich, mehr Liebreiz war nicht möglich, nahm das Buch vom Tisch, sie hatte keine Ahnung, was sie da gerade ausgeliehen hatte und verließ mit Peter im Schlepp die Bibliothek.

„Darf ich Sie zu einer Tasse Kaffee einladen, ich bin Ihnen ja so verpflichtet." Peter wollte eigentlich nach Hause, kurz etwas essen und dann weiter sich vorbereiten, in vier Wochen war das schriftliche Staatsexamen.

Er war im Verzug, in den letzten Monaten hatte er die Vorbereitung sträflich vernachlässigt, wegen Uschi, einer Frau, die ihm dann doch seinen besten Freund Philipp, einen Medizinstudenten, vorzog, er musste jetzt arbeiten.

Er hatte sich geschworen, Weiber, Beziehungen aller Art vorerst zu vergessen.

Aber der Verlockung, die jetzt vor ihm stand, konnte er kaum widerstehen.

Na ja, ein Tässchen Kaffee bedeutete noch nichts.

Maja zupfte ihn sanft am Ärmel: „Hinter der Uni gibt es ein kleines Café, ganz gemütlich."

„Eigentlich habe ich überhaupt keine Zeit", er zögerte, „höchstens ein halbes Stündchen, aber schließlich muss ich ja auch Ihren Namen wissen, wegen der Karte."
Maja lächelte, gewonnen. Sie setzten sich ans Fenster, Maja bestellte Kaffee und „zwei Ihrer köstlichen Schokoladestückchen", sagte sie zur Bedienung.
„Peter Torleit", stellte er sich vor.
„Studenten duzen sich eigentlich", sagte Maja und hielt ihm die Hand hin, „Maja, Maja Selters." Sie betrachtete ihn aufmerksam, keine Spur von Erkennen war in seinem Gesicht zu lesen, der Name des väterlichen Konzerns, gleichzeitig ihr Familienname, sagte ihm nichts. Gut so!

Sie unterhielten sich prächtig, Peter erzählte von seinem Examen, Deutsch, Französisch, Englisch für das Lehramt, Maja ließ das Buch in ihrer Tasche verschwinden und erfand eine Geschichte, in der weder der Titel des Seminars noch der Name des Professors vorkam. Aus der halben Stunde wurden zwei.

Peter ging beschwingt nach Hause, er würde eine Nachtschicht einlegen müssen. Maja hatte ihm ein weiteres Rendezvous abgeluchst, am Samstagabend in einer Schwabinger Kneipe, „du kannst doch nicht immer nur arbeiten, du brauchst eine kleine Pause, sonst nimmt der Kopf nichts mehr auf!" Am Ende des Abends hatten sie einen Deal ausgehandelt, bis zum Examen alle fünf Tage ein

Treffen, danach jeden Tag.

An einem dieser Treffen kam auch Marc „zufällig" vorbei. Er war neugierig geworden, denn dieses Mal gab es keine genervten Untertöne in Majas Berichten über ihre neueste Eroberung.

Peter sehnte das Examen herbei, arbeitete Tag und Nacht und schnitt glänzend ab, vergessen waren Uschi und Philipp, sie vertrugen sich wieder und blieben Freunde.

„Wie findest du ihn?" Maja sah ihren Bruder erwartungsvoll an, „ich bin ja sowas von verliebt."

„Er auch", sagte Marc trocken, „er hat nur noch Augen für dich, doch, er macht einen sehr guten Eindruck, intelligent, schlagfertig, charmant, gute Manieren, er könnte auch mein Typ sein, für Maman der ideale Schwiegersohn, für Papa wohl weniger, das falsche Studium."

„Das wird sich zeigen", widersprach Maja, „er ist in jeder Beziehung einzigartig."

„Auch im Bett?", fragte Marc.

„Na ja, ich werde ihm noch einiges beibringen, ich hatte ja einen guten Lehrmeister!", sie lächelte.

„Das erzählst du ihm besser nicht", sagte Marc ernst.

„Nein", Maja barg ihr Gesicht an seiner Schulter, „nein".

II

Susanne schob am Tresen der Mensa langsam ihr Tablett weiter. Vor ihr stand ein blonder junger Mann, krauses Haar, Lederjacke, etwas größer als sie. Plötzlich bekam ihr Tablett einen Schubs, der Becher mit Mineralwasser kippte und ergoss sich über die Hose ihres Vordermannes. Er drehte sich abrupt um, blickte Susanne zornig an, deutete auf seine nasse Hose, „was soll das denn?"

Der junge Mann hinter ihr sagte lachend: „Sie kann nichts dafür, ich habe mein Tablett zu leidenschaftlich auf ihres geschoben."

Er reichte ihm einige Papierservietten, „tut mir leid, aber Wasser schadet nicht."

Der junge Mann vor ihr riss ihm das Papier ungnädig aus der Hand und murmelte „Idiot".

Susanne stand stumm zwischen den beiden, ihr Hintermann, der sie deutlich überragte, eine längere dunkle Haarpracht, stellte schwungvoll einen neuen Becher auf ihr Tablett, „schade um das schöne Wasser", ein spitzbübisches Lächeln saß in den Winkeln seiner braunen Augen, Drei-Tage-Bart, Susanne sah zu ihm auf, zuckte fast unmerklich mit den Schultern.

Einen Augenblick lang fühlte Susanne sich wie in einem eingefrorenen Standbild, an jeder Seite ein Mann und sie kann wählen. Der mit den dunklen Locken nahm schließlich sein Tablett, wünschte weiterhin einen wunderschönen Tag und trollte sich. Susanne gab sich einen Ruck, sagte zu ihrem Vordermann, der immer noch mit den Papierservietten an seiner Hose herumfummelte: „Den Fleck sieht man schon fast nicht mehr."

Sie standen nun nebeneinander, und da es in der Nähe nur zwei freie Plätze gab, schritten sie zielstrebig darauf zu und setzten sich.

Schweigend stopften sie das Essen in sich hinein, ein kurzer Blick auf Susanne, dann schlug er vor: „Trinken wir einen Kaffee in der Sonne, damit ich wieder trockne?"

Jeder zahlte seinen Kaffee, sie kamen ins Gespräch, das Übliche, wie heißt du, was machst du, wo wohnst du ... Schließlich verabredeten sie sich und so setzte sich das fort. Sie gingen ins Kino, seltener ins Theater, Oper mochte Stefan nicht. Susanne fühlte sich verliebt, aber manchmal dachte sie an den jungen Mann, der in der Mensaschlange hinter ihr gestanden hatte, er war so fröhlich gewesen.

Susanne, 21 Jahre alt, studierte im 4. Semester Deutsch, Französisch, Englisch fürs Lehramt, ein solides Studium, ein solider Beruf.

Sie hatte bis zu ihrer Begegnung mit Stefan kaum ernsthafte Beziehungen gehabt.

Stets fehlte irgendetwas, mal fühlte sie sich nicht ernst genommen, mal klappte es im Bett nicht, mal fand sie die Interessen zu unterschiedlich, mal die Unterhaltungen zu banal.
Bei Stefan fühlte sie sich gut aufgehoben, sie vertraute ihm. War er, mit dem sie nun schon eine Weile ging, wie man so sagte, der Richtige? Insgeheim aber vermisste sie ein aufregendes Prickeln, es wehte eher ein sanftes Lüftchen in ihrem Inneren.

Stefan, 25 Jahre alt, geboren in Münster, stand vor einem Abschluss als Diplomingenieur, die letzten Prüfungen hatte er noch zu bestehen.
Er wollte ein 4-semestriges Wirtschaftsstudium draufsetzen, dann im Berufsleben endlich die Karriere und das große Geld machen.
Er war zukunftsorientiert, bodenständig, zielstrebig, ein sachlicher Typ, mittelgroß, wache graue Augen, schmaler Mund, sehr durchtrainiert, Skifahrer, Bergsteiger, Hochtouren im Winter und Sommer. Am liebsten hätte er den Sport zu seinem Beruf gemacht, schätzte seine Talente aber realistisch ein und entschied sich, in einem sicheren Job genügend Geld zu verdienen, um sich erstklassige Ausrüstungen für seine sportlichen Hobbies zu finanzieren.
Stefan hatte einige mehr oder weniger ernsthafte Beziehungen hinter sich und nun war er mit Susanne liiert. Kurz vor dem Ende seines Studiums

konnte er aufwendige Liebesaffären nicht brauchen. Mit Susanne, das passte. Sie war vorzeigbar hübsch, tolerant gegenüber seinen Freizeitaktivitäten, anschmiegsam, sie schien ihm unkompliziert und stellte keine allzu großen Ansprüche.

Wohin diese Beziehung führen könnte, würde man später sehen.

III

Peter und Maja – Maja und Peter.....
… er liebt sie, er liebt sie nicht - sie liebt ihn, sie liebt ihn nicht...
Gab es einen Zweifel am Ergebnis?

Marc sah den beiden zu, wie sie ausgelassen tanzten, herumwirbelten, dann wieder eng umschlungen sich im Rhythmus wiegten.

Werde ich Maja verlieren oder Peter dazugewinnen?

Marc dachte an seine bisherige Rolle in ihrem Leben, er war der zwei Jahre ältere Bruder, der auf seine Schwester aufpasste.

Als sein Vater beschlossen hatte, dem Konzern europäische Firmen einzuverleiben und deshalb für diese Geschäfte neben der Zentrale in New York einen neuen Hauptsitz in Zürich gründete, zog die Familie ebenfalls dorthin.

Die Eltern wollten die Kinder, Maja war 14, Marc 16, in der Nähe haben, ihnen gleichzeitig die bestmögliche Ausbildung mitgeben, auch ihre europäischen Wurzeln stärken und schickten sie deshalb in ein renommiertes Internat am Genfer See.

Maja, herausgerissen aus der New Yorker Großfamilie, getrennt von der gewohnten Umgebung, von den Freunden, zum ersten Mal im Internat, litt darunter. Für Marc war es eher eine Herausforderung, die sein Selbstbewusstsein stärkte. Damals begann er sich verantwortlich zu fühlen für seine kleine Schwester, die so viel weniger aushalten konnte.

Sie kam mit all ihren Problemen zu ihm, Krach mit den Lehrern, Zoff mit den Freundinnen, unglückliche Liebesaffären. Er tröstete sie, drohte den Beteiligten, flirtete mit den Freundinnen, die er sich aber ansonsten vom Leibe hielt, meistens brachte er alles wieder ins Lot.

Marc war ihr engster Vertrauter, ihr Ratgeber, immer noch. Musste er diese Rolle nun an Peter abgeben?

Er seufzte, Maja hatte den Mann gefunden, den sie liebte, den sie brauchte, der ihr Halt und Stabilität geben könnte. Er hatte bisher ihre Verliebtheit unterstützt, zugegeben nicht ganz selbstlos, denn er mochte Peter und hielt es für denkbar, auch zu ihm ein geschwisterliches Vertrauensverhältnis aufzubauen.

Wehmütig dachte er an die Wochenenden, die er mit Maja während der Internatszeit häufig in den Bergen verbracht hatte. Sie stürzten gewagte Abfahrten hinunter, erstürmten Gipfel, mieteten ein Doppelzimmer, fast immer im gleichen Gasthof, schliefen eng umschlungen im selben Bett. Manchmal nahmen sie eine ihrer Freundinnen mit, damit keine Gerüchte aufkamen.

Und jetzt wiederholten sich diese Unternehmungen, aber nicht mit ihm, leider, Peter trat an seine Stelle. Ob er ihn wirklich ersetzte?

So oft es ging, fuhren Maja und Peter mit ihrem Mini spontan in die nähere oder weitere Umgebung, übernachteten ungeplant auf Hütten oder in teuren Wellness-Oasen, genossen die gemeinsame Zeit, liebten sich. Maja übernahm diskret alle Rechnungen, denn Peter war bei diesem Lebenswandel ständig pleite, trotz der Unterstützung seiner Eltern. Sein Assistentengehalt war lächerlich im Vergleich zu Majas Taschengeld.

Nach dem Examen hatte er zur Freude seiner Eltern eine auf drei Jahre befristete Stelle bei einem Professor der Sprachwissenschaft angenommen mit einer Promotionsmöglichkeit.

Vielleicht würde er die Idee, Lehrer zu werden, doch aufgeben, hoffte sein Vater, stattdessen eher eine Hochschulkarriere anstreben.

Natürlich forderten sie Marc auf, mitzukommen - er wollte nicht unfair sein - aber seine Promotion ließ ihm wenig Zeit. Wenn er die beiden begleitete, waren sie tagsüber unzertrennlich, nur nachts blieb er allein.

Mit 18 hatte Marc das Abitur bestanden, sich entschlossen in Deutschland zu studieren, wählte München, weil es beste Verbindungen nach Genf zum Internat und zu den Eltern nach Zürich gab.

Papa war enttäuscht, dass er nicht in den Konzern eintreten wollte, bestand auf einem Abschluss in Jura, gab aber seufzend nach, als Marc nach